# DISCOURS, SEXUALITE ET POUVOIR
Initiation à Michel Foucault

 PHILOSOPHIE ET LANGAGE

Alan Sheridan

# discours, sexualité et pouvoir

## Initiation à Michel Foucault

*Traduction et présentation par Philip Miller*

PIERRE MARDAGA, EDITEUR
2, GALERIE DES PRINCES, BRUXELLES

First published in 1980 by
Tavistock Publications Ltd
11 New Fetter Lane, London EC4P 4EE
Reprinted 1981 and 1982

Published in the USA by
Tavistock Publications
in association with Methuen, Inc.
733 Third Avenue, New York, NY 10017

© 1980 Alan Sheridan


© Pierre Mardaga, éditeur
37, rue de la Province, 4020 Liège
2, Galerie des Princes, 1000 Bruxelles
D. 1985-0024-27

*A Bruno Taddeo*
*Sonzogni baccalauro in gaya scienza*

# Liminaire

Les références aux œuvres de Foucault sont données sous la forme suivante. Le titre est indiqué par les initiales des mots les plus importants. Ainsi (HF, 21-2) renvoie le lecteur aux pages 21-2 de *L'histoire de la folie*. Les détails sont donnés dans la bibliographie. Voici la liste des abréviations qui seront utilisées.

AS   *L'archéologie du savoir*
HF   *L'histoire de la folie*
HJH  *Hommage à Jean Hyppolite*
MC   *Les mots et les choses*
MMP *Maladie mentale et psychologie*
NC   *Naissance de la clinique*
OD   *L'ordre du discours*
OT   *The Order of Things* (traduction anglaise de MC)
PR   *Moi, Pierre Rivière*
SP   *Surveiller et punir*
VS   *La volonté de savoir*

Les articles et entretiens cités sont précédés d'un numéro dans la bibliographie. Celui-ci apparaît, précédé d'un « B » (pour bibliographie), dans les références données entre parenthèses. Par exemple (B1, 751) renvoit à la page 751 de l'article précédé du chiffre 1 dans la bibliographie.

Les références bibliographiques spécifiques à l'introduction sont données dans les notes qui la suivent.

# Présentation

par Philip Miller

L'œuvre de Michel Foucault a exercé une influence décisive sur l'univers intellectuel de notre temps. Pourtant, aucune étude ne permet actuellement au lecteur francophone de s'y initier. Certes, le livre de Hubert Dreyfus et Paul Rabinow[1], récemment paru aux éditions Gallimard, comble une lacune, dans la mesure où il nous présente une réflexion globale et critique entièrement consacrée à la pensée de Foucault. Mais leur ouvrage ne pourra être consulté avec profit que par des lecteurs dont l'apprentissage en cette matière n'est plus à faire. Le grand mérite d'Alan Sheridan, c'est d'avoir écrit le livre qui permet cet apprentissage même. L'auteur présente la pensée de Foucault avec clarté, et sans présupposer aucune connaissance philosophique de la part de son public. Il examine les ouvrages de Foucault dans leur chronologie, offre une analyse de leur contenu et les situe par rapport à leur contexte historique et philosophique.

Le livre de Sheridan ne se donne donc pas pour une œuvre autonome, mais se veut un passage et une voie d'accès. C'est pourquoi dans les pages qui vont suivre nous voudrions prendre un peu de recul vis-à-vis de la pensée de Foucault. A cette fin nous étudierons les différentes positions épistémologiques successivement adoptées par Foucault, notamment en ce qui concerne les rapports entre savoir et pratique.

Commençons par rappeler que tous les grands ouvrages de Foucault sont historiques et retracent le développement d'un ou de plusieurs savoirs au cours d'une période plus ou moins longue. De plus, les savoirs dont ils traitent sont toujours des savoirs «douteux», dont les rapports à l'empirie posent problème: «sciences humaines» au sens large, psychiatrie, médecine, économie, linguistique, biologie, criminologie[2]... La conjonction de ces deux facteurs explique que dans toutes ses œuvres, Foucault s'interroge de façon explicite sur l'épistémologie de l'histoire et tente de déterminer plus spécifiquement comment le devenir d'un savoir doit être décrit. Les thèses que Foucault a soutenues sur cette question centrale se construisent à plusieurs niveaux; certains aspects varieront tandis que d'autres restent constants. Examinons d'abord les points sur lesquels sa penséé ne s'est pas modifiée.

Foucault maintient que dans les disciplines qu'il étudie, l'objet n'est pas indépendant du savoir dont il relève. L'objet est en quelque sorte produit par le savoir qui se développe. Les deux sont solidaires. Autrement dit, un savoir, en sciences humaines du moins, n'a pas de référent stable et autonome. On ne pourra donc pas parler de vérité au sens absolu mais seulement invoquer des systèmes de partage du vrai et du faux. Ces systèmes posent dès lors des problèmes qui tournent autour des rapports qu'entretiennent le sujet connaissant et l'objet étudié. Il est impossible d'établir une distinction simple entre l'objet et le sujet. Il faut, par conséquent, s'attacher à analyser les conditions dans lesquelles se forment et se modifient certaines relations du sujet à l'objet, celles-ci étant constitutives de savoirs potentiels.

Ces préliminaires conduisent Foucault à adopter certaines positions que récuseraient la plupart des historiens des sciences dites «empiriques». Parce qu'il s'interdit de supposer un objet stable, Foucault est obligé d'opter pour une vision conventionnaliste[3] (ou relativiste) extrême. Celle-ci en arrive à exclure l'idée même d'un progrès des savoirs, qui ne pourrait consister qu'en un rapprochement de la théorie et d'une empirie préexistante.

L'historien conventionnaliste a le choix entre deux démarches opposées. La première, que l'on peut appeler «interne», consiste à étudier les systèmes de pensée en fonction de leur seule cohérence. Dans ce cas, il est impossible d'expliquer le devenir même des disciplines scientifiques. La deuxième démarche, que l'on peut qualifier d'«externe», cherche à lier les systèmes de pensée à des domaines étrangers au savoir pris en considération. L'historien peut alors trouver dans la dynamique de ces domaines une justification externe à l'évolution de la pensée. Les épistémologues marxistes, qui considèrent le savoir comme une superstructure explicable en terme d'une infrastructure économique et sociale fournissent un exemple très clair de cette méthodologie. Foucault pour sa part adopte une attitude qui fluctue entre les deux options.

*L'histoire de la folie* (1961) se présente d'emblée comme une œuvre conventionnaliste. L'objet dont l'évolution est étudiée n'a aucun corrélat empirique stable. Foucault soutient en effet que la folie n'est pas une donnée constante que la science permettrait de cerner de plus en plus près; tout au plus peut-on la caractériser comme une «absence d'œuvre». La tâche de l'historien de la folie sera donc de suivre le devenir d'une ligne de partage entre «folie» et «raison». Dans *L'histoire de la folie*, Foucault adopte, à la suite du marxisme, une démarche conventionnaliste externe. Il explique sa position dans une interview parue en 1977: «Le profil épistémologique de la psychiatrie est bas... la pratique psychiatrique est liée à toute une série d'institutions, d'exigences économiques immédiates, d'urgences politiques et de régularités sociales» (B9, 16). Cette situation de la psychiatrie devrait lui permettre de «saisir de façon plus certaine l'enchevêtrement des effets de pouvoir[4] et de savoir». Voici un exemple du type d'analyses qui nous sont alors proposées.

> Dans toute l'Europe, l'internement a le même sens, si on le prend, du moins, à son origine. Il forme l'une des réponses données par le XVII<sup>e</sup> siècle à une crise économique qui affecte le monde occidental dans son entier: baisse des salaires, chômage, raréfaction de la monnaie... (HF, 77).

Dans son livre suivant, *La naissance de la clinique* (1963), Foucault étudie la transformation qui conduit de la médecine classique à la méthode anatomo-clinique moderne. Il conserve dans cette étude une attitude conventionnaliste jointe à l'idée qu'une corrélation forte s'instaure entre savoir et pratique.

> Le nouvel esprit médical... n'est pas à inscrire à l'ordre des purifications psychologiques et épistémologiques; il n'est pas autre chose qu'une réorganisation syntaxique de la maladie où les limites du visible et de l'invisible suivent un nouveau dessin... Pour que l'expérience clinique fût possible comme forme de connaissance, il a fallu toute une réorganisation du champ hospitalier, une définition nouvelle du statut du malade dans la société et l'instauration d'un certain rapport entre l'assistance et l'expérience, le secours et le savoir; on a dû envelopper le malade dans un espace collectif et homogène. (NC, 197-8).

Cependant, l'influence du structuralisme ambiant élimine toute la dimension interprétative qui subsistait dans *L'histoire de la folie*. Foucault en vient à concevoir le savoir et la pratique comme deux systèmes vides, arbitraires et liés. La pratique ne peut plus fonder l'évolution du savoir parce que son propre développement n'est plus interprétable. Foucault débouche donc, à ce stade, sur une forme de conventionnalisme externe qui, paradoxalement, ne permet plus d'expliquer l'évolution du savoir. Cette position apparemment curieuse constitue le relais entre les thèses défendues dans *L'histoire de la folie* et les conceptions nouvelles qui animeront les ouvrages ultérieurs.

Dans *Les mots et les choses* (1966), Foucault étudie l'évolution des savoirs dans trois domaines — l'économie, le langage, la vie — et cela depuis la Renaissance jusqu'à l'époque moderne. Son analyse ne fait plus aucune référence aux pratiques. Il s'en tient au niveau des savoirs, lesquels se réduisent maintenant à des «discours» pourvus d'une autonomie absolue. C'est à ce moment qu'émerge le célèbre concept d'*épistémè*. L'*épistémè* doit rendre compte de la cohérence qu'on décèle entre les différents discours «sérieux»[5] d'une époque donnée; elle sous-tend tous les savoirs et définit, durant toute la période où elle fonctionne, le cadre général des théories que l'on peut formuler — les limites du pensable :

> [L'*épistémè*] est l'ensemble des relations qu'on peut découvrir, pour une époque donnée, entre les sciences quand on les analyse au niveau des régularités discursives. (AS, 250).

Foucault tente de montrer par l'analyse des domaines de savoir que la pensée occidentale, entre le seizième et le vingtième siècles, est passée par trois *épistémès* (renaissante, classique et moderne). La thèse selon laquelle un discours autonome se trouve régi par des *épistémès*, constitue un exemple évident de conventionnalisme interne, et elle se heurte aux obstacles inhérents à ce genre d'approche: l'absence d'une vérité absolue (on peut seulement étudier les « systèmes de vérité » à une époque donnée), l'impossibilité d'expliquer le passage d'une *épistémè* à une autre. Fait symptomatique, Foucault n'aborde jamais cette seconde question.

Au-delà de cette théorie du savoir, Foucault poursuit un second but dans *Les mots et les choses*. Il y entend montrer que les sciences humaines connaissent des limitations fondamentales dans la mesure où elles ne sont que les fruits d'une *épistémè* moderne dans laquelle le concept d'homme a pu apparaître pour la première fois. Le statut de ce concept dans l'*épistémè* moderne est très clairement décrit par Dreyfus et Rabinow:

> L'homme apparaît: 1) un fait parmi les autres faits à soumettre à l'analyse empirique, en même temps que la condition transcendantale de la possibilité de tout savoir; 2) un être entouré par tout ce qu'il ne peut s'expliquer clairement (l'impensé) en même temps qu'un cogito potentiellement lucide; 3) le produit d'une longue histoire dont il ne pourra jamais rejoindre l'origine en même temps que, paradoxalement, la source même de cette histoire[6].

Le triple dédoublement qui marque la condition épistémologique de l'homme impose des limites indépassables à toute connaissance réflexive, et dénie en fin de compte tout fondement véritable aux « sciences humaines ». Elles ne seront jamais qu'une « *analytique* de la finitude et de l'existence humaine ».

*L'archéologie du savoir* (1969) est entièrement consacré à l'élucidation des méthodes et des concepts utilisés dans *Les mots et les choses*. Il s'agit de pousser à sa limite la thèse de l'autonomie du discours, et d'analyser les contraintes que celui-ci subit, à tous les niveaux. Sans entrer dans le détail, on peut noter que la notion trop rigide d'*épistémè* s'assouplit pour devenir une région d'interpositivité (AS, 207) reliant un ensemble de savoirs donnés pendant une période spécifique. La validité de l'interpositivité ainsi obtenue se borne à ces savoirs précis, et n'est pas immédiatement extensible à d'autres.

Si l'on étudie l'évolution ultérieure de Foucault, on peut s'étonner de ce qu'il n'ait jamais utilisé cet appareil conceptuel mis en place avec tant de rigueur. Même le terme d'«archéologie» disparaît quasiment de son vocabulaire. Dreyfus et Rabinow ont apporté une explication tout à fait convaincante à ce renversement fondamental. Citons un passage extrait du chapitre qu'ils consacrent à «L'échec méthodologique de l'archéologie».

> Nous considérons que si *L'archéologie du savoir* se situe au-delà de la vérité et du sens, et donc au-delà de l'homme, elle reste prisonnière de deux variantes nouvelles du double. Le fait que ces doubles réapparaissent dans le discours archéologique est bien la preuve que la nouvelle ontologie de Foucault qui, une fois révolu l'âge de la représentation et celui de l'homme, relie à nouveau le discours à l'être, reste une variante de l'analytique de la finitude. Cela ne devrait pas nous surprendre puisque l'*Archéologie* cherche à montrer que les pratiques discursives finies ne peuvent prétendre au savoir que dans certaines limites, tout en affirmant qu'elle est capable de faire de ces pratiques «autant de *sciences objets*» (AS, 269) qu'elle peut décrire selon une perspective qui s'est affranchie de leur influence. L'*Archéologie* affirme donc que tout discours sérieux est soumis à des règles qui déterminent la production des objets, des sujets, etc. — règles que le discours archéologique prétend mettre en évidence et décrire. En fait, l'archéologue voudrait contribuer à définir une théorie générale de cette production: «[...] dans la mesure où il est possible de constituer une théorie générale des productions, l'archéologie comme analyse des règles propres aux différentes pratiques discursives, trouvera ce qu'on pourrait appeler sa *théorie enveloppante*» (AS, 270). Et pourtant, en refusant de faire appel à une quelconque notion de vérité ou de sérieux, le discours archéologique prétend échapper aux problèmes que soulève une théorie générale de ce type. Ne nous étonnons donc pas si l'archéologie, qui à la fois affirme et nie la finitude de son propre discours, se révèle être une discipline aussi instable que celles qui l'ont précédées[7].

Autrement dit, le conventionnalisme absolu que Foucault adopte dans *L'archéologie du savoir* l'oblige à analyser les savoirs sans recourir aux notions de sérieux et de vérité et l'amène finalement en un lieu d'où son propre discours archéologique ne peut plus être tenu.

Pour sortir de cette impasse, Foucault va développer un nouveau mode de questionnement de l'histoire, qu'il appellera «généalogie». Certains aspects théoriques de cette approche sont développés dans l'article «Nietzsche, la généalogie, l'histoire», paru en 1971 comme hommage à Jean Hyppolite. La solution que Foucault offre aux problèmes épistémologiques paraît inévitable dans cette perspective : il s'agit d'un retour à un positivisme critique, qui lui permet d'interroger les problèmes qui l'intéressent sans détour, en évitant de questionner le socle d'où il tient son propre discours. Cette affirmation surprendra sans doute, mais nous croyons qu'elle peut être aisément justifiée. Foucault lui-même affirme que « l'humeur généalogique sera celle d'un positivisme heureux » (OD, 72), et de nombreux passages de « Nietzsche, la généalogie, l'histoire » vont dans ce sens : « La généalogie est grise, elle est méticuleuse et patiemment documentaire... La généalogie exige donc la minutie du savoir, un grand nombre de matériaux entassés, de la patience » (HJH, 145). De même, François Ewald affirme que « la généalogie, chez Michel Foucault, a la dimension d'un positivisme critique ». Le même auteur développe, dans un article sur *Surveiller et punir*[8], une analyse parallèle à la nôtre. Il énonce des objections que certains pourraient avancer contre la position épistémologique de Foucault, et les réfute aussitôt.

> Et ils [les critiques] concluent que Foucault lui-même doit donc bien parler suivant une certaine référence, qu'il y est contraint comme à la loi de tout discours. Que donc, ce qu'il conteste et combat, il le répète et le reproduit sous d'autres formes. A quoi nous répondrons : Foucault nous apprend à nous débarrasser de ce genre de préliminaires. Si l'on a quelque chose à dire, on le dit : sans avoir à se demander, si on aura jamais le droit de le dire. Il nous apprend à reconnaître derrière l'objection la figure du censeur et à questionner : que veut-il taire? Pourquoi? Quel type de pouvoir doit-il protéger?

Poursuivant son argumentation, Ewald remarque que:

> *Surveiller et punir* ne comporte ni préface, ni introduction, ni conclusion. Aucune justification. Son commencement, une hypothèse de travail, une proposition, l'avancée d'une possibilité à expérimenter : « Peut-on faire une histoire des châtiments sur fond d'une histoire des corps? » (SP, 30)... Une possibilité parmi d'autres, certainement pas plus vraies que les autres, mais peut-être plus pertinente, plus efficace, plus productive qu'une autre[9].

Le lieu d'où Foucault nous parle désormais lui permet de pousser ses recherches plus avant, en questionnant le pouvoir et ses rapports à la constitution du sujet occidental en tant qu'objet. La généalogie permet de faire éclater les entités dont l'unité semble la plus évidente, elle retrace l'histoire de l'objectivité scientifique, en dévoile les motivations subjectives, et détruit enfin le statut premier des origines et des vérités les mieux enracinées. Elle permet encore de problématiser à nouveau les rapports entre savoir et pratique, et de poser la question des relations de pouvoir. Foucault peut analyser celles-ci en dépassant le point de vue psychologique et individuel, et montrer que le pouvoir est le résultat de stratégies sans auteurs, de mouvements sans source. La généalogie s'impose à lui parce qu'elle seule l'autorise à s'interroger sur l'histoire des systèmes de vérité, parce qu'elle seule légitime l'analyse de leur fonctionnement et la recherche des liens qui les unissent au pouvoir [10].

## NOTES

[1] Dreyfus, Hubert et Rabinow, Paul, *Michel Foucault, un parcours philosophique*, Paris, Gallimard, 1984 (dorénavant DR).
[2] Nous utilisons ici ces termes d'une façon abusive, non tant pour désigner les sciences modernes, que pour renvoyer aux domaines de savoir auxquels elles se rattachent. L'expression de «sciences humaines» couvre l'ensemble de ces domaines.
[3] Nous reprenons ce terme à «Towards a historiography of science» de Joseph Agassi, paru dans *History and Theory*, Beiheft 2, 1962. Agassi oppose l'épistémologie conventionnaliste aux démarches inductivistes et critiques. Pour un excellent résumé de ces trois positions, voir Dominicy, Marc, *La naissance de la grammaire moderne*, Bruxelles, Mardaga, 1984, pp. 8-10.
[4] L'emploi du mot «pouvoir» correspond ici à un état de pensée plus tardif (cf. plus loin). Pour rester dans le cadre de *L'histoire de la folie*, il faudrait plutôt parler de «pratiques», surtout socio-économiques.
[5] Dans la mesure où l'on ne dispose pas d'un critère absolu de vérité, celle-ci n'ayant d'existence que dans le cadre d'un discours particulier, il devient impossible de distinguer le discours sérieux (qui a un sens) autrement que par rapport aux normes d'une époque. Toute notion absolue de sérieux disparaît.
[6] DR, p. 53.
[7] DR, p. 145-6. Remarquons que cette critique épistémologique de la période archéologique de Foucault ne diminue en rien l'importance des résultats obtenus sur l'histoire de la folle, de la médecine et des sciences humaines. Dans ces

domaines les analyses de Foucault apportent un éclairage nouveau et il fait souvent figure de précurseur. Voir par exemple l'ouvrage de Dominicy cité en note 3, pp. 73-96 qui corrobore les analyses de Foucault sur la théorie du signe à Port-Royal, pour ne citer qu'un cas parmi tant d'autres.

[8] *Magazine Littéraire*, n° 207, mai 1984, p. 32.

[9] «Anatomie et corps politiques», *Critique*, XXXI, n° 341, 1975, p. 234.

[10] Voir à ce sujet les dernières pages extrêmement intéressantes de «Vérité et pouvoir», B9.

*Il y a plus à faire à interpréter les interprétations qu'à interpréter les choses; et plus de livres sur les livres que sur tout autre sujet; nous ne faisons que nous entregloser.*
Michel de Montaigne

*Il est bien probable que nous appartenons à un âge de critique dont l'absence d'une philosophie première nous rappelle à chaque instant le règne de la fatalité : âge d'intelligence qui nous tient immédiatement à distance d'un langage originaire... Nous sommes voués historiquement à l'histoire, à la patiente construction de discours sur les discours, à la tâche d'entendre ce qui a été déjà dit.*
Michel Foucault

# Introduction

Dans un monde idéal, un livre comme celui-ci ne serait pas nécessaire, ni même concevable; il ne serait qu'un reflet insipide. Dans l'univers parfait de Borgès le seul commentaire possible d'une œuvre en serait une copie manuscrite mais les conventions de l'édition interdisent une telle entreprise: le statut de l'auteur est plus noble que celui du scribe. Mon but n'est pourtant que de fournir un guide, abondamment illustré. Moins que cela, peut-être, car l'utilité des guides va croissant. Tandis que les paysages et les monuments qu'ils décrivent changent et disparaissent, ils atteignent par soustraction le statut additionnel de la fiction. Le temps passant, même les photographies en disent plus long. Les livres de Foucault — c'est le destin de toute chose — s'altèreront et finiront par disparaître, mais le mien ne leur survivra pas. Entre-temps, il ne faut pas qu'il prenne leur place, mais bien qu'il suscite des lecteurs. Je ne veux pas enterrer l'œuvre sous un commentaire mais, comme Erasme qui fit l'éloge de la folie, la louer et lui faire place. En cela, au moins, mon livre sera original: peu de commentateurs laissent la parole à Foucault. Même ceux qui lui sont favorables cherchent le sens caché sous ses mots étincelants. Mais le style n'est pas un ornement, c'est un outil, une arme, un «*stylus*». Par conséquent je ne m'excuserai ni de l'ampleur ni de la fréquence de mes citations. Et d'ailleurs une grande partie de ce qui reste est constitué de résumés, ou de citations déguisées. Même le résumé est un art dangereux : sans citations il est aussi dangereux que le commentaire. Ce n'est pas la lettre qui tue.

« Qui est Foucault ? » Cette question s'entend moins qu'il n'y a guère. Mais l'on demande toujours, et non sans raison, « Qu'est Foucault ? » Si un penseur s'en tient à une seule discipline reconnue — comme un Lévi-Strauss pour l'anthropologie, un Lacan pour la psychanalyse, un Althusser pour la théorie marxiste — l'on dispose au moins d'un objet unitaire, dont on connaît les limites et l'histoire, et par rapport auquel on peut évaluer sa contribution personnelle. C'est à deux disciplines de ce type qu'en début de carrière, Foucault tourna le dos. Pourtant on ne peut pas dire qu'il en ait fondé une nouvelle. A la question « Est-il philosophe ? » on répondra « Oui, d'une certaine façon. Il a étudié la philosophie et a passé une large partie de sa vie à l'enseigner ». « Pourquoi ne parle-t-il pas alors de Descartes, de Platon ou de Kant ? Pourquoi l'histoire de la folie et de la médecine, des prisons et de la sexualité ? » « C'est-à-dire qu'il est plutôt historien que philosophe quoique son approche soit assez différente de celle d'un historien. » « Ah ! il étudie l'histoire des idées ! » « En fait, non. Pendant de longues années, il a critiqué avec beaucoup d'énergie les préjugés conceptuels et les méthodes de l'histoire des idées. C'est d'ailleurs pour bien distinguer son entreprise de l'histoire des idées qu'il forgea une dénomination nouvelle, 'l'archéologie du savoir'. » « La quoi ?... » Foucault a tenu la chaire de philosophie dans un grand nombre d'universités, mais ce n'est qu'à son élection au Collège de France en 1970 qu'il lui fut permis de choisir son propre intitulé. Il devint « Professeur d'histoire des systèmes de pensées ». L'effort dans le choix et la disposition des termes est évident. On se croirait plutôt face au compromis d'un quelconque comité qu'à l'œuvre d'un grand prosateur.

« Ne me demandez pas qui je suis et ne me dites pas de rester le même », remarque-t-il dans *L'archéologie du savoir*. « C'est une morale d'état civil, elle régit nos papiers » (AS, 28). Au risque d'être indiscret, voici quelques détails, sans doute d'ailleurs sans intérêt. Michel Foucault est né à Poitiers en 1926. Il fréquenta d'abord une école publique, jusqu'à ce que son père, un chirurgien, n'étant pas satisfait des progrès de son fils, le fît transférer dans une école catholique. Il y passa brillamment le baccalauréat. Un jour, au cours d'une conversation, Foucault a comparé le système éducatif français à un parcours initiatique où la révélation promise des savoirs secrets était sans cesse reculée. A l'école primaire il apprit que les choses vraiment importantes lui serait révélées au lycée; au lycée il découvrit qu'il lui faudrait attendre la classe de philo. Là, on lui annonça que les secrets ultimes lui seraient découverts dans l'étude de la philosophie, mais que cela ne pouvait se faire qu'à l'université. La meilleure était la Sorbonne, et le Saint des Saints, l'Ecole Normale Supérieure. Ainsi, en 1945 Foucault était pensionnaire au lycée Henri IV, préparant l'examen d'entrée au Saint des Saints. Foucault devint normalien et passa sa licence de philosophie en 1948.

Dans la préface de la première édition de *L'histoire de la folie*, Foucault exprime sa reconnaissance envers trois hommes qui contribuèrent, par des voies différentes, à sa formation intellectuelle. Jean Hyppolite, Georges Canquilhem et Georges Dumézil. Il leur rend d'ailleurs hommage plus longuement dans sa leçon inaugurale au Collège de France. Foucault suivit les cours de philosophie d'Hyppolite — qui devint plus tard directeur de l'Ecole Normale — à Henri IV et à la Sorbonne. Hyppolite avait travaillé sur Hegel et, en plus d'un commentaire, il avait produit une traduction remarquable de *La phénoménologie de l'esprit*. Pour Foucault la relation d'Hyppolite à Hegel représente la lutte d'une vie entière, dont nous sommes les bénéficiaires. Hyppolite poussa la philosophie de Hegel à sa limite: il voulait en faire un outil pour comprendre le présent et la mettre à l'épreuve de la modernité. Les autres grandes figures de la philosophie moderne lui servaient à remettre en question l'hégémonie de Hegel — « Marx avec les questions de l'histoire, Fichte avec le problème du commencement absolu de la philosophie, Bergson avec le thème du contact avec le non-philosophique, Kierkegaard avec le problème de la répétition et de la vérité, Husserl avec le thème de la philosophie comme tâche infinie liée à l'histoire de notre rationalité » (OD, 79) — mais Hegel réapparaissait partout. Pour Hyppolite cette relation se nourrissait de difficultés. Mais elle n'était en proie à aucune menace sérieuse. Pour Foucault, cependant, la promesse de sens faite par la triade dialectique n'était pas tenue. Le prix d'un rejet éventuel lui apparaissait pourtant clairement, «Cela suppose de savoir jusqu'où Hegel, insidieusement peut-être, s'est approché de nous... et de mesurer en quoi notre recours contre lui est encore peut-être une ruse qu'il nous oppose et au terme de laquelle il nous attend, immobile et ailleurs» (OD, 74-5). Son opposition à Hegel ne prit par conséquent pas la forme d'une confrontation — comme ce fut ce cas pour Marx, Fichte, Bergson, Kierkegaard et Husserl — mais bien celle d'un contournement, à la façon de Nietzsche, dont l'absence saute aux yeux dans la liste précédente.

La phénoménologie avait, elle aussi, promis du sens : Comment mon expérience peut-elle avoir un sens ? Comment, et sur quelle base le sens peut-il être constitué ? Quelques années auparavant Sartre avait publié *L'être et le néant* et l'influence de Husserl était grande dans l'existentialisme sartrien. Pour les étudiants en philosophie de la fin des années quarante, Sartre représentait ce que Gilles Deleuze appela plus tard «notre Dehors», un souffle d'air frais. Dans les amphithéâtres, c'était surtout Maurice Merleau-Ponty qui transmettait le message pur de la phénoménologie. Comme Hyppolite, il était engagé dans une réflexion profonde sur la possibilité de lier l'enquête philosophique à l'action, au choix politique. Curieusement, dans ce monde intellectuel si lourdement chargé de politique, les problèmes théoriques du marxisme ne recevaient que peu d'attention. Le parti communiste avait bien sûr ses idéologues, mais ils avaient peu d'influence dans le Quartier Latin. L'existentialisme et la phénoménologie prenaient tous deux pour prémisse la liberté de choix du sujet individuel et rejetaient aussi bien le matérialisme que l'idéalisme. Ces attitudes attaquaient les bases du marxisme et en faisaient une position philosophique intenable. Il allait falloir des années avant que Louis Althusser, par ses cours à l'Ecole Normale, ne rende aux problèmes du matérialisme historique une position centrale parmi les préoccupations des intellectuels français. Entre-temps, dans un monde qui avait connu l'horreur quotidienne, et qui avait pris connaissance a posteriori d'horreurs plus grandes encore, c'était l'action qui comptait et non les mots. Si cette attitude peut sembler naïve aujourd'hui, elle n'en reste pas moins tout à fait compréhensible. En conséquence, à l'inverse de la situation actuelle, ce n'était pas la théorie marxiste qui dominait dans l'esprit des intellectuels, mais le Parti en tant qu'organisation consacrée à l'action. Pour beaucoup, l'adhésion au Parti semblait une chose naturelle, même si leur connaissance du marxisme était trop vague pour leur permettre de le rejeter ou de l'accepter. Parmi eux, à cette époque, il y avait Foucault. D'autres, comme Sartre ou Merleau-Ponty, se considéraient comme des alliés fidèles, même si leur connaissance du marxisme les empêchait de devenir membres du Parti. Les critiques, notamment en ce qui concernait l'Union Soviétique, pouvaient être laissées sans soucis aux ennemis. Le Parti était celui de la classe ouvrière; lui seul pouvait amener le Socialisme; le Socialisme n'existait qu'en Union Soviétique. Les doutes et les interrogations étaient objectivement contre-révolutionnaires. Le choix était clair.

La quête philosophique de Foucault arrivait à sa fin. Il n'y avait après tout aucune connaissance secrète. L'idée de passer sa vie à enseigner la philosophie lui paraissait affreuse. Son aversion envers cette discipline s'étendait à ceux qui la pratiquaient: il choisissait ses amis parmi les peintres, les musiciens, les écrivains, et non les philosophes; c'était le monde du vécu qui le fascinait. La phénoménologie lui semblait une tentative médiocre par laquelle des esprits capables seulement de tenir un discours philosophique essayaient de rendre compte de ce monde. Foucault n'avait aucun talent pour la peinture ou la musique. Cependant il n'avait jamais eu non plus le désir d'écrire. Il avait cherché le monde du concret par son engagement politique. C'était encore un communiste quoiqu'il fût de plus en plus conscient qu'un tel engagement était plus un acte de foi qu'une véritable action et qu'il ne permettait l'accès qu'à une réalité mythique. Le choix entre une réunion de cellule et une classe de philosophie n'était guère alléchant. C'est alors que lui apparut une nouvelle possibilité. C'était peut-être la science, surtout celle du comportement humain, qui, pour un intellectuel, permettrait un véritable accès à la réalité. Deux ans après celle de philosophie, Foucault obtint sa licence de psychologie. Après cela, ce fut un diplôme de psycho-pathologie en 1952. Pendant les trois années suivantes, il poursuivit ses recherches et passa beaucoup de temps à étudier la pratique psychiatrique dans les hôpitaux.

Foucault donna des cours de psycho-pathologie à l'Ecole Normale et, en 1954, publia un petit ouvrage sur ce sujet, *Maladie mentale et personnalité*, divisé en deux parties. La première est une présentation habile et succincte de la théorie psychiatrique. Foucault y définit l'hystérie, la paranoïa, la névrose, la psychose, et on y retrouve les noms habituels: Hughlings Jackson, Janet, Kraepelin, Freud. Dans la seconde partie, il essaie de situer le thème de la maladie mentale dans une perspective sociale et historique. Avant d'écrire ce livre, en 1951, Foucault avait rompu avec les communistes. Cependant, et paradoxalement, l'analyse présentée dans la deuxième partie est tout à fait marxiste. Elle se termine d'ailleurs sur une longue exposition de la théorie psychologique pavlovienne et des courants postérieurs en Union Soviétique. La maladie mentale doit être ramenée aux conditions réelles du développement de l'individu et, de façon ultime, aux contradictions présentes dans son environnement. Elle ne doit pourtant pas être confondue avec ces pré-conditions. La maladie mentale elle-même est le résultat immédiat d'un déséquilibre cérébral entre les fonctions excitatoires et inhibitoires. Le passage du conflit social aux perturbations de l'organisme n'est ni simple ni immédiat.

> Le matérialisme, en psychopathologie, doit donc éviter deux erreurs: celle qui consisterait à identifier le conflit psychologique et morbide avec les contradictions historiques du milieu, et à confondre ainsi l'aliénation sociale et l'aliénation mentale; et celle, d'autre part, qui consisterait à vouloir réduire toute maladie à une perturbation du fonctionnement nerveux, dont les mécanismes, encore inconnus, pourraient, en droit, être analysés d'un point de vue purement physiologique (p. 106).

Dans ce passage, comme dans tant d'autres de *Maladie mentale et personnalité*, l'on sent clairement une mutilation de soi. Le professionnel écarte tout sentiment personnel en passant sa blouse blanche. Il y a des proses qui semblent le produit terne d'un esprit faible ou borné, et d'autres qui paraissent ternes par un effort surhumain de la volonté. Si l'on ne connaît pas le livre il est impossible de deviner que de telles lignes sont nées sous la plume de Foucault. Mais il n'allait pas tarder à rompre cette servitude et à prendre sa revanche. Rapidement la recherche du savoir scientifique s'avéra aussi illusoire que la quête philosophique. Foucault était dans une impasse, il ne pouvait plus avancer. Cet étudiant d'une intelligence exceptionnelle abandonna la carrière académique en France. Il prit les seules vacances qu'il pouvait se permettre, un poste dans le département de français de l'université d'Uppsala. Il s'avéra que la Suède n'était pas un paradis sexuel et social à la hauteur de sa réputation. Il y resta pourtant quatre ans. C'est là qu'il trouva sa voie : il s'agissait d'une certaine façon d'un retour sur ses pas. La science et la philosophie avaient la raison pour source commune, cette raison qui avait établi une domination sans conteste sur l'esprit et avait banni toute forme de folie. La raison elle aussi avait une histoire, une généalogie. Foucault s'attela à la tâche : il voulait remonter au-delà de Descartes, au-delà du milieu du dix-septième siècle, afin d'étudier l'époque où les hommes étaient heureux de mettre en scène des dialogues entre la Raison et la Folie. Il trouva ce qui lui manquait aussi bien à l'université qu'à l'hôpital dans les pages d'Erasme et sur la scène de Shakespeare. Il se mit à travailler à ce qui deviendrait un jour *L'histoire de la folie*. En 1958 Foucault quitte Uppsala pour Varsovie, où il devient directeur de l'Institut français. L'année suivante il accepte une charge similaire à Hambourg. C'est là qu'il termine *L'histoire de la folie*. Foucault soumit alors le manuscrit à Jean Hyppolite, qui suggéra de le présenter comme thèse de doctorat. Il ne pouvait évidemment pas passer pour de la philosophie mais, sous l'égide de Georges Canguilhem, il serait peut-être accepté comme de « l'histoire des sciences ». Foucault obtint donc son doctorat d'Etat. Sa vengeance accomplie, il fit la paix avec la philosophie académique. Il revint en France en 1960 et devint chef du département de philosophie à l'Université de Clermont-Ferrand. Il allait y passer six ans. Entre-temps, *Maladie mentale et personnalité* était devenu introuvable en librairie et il fut décidé de le rééditer. L'éditeur demanda à Foucault s'il voulait le modifier. Celui-ci décida de changer le titre qui devint *Maladie mentale et psychologie* et de réécrire entièrement la seconde partie. Il en résulta un livre dont la thèse était totalement inversée : la pathologie mentale ne peut prendre la pathologie organique comme modèle ;

la psychologie ne peut prétendre au même statut scientifique que la physiologie; la « maladie mentale » n'est pas analogue à la maladie physique, c'est une notion changeante, historiquement conditionnée. Il n'y a d'ailleurs pas que le livre de Foucault qui soit bouleversé, toute la base conceptuelle de la psychiatrie l'est aussi. Il s'agit d'un sabotage organisé de l'intérieur au nom des victimes. Les héros véritables ce ne sont pas ces savants sobres, en blouses blanches, qui font reculer peu à peu les brumes de l'ignorance et nous révèlent la nature réelle de la folie, mais bien ces écrivains « fous », qui rejettent le discours de la raison pour explorer les territoires de la « déraison ». C'est en un langage en même temps au-delà de celles-ci et antérieures à elles, qu'ils témoignent d'une expérience qui, loin de dépasser les limites de l'humanité véritable, se situe à son cœur.

> La folie, si longtemps manifeste et bavarde, si longtemps présente à l'horizon, disparaît. Elle entre dans un temps de silence dont elle ne sortira pas de longtemps; elle est dépouillée de son langage; et si on a pu continuer à parler sur elle, il lui sera impossible de parler elle-même à propos d'elle-même... Tout cela n'est pas la découverte progressive de ce qu'est la folie dans sa vérité de nature; mais seulement la sédimentation de ce que l'histoire d'Occident a fait d'elle depuis trois cents ans. La folie est bien plus *historique* qu'on ne croit d'ordinaire, mais bien plus *jeune* aussi... Cette expérience de la Déraison dans laquelle, jusqu'au XVIII<sup>e</sup> siècle, l'homme occidental rencontrait la nuit de sa vérité et sa contestation absolue va devenir, et rester encore pour nous, la voie d'accès à la vérité naturelle de l'homme... Toute la structure épistémologique de la psychologie contemporaine s'enracine dans cet événement qui est à peu près contemporain de la Révolution, et qui concerne le rapport de l'homme à lui-même. La « psychologie » n'est qu'une mince pellicule à la surface du monde éthique où l'homme moderne cherche sa vérité — et la perd. Nietzsche l'avait bien vu, à qui on a fait dire le contraire... Jamais la psychologie ne pourra dire sur la folie la vérité, puisque c'est la folie qui détient la vérité de la psychologie... Poussée jusqu'à sa racine, la psychologie de la folie, ce serait non pas la maîtrise de la maladie mentale et par là la possibilité de sa disparition, mais la destruction de la psychologie elle-même et la remise à jour de ce rapport essentiel, non psychologique parce que non moralisable, qui est le rapport de la raison à la déraison. C'est ce rapport qui, malgré toutes les misères de la psychologie, est présent et visible dans les œuvres de Hölderlin, de Nerval, de Roussel et d'Artaud, et qui promet à l'homme qu'un jour, peut-être, il pourra se retrouver

> libre de toute psychologie pour le grand affrontement tragique avec la folie. (MMP, 82, 88-9).

Ces passages trouveraient aisément leur place dans *L'histoire de la folie*, dont ils sont contemporains. Ils se marient mal à la première partie du livre écrite quelque huit ans auparavant. Foucault en vint rapidement à considérer *Maladie mentale et psychologie* comme une œuvre de jeunesse indigne de survie. Lorsque la seconde édition fut épuisée, Foucault refusa un nouveau tirage (il tenta même d'empêcher la publication d'une traduction anglaise de la version révisée, avec succès en Grande-Bretagne, mais non aux Etats-Unis). Cependant, malgré son histoire curieuse, ce livre est indispensable à la compréhension de la genèse de la pensée de Foucault. Il contient d'ailleurs des passages d'une étonnante prescience.

> Toute cette psychologie n'existerait pas sans le *sadisme moralisateur* dans lequel la «philanthropie» du XIXe siècle l'a enclose, sous les espèces hypocrites d'une «libération». On dira que tout savoir est lié à des formes essentielles de cruauté. (MMP, 87).

Il ne s'agit pas seulement ici d'une ébauche de la conjonction *pouvoir-savoir*, axe central des œuvres postérieures de Foucault, mais aussi d'une référence voilée à sa critique de la notion de «libération», si fondamentale dans sa dernière entreprise, *L'histoire de la sexualité*.

# PREMIERE PARTIE
# L'ARCHEOLOGIE DU SAVOIR

# 1. La folie, la mort et la naissance de la raison

C'est sous le titre de *Folie et déraison: Histoire de la folie à l'âge classique* que parut chez Plon en 1961 la thèse de Foucault. Deux ans plus tard, la collection 10/18 en fit paraître une version considérablement abrégée. En 1972, les deux premières éditions étant épuisées depuis longtemps, Gallimard réédita le texte intégral sous le nom d'*Histoire de la folie à l'âge classique*. Lorsqu'on lui demanda une nouvelle préface pour ce «livre déjà vieux», Foucault refusa d'être le juge de sa propre œuvre, de justifier ou de condamner des positions adoptées onze ans plus tôt. Il composa un brillant petit essai sur le genre «préface d'auteur» où il ne mentionne pas une seule fois l'œuvre qui la suit. De plus, il fit supprimer la préface originale, pourtant très éclairante et très belle. Je me référerai à l'édition Gallimard (HF) sauf pour la première préface qui sera indiquée par l'abréviation FD (*Folie et déraison*).

Dans une interview publiée en 1977, Foucault établit une liaison entre la rédaction de *L'histoire de la folie* et la situation politique des années cinquante. A la suite de l'affaire Lyssenko et du discrédit dans lequel celle-ci avait fait tomber la soi-disant «science socialiste», les intellectuels de gauche étaient devenus extrêmement sensibles au problème des relations entre science et politique. Peut-être, se dit le jeune Foucault, que les problèmes posés par les relations entre, par exemple, la physique théorique ou la chimie organique et les structures politiques et économiques de la société, sont trop complexes; leur seuil d'explicabilité est sans doute au-delà de notre portée. Cependant, si l'on choisissait une science moins pure, plus «douteuse», comme la psychiatrie, les relations entre le savoir et le pouvoir pourraient peut-être apparaître plus clairement. Personne n'aurait eu l'idée d'expliquer ainsi la genèse de *L'histoire de la folie*. Il est d'ailleurs peu probable que, parmi les «sciences douteuses», la psychiatrie se soit présentée à l'esprit de Foucault sous l'effet d'un pur hasard. Au contraire, son attention se porta sans errer de la philosophie à la psychiatrie, du cœur de la raison à ses frontières, et même au-delà de celles-ci. En effet, l'intérêt de Foucault pour la psychiatrie fut de courte durée et le conduisit à ce qu'il choisit d'appeler en toute simplicité la «folie». Il en vint rapidement à se représenter la psychiatrie comme une tyrannie exercée sur la «folie» par la «raison». Franchissant les bornes de celle-ci, il se sentit avancer sur un terrain peu sûr: comment pouvait-on parler de la folie dans le langage de la raison? Il n'y avait pour cela aucune forme de discours, aucune discipline reconnue. Pourtant, dans ce monde crépusculaire, au-delà des lumières de la raison, mais non dans l'obscurité totale, se dressaient quelques phares: Hölderlin, Nerval, Van Gogh, Raymond Roussel, Artaud et surtout, par-dessus tous, la figure clé, énigmatique, de Nietzsche, le «philosophe fou». Ces noms reviennent constamment. Leur ordre peut varier, il peut en manquer l'un ou l'autre, mais ils constituent autant de signes, de pierres de touche. Une litanie. Ce sont eux qui assurent la grande médiation entre les mondes séparés de la «raison» et de la «folie». Ce sont les représentants d'un phénomène qui tend à disparaître grâce aux relations tyranniques entre humains, à la science en général et à la psychiatrie en particulier. Foucault savait qu'il n'était pas de leur nombre, que sa position était en deçà de la leur. Mais lui aussi pouvait être un médiateur, plus à l'aise bien sûr dans une académie que dans un asile. Il ne serait certes jamais un professeur tranquille: il n'oublierait jamais la servitude et le silence qui en étaient la contrepartie. Dans sa première préface, en 1961, Foucault montre qu'il était parfaitement conscient de sa mission. C'était la première étape d'une longue recherche, poursuivie « sous le soleil de la grande recherche nietzchéenne ». Foucault mentionne d'autres aires possibles de recherche comme les interdits sexuels de notre culture, ainsi que toute la question de la répression et de la tolérance. Il s'agit bien sûr du sujet de *L'histoire de la sexualité*, œuvre en six volumes commencée quelque quinze ans plus tard. Mais, avant de se lancer dans la généalogie de la science occidentale, il lui fallait examiner l'acte d'exclusion qui rendait possible les triomphes de la raison.

*L'histoire de la folie*: ce titre est d'une banalité trompeuse. Il y eut même un critique pour se plaindre de ce qu'il ne rendait pas justice à ce qui était après tout une œuvre iconoclaste d'une brillante originalité. Mais ni l'un ni l'autre des termes qui le composent n'est employé sans ironie. « L'histoire » suggère une certaine assurance sanctionnée par une institution, la discipline et le règne de la raison. De même, Foucault n'utilise pas le mot « folie » selon les normes de la raison. Il ne présente aucune définition du terme. Il refuse d'y voir une constante, une réalité immobile dont la connaissance sans cesse accrue se traduirait par une précision toujours plus grande du vocabulaire. C'est précisément parce qu'il est non médical que ce mot est utile à Foucault, parce qu'il est utilisé par tous et qu'il recouvre la totalité de la période qui l'intéresse. La folie n'est pas, au départ, un fait, mais un jugement — même si ce jugement devient lui-même un fait. C'est une sentence prononcée par une partie de l'esprit humain sur une autre. La préface de la première édition s'ouvre sur deux citations, l'une de Pascal (« Les hommes sont si nécessairement fous que ce serait être fou par un autre tour de folie de ne pas être fou »), l'autre de Dostoïewski (« Ce n'est pas un enfermant son voisin qu'on se convainc de son propre bon sens »). Nous n'avons donc pas tant affaire à une « histoire de la folie » qu'à une « histoire » de la « folie », de cet « autre tour » — l'image de Pascal est celle d'une clé ou d'une vis. Sous le couvert de sa fonction, celui qui étudie la philosophie ou la psychiatrie est passé à l'autre bord :

> il faut faire l'histoire de cet autre tour de folie, — de cet autre tour par lequel les hommes, dans le geste de raison souveraine qui enferme leur voisin, communiquent et se reconnaissent à travers le langage sans merci de la non-folie. (FD, i).

Cette folie particulière est aussi vieille, aussi récente, que la science moderne. Comme si l'existence de la «folie», la souveraineté de la seule raison et l'expulsion consécutive de tout ce qui constituait une menace à son règne étaient les conditions nécessaires à la naissance de la physique newtonienne et du rationalisme cartésien. Ce qui est significatif dans la façon dont on traite les fous depuis trois cents ans n'est pas une augmentation du savoir scientifique, ni la propagation d'attitudes et de méthodes plus «humaines», mais l'allégeance constante des praticiens à la raison et leur incapacité d'écouter leur propre «folie nécessaire» et celle de ceux qui ont l'étiquette de «fou».

> Le langage de la psychiatrie, qui est monologue de la raison *sur* la folie, n'a pu s'établir que sur un tel silence. Je n'ai pas voulu faire l'histoire de ce langage; plutôt l'archéologie de ce silence. (FD, ii).

Ici le terme «archéologie» apparaît pour la première fois dans l'œuvre de Foucault. Il l'emploie presque en passant, comme s'il cherchait un mot qui distingue ce qu'il fait de «l'histoire». Ce concept, qui est ébauché ici, jouera un rôle fondamental dans sa pensée, depuis cette œuvre jusqu'à *L'archéologie du savoir*, en passant par *La naissance de la clinique* et *Les mots et les choses*, qui ont respectivement pour sous-titre «Une archéologie du regard médical» et «Une archéologie des sciences humaines». Pour Foucault, l'histoire — et surtout l'histoire des idées — est trop profondément imprégnée des notions de continuité, de causalité et de téléologie, qui ont leur source dans le rationalisme moderne et dans la notion cartésienne de sujet constitutif. Contre la marche triomphante et horizontale d'une histoire tournée vers l'avenir, Foucault dresse la «verticalité constante» du tragique, des limites établies par la folie et la mort.

Foucault entreprend donc de remonter au-delà du rationalisme et de la science moderne, jusqu'à une époque où la folie était encore une «expérience indifférenciée, expérience non encore partagée du partage lui-même», où elle n'était pas encore isolée de la raison par une cloison imperméable. En explorant cette «région inconfortable», nous devons autant que possible renoncer aux attitudes, aux techniques et au vocabulaire hérités de cette division. Il faut se défaire de l'idée que nous possédons aujourd'hui la vérité sur la folie et écarter tout ce que nous croyons en savoir. Toute tentative d'analyse, de découpage ou de classification de la folie d'un point de vue rétrospectif doit être abandonnée. Ne pas agir ainsi nous conduirait à parler la langue de l'exclusion, cette langue que Foucault a apprise et rejetée.

> Au milieu du monde serein de la maladie mentale, l'homme moderne ne communique plus avec le fou : il y a d'une part l'homme de raison qui délègue vers la folie le médecin, n'autorisant ainsi de rapport qu'à travers l'universalité abstraite de la maladie ; il y a d'autre part l'homme de folie qui ne communique avec l'autre que par l'intermédiaire d'une raison tout aussi abstraite, qui est ordre, contrainte physique et morale, pression anonyme du groupe, exigence de conformité. De langage commun, il n'y en a pas ; ou plutôt il n'y en a plus ; la constitution de la folie comme maladie mentale, à la fin du XVIII siècle, dresse le constat d'un dialogue rompu, donne la séparation comme déjà acquise, et enfonce dans l'oubli tous ces mots imparfaits, sans syntaxe fixe, un peu balbutiants, dans lesquels se faisait l'échange de la folie et de la raison. Qu'est-ce donc que cet affrontement au-dessous du langage de la raison ? Vers quoi pourrait nous conduire une interrogation qui ne suivrait pas la raison dans son devenir horizontal, mais chercherait à retracer dans le temps, cette verticalité constante, qui, tout au long de la culture européenne, la confronte à ce qu'elle n'est pas, la mesure à sa propre démesure ? Vers quelle région irions-nous, qui n'est ni l'histoire de la connaissance, ni l'histoire tout court, qui n'est commandée ni par la téléologie de la vérité, ni par l'enchaînement rationnel des causes, lesquels n'ont valeur et sens qu'au-delà du partage ? Une région, sans doute, où il serait question plutôt des limites que de l'identité d'une culture. (FD, ii-iii).

En une phrase frappante, apparemment inappropriée, inadéquate et excessive, Foucault définit les conditions de base de la folie, dépouillées de toutes les interprétations fournies par la science. Elle est caractérisée, dit-il, par « une absence d'œuvre ». Elle est en dehors des réalisations humaines, de la « grande œuvre de l'histoire ». Expérience constante, invariable, perpendiculaire à l'horizontalité historique, la folie est le vide sur lequel la plénitude de l'histoire est construite. La « possibilité de l'histoire » est liée à la « nécessité de la folie ». Tenter une « histoire de la folie » est par conséquent une contradiction *in terminis*. « L'expérience crue de la folie », avant sa capture par le savoir, est fondamentalement inaccessible. Pour observer la folie il faut se placer du côté de la raison, mais c'est la raison qu'il serait plus utile d'observer. Si vous scrutez celle-ci avec suffisamment d'insistance, semble nous dire Foucault, vous trouverez la folie. Et d'une certaine manière, c'est cette pratique qu'il adopte. C'est en se débattant dans les masses mouvantes des « notions, des institutions, des décisions judiciaires et policières, des concepts scientifiques », qu'il situe le cœur même de son entreprise : « la décision qui lie et sépare à la fois raison et folie ». Il lui faut « découvrir l'échange perpétuel, l'obscure racine commune, l'affrontement originaire qui donne sens à l'unité aussi bien qu'à l'opposition du sens et de l'insensé » (FD, vii).

Avant le milieu du dix-septième siècle, avant la distinction entre raison et folie, à une époque où les passages de l'une à l'autre n'étaient pas encore fermés, le mot « folie » ne semble pas désigner la même chose qu'aujourd'hui. Après cette date, une raison et une folie nouvelles apparaissent, cloisonnées, la première dominant et excluant la seconde. Si les mots restent les mêmes, leurs sens changent, et s'installent en un rapport nouveau.

A la fin du Moyen Age, la lèpre disparaît en Occident. Pendant un certain temps, les maladies vénériennes devinrent à sa place un foyer d'exclusion dans la conscience européenne. Mais l'héritier véritable de la lèpre, dit Foucault, fut ce phénomène extrêmement complexe qu'est la folie. Mais il fallut une période de latence de près de deux cents ans avant que la folie ne suscite des réactions semblables d'exclusion et de purification. Avant que l'on ne dompte enfin la folie, elle allait prendre part à « toutes les expériences majeures de la Renaissance ». L'un des symboles les plus puissants de cette participation fut le « Narrenschiff », la nef des fous, cet « étrange bateau ivre qui file le long des calmes fleuves de la Rhénanie et des canaux flamands », et qui fut à l'origine d'une masse d'œuvres littéraires et artistiques. A cette époque, en règle générale, l'on n'internait pas les fous. On les expulsait souvent des villes, mais on leur permettait de se promener librement dans les campagnes. Pour empêcher qu'ils ne reviennent, on les confiait souvent à des groupes de marchands et de pèlerins qui les emmenaient loin de leur lieu d'origine. Il est certain que des considérations d'ordre public sont en partie à la source de ce comportement. Cependant, ce déplacement des fous d'un lieu à un autre avait d'autres fins sous-jacentes. Les pratiques associées à leur départ et leur embarquement suggèrent des rituels d'exclusion.

> Il arrivait que certains insensés soient fouettés publiquement, et qu'au cours d'une sorte de jeu, ils soient ensuite poursuivis dans une course simulée et chassés de la ville à coups de verges... Mais à cela, l'eau ajoute la masse obscure de ses propres valeurs; elle emporte, mais elle fait plus, elle purifie; et puis la navigation livre l'homme à l'incertitude du sort; là chacun est confié à son propre destin, tout embarquement est, en puissance, le dernier. C'est vers l'autre monde que part le fou sur sa folle nacelle; c'est de l'autre monde qu'il vient quand il débarque. Cette navigation du fou, c'est à la fois le partage rigoureux, et l'absolu Passage. Elle ne fait, en un sens, que développer, tout au long d'une géographie mi-réelle, mi-imaginaire, la situation *liminaire* du fou à l'horizon du souci de l'homme médiéval... L'eau et la navigation ont bien ce rôle. Enfermé dans le navire, d'où on n'échappe pas, le fou est confié à la rivière aux mille bras, à la mer aux mille chemins, à cette grande incertitude extérieure à tout. Il est prisonnier au milieu de la plus libre, de la plus ouverte des routes: solidement enchaîné à l'infini carrefour. Il est le Passager par excellence, c'est-à-dire le prisonnier du passage. Et la terre sur laquelle il abordera, on ne la connaît pas, tout comme on ne sait pas, quand il prend pied, de quelle terre il vient. Il n'a sa vérité et sa patrie que dans cette étendue inféconde entre deux terres qui ne peuvent lui appartenir. Est-ce ce rituel qui par ces valeurs est à l'origine de la longue parenté imaginaire qu'on peut suivre tout au long de la culture occidentale ? Ou est-ce, inversement, cette parenté qui a, du fond des temps, appelé puis fixé le rite d'embarquement ? Une chose au moins est certaine: l'eau et la folie sont liées pour longtemps dans le rêve de l'homme européen. (HF, 21-2).

La nef des fous apparut, sans commune mesure avec sa présence réelle dans la vie de la communauté, comme le foyer d'un malaise profond qui à la fin du Moyen Age s'abattit soudainement sur l'horizon de la culture européenne. La folie et le fou devinrent des figures majeures de la littérature et de l'art du milieu du quinzième au milieu du dix-septième siècle. D'abord, dans toute une série de contes comiques et de fables morales, la folie semble écraser les autres vices pour régner seule. Elle devient la source de tous les défauts humains. De plus, dans les farces satiriques, le personnage du fou prend de plus en plus d'importance.

Il n'est plus simplement, dans les marges, la silhouette ridicule et familière : il prend place au centre du théâtre, comme le détenteur de la vérité... dans la comédie où chacun trompe les autres et se dupe lui-même, il est la comédie au second degré, la tromperie de la tromperie. La Folie a aussi ses jeux académiques : elle est objet de discours, elle en tient elle-même sur elle-même ; on la dénonce, elle se défend, elle revendique pour elle d'être plus proche du bonheur et de la vérité que la raison, d'être plus proche de la raison que la raison elle-même... Enfin, au centre de ces jeux sérieux, les grands textes des humanistes : Flayder et Érasme. En face de tous ces propos, de leur dialectique inlassable, en face de tous ces discours indéfiniment repris et retournés, une longue dynastie d'images, depuis Jérôme Bosch avec *La Cure de la folie* et *La Nef des fous*, jusqu'à Brueghel et sa *Dulle Grete*; et la gravure transcrit ce que le théâtre, ce que la littérature ont déjà repris : les thèmes enchevêtrés de la Fête, et de la Danse des Fous. Tant il est vrai qu'à partir du XV<sup>e</sup> siècle le visage de la folie a hanté l'imagination de l'homme occidental... Jusqu'à la seconde moitié du XV<sup>e</sup> siècle, ou encore un peu au-delà, le thème de la mort règne seul. La fin de l'homme, la fin des temps ont la figure des pestes et des guerres. Ce qui surplombe l'existence humaine, c'est cet achèvement et cet ordre auquel nul n'échappe. La présence qui menace à l'intérieur même du monde, c'est une présence décharnée. Et voilà que dans les dernières années du siècle, cette grande inquiétude pivote sur elle-même ; la dérision de la folie prend la relève de la mort et de son sérieux. De la découverte de cette nécessité qui réduisait fatalement l'homme à rien, on est passé à la contemplation méprisante de ce rien qu'est l'existence elle-même. L'effroi devant cette limite absolue de la mort s'intériorise dans une ironie continue ; on le désarme par avance ; on le rend lui-même dérisoire, en lui donnant une forme quotidienne et maîtrisée, en le renouvelant à chaque instant dans le spectacle de la vie, en le disséminant dans les vices, les travers et les ridicules de chacun. L'anéantissement de la mort n'est plus rien puisqu'il était déjà tout, puisque la vie n'était elle-même que fatuité, paroles vaines, fracas de grelots et de marottes. La tête est déjà vide, qui deviendra crâne. Mais ce qu'il y a dans le rire du fou, c'est qu'il rit par avance du rire de la mort ; et l'insensé, en préageant le macabre, l'a désarmé. Les cris de *Margot la Folle* triomphent, en pleine Renaissance, de ce *Triomphe de la mort*, chanté à la fin du Moyen Age sur les murs de Campo-Santo. La substitution du thème de la folie à celui de la mort ne marque pas une rupture, mais plutôt une torsion à l'intérieur de la même inquiétude. C'est toujours du néant de l'existence qu'il est question, mais ce néant n'est plus reconnu comme terme extérieur et final, à la fois menace et conclusion ; il est éprouvé de l'intérieur, comme la forme continue et constante de l'existence. Et tandis qu'autrefois la folie des hommes était de ne point voir que le terme de la mort approchait,

> tandis qu'il fallait les rappeler à la sagesse par le spectacle de la mort, maintenant la sagesse consistera à dénoncer partout la folie, à apprendre aux hommes qu'ils ne sont déjà rien de plus que des morts, et que si le terme est proche, c'est dans la mesure où la folie devenue universelle ne fera plus qu'une seule et même chose avec la mort elle-même. Les éléments sont maintenant inversés. Ce n'est plus la fin des temps et du monde qui montrera rétrospectivement que les hommes étaient fous de ne point s'en préoccuper; c'est la montée de la folie, sa sourde invasion qui indique que le monde est proche de sa dernière catastrophe; c'est la démence des hommes qui l'appelle et la rend nécessaire. (HF, 24-7).

Cependant, cette expérience de la folie n'est pas aussi cohérente qu'il n'y paraît. Il est vrai qu'il y a des liens entre l'image et le mot, que tous deux illustrent la même fable, dans le même univers moral. Certes, la toile de Bosch et le poème de Brandt portent le même titre, Narrenschiff; pourtant le pictural et le verbal s'engagent dans deux voies différentes. De cette divergence à peine perceptible, naîtra l'une des plus profondes divisions dans l'expérience occidentale de la folie. C'est dans la première, dit Foucault — surtout dans les œuvres de Bosch, Dürer, Thierry Bouts, Grünewald, Brueghel — que la Renaissance exprime sa véritable peur de la folie et la fascination qu'exerce le savoir secret que l'on croit alors caché en elle.

> De toutes parts, la folie fascine l'homme. Les images fantastiques qu'elle fait naître ne sont pas de fugitives apparences qui disparaissent vite de la surface des choses. Par un étrange paradoxe, ce qui naît du plus singulier délire était déjà caché, comme un secret, comme une inaccessible vérité, dans les entrailles de la terre. Quand l'homme déploie l'arbitraire de sa folie, il rencontre la sombre nécessité du monde; l'animal qui hante ses cauchemars et ses nuits de privation, c'est sa propre nature, celle que mettra à nu l'impitoyable vérité de l'Enfer; les vaines images de la niaiserie aveugle, c'est le grand savoir du monde; et déjà, dans ce désordre, dans cet univers en folie, se profile ce qui sera la cruauté de l'achèvement final. Dans tant d'images — et c'est sans doute ce qui leur donne ce poids, ce qui impose à leur fantaisie une si grande cohérence — la Renaissance a exprimé ce qu'elle pressentait des menaces et des secrets du monde. (HF, 33).

Par contre, ce qui intervient dans l'expression littéraire de la folie, c'est l'ironie et le jeu, qui permettent d'affronter la folie et d'en protéger l'homme. Pour les poètes et philosophes humanistes, la folie n'est pas liée à la terre et ses formes souterraines, mais bien à l'homme, à ses faiblesses, ses rêves, ses illusions : il ne s'agit que d'une folie douce.

> Tout ce qu'il y avait de manifestation cosmique obscure dans la folie telle que la voyait Bosch est effacé chez Érasme ; la folie ne guette plus l'homme aux quatre coins du monde ; elle s'insinue en lui, ou plutôt elle est un rapport subtil que l'homme entretient avec lui-même. (HF, 35).

D'une part, il y a donc ces images silencieuses dans lesquelles la pleine force de la folie est déchaînée. Cette vision dépeint la réalité incontournable du monde des rêves. Elle nous montre aussi qu'un jour la réalité du monde aura aussi peu de substance que les cauchemars.

> Toute cette trame de l'apparence et du secret, de l'image immédiate et de l'énigme réservée se déploie, dans la peinture du XV$^e$ siècle, comme *la tragique folie du monde*. (HF, 38).

D'autre part, pour Brant, Erasme et toute la tradition humaniste, la folie est prise dans un discours.

> Elle s'y raffine, elle s'y subtilise, elle s'y désarme aussi... elle naît dans le cœur des hommes, elle règle et dérègle leur conduite ; quand bien même elle gouverne les cités, la vérité calme des choses, la grande nature l'ignore. Elle disparaît vite, quand apparaît l'essentiel, qui est vie et mort, justice et vérité. Il se peut que tout homme lui soit soumis, mais son règne sera toujours mesquin, et relatif ; car elle se dévoilera dans sa médiocre vérité au regard du sage. Pour lui, elle deviendra objet, et de la pire manière, puisqu'elle deviendra objet de son rire... Serait-elle plus sage que toute science, il faudra bien qu'elle s'incline devant la sagesse pour qui elle est folie. (HF, 39).

Cette confrontation de la conscience critique et de l'expérience tragique anime toute la réflexion sur la folie au début de la Renaissance. Cependant, dès le dix-septième siècle, à cause du privilège accordé à l'une au détriment de l'autre, ce dualisme disparaît. La folie devient de plus en plus une expérience langagière, une expérience par laquelle l'homme est confronté aux lois de sa propre nature. Sous l'assaut de la raison, la folie devra baisser les armes. Mais il faudra en revanche que la première intègre la seconde en elle.

> Tel fut donc le rôle ambigu de cette pensée sceptique, disons plutôt de cette raison si vivement consciente des formes qui la

> limitent et des forces qui la contredisent: elle découvre la folie comme l'une de ses propres figures — ce qui est une manière de conjurer tout ce qui peut être pouvoir extérieur, irréductible hostilité, signe de transcendance; mais en même temps, elle place la folie au cœur de son propre travail, la désignant comme un moment essentiel de sa propre nature. (HF, 46).

Ceci nous permet de comprendre plus clairement la réflexion de Pascal, « les hommes sont si nécessairement fous que ce serait être fou par un autre tour de folie que de ne pas être fou ». D'une part, il y a une « folie folle », qui rejette la folie propre à la raison, et qui ce faisant se prend au piège de la forme de folie la plus simple, la plus immédiate. D'autre part, il y a une « folie sage », qui se réjouit de la folie liée à la raison, et s'en laisse imprégner. Par là, elle se protège de la folie véritable, et du rejet obstiné qu'elle comporte. Selon Foucault, c'est là que se trouve la clé de la présence massive de la folie et des fous dans la littérature de la fin du seizième et du début du dix-septième siècle. Il s'agit « d'un art qui, dans son effort pour maîtriser cette raison qui se cherche, reconnaît la présence de la folie, de *sa* folie, la cerne, l'investit pour finalement en triompher » (HF, 47). Dans le premier chapitre, Foucault analyse cette littérature: Scudéry, Rotrou, Tristan l'Hermite, et surtout bien sûr Cervantès et Shakespeare.

Dès le milieu du dix-septième siècle le triomphe de la conscience critique est complet: c'est la naissance de l'âge de la raison.

> La grande menace montée à l'horizon du XV⋅ siècle s'atténue, les pouvoirs inquiétants qui habitaient la peinture de Bosch ont perdu leur violence. Des formes subsistent, maintenant transparentes et dociles, formant cortège, l'inévitable cortège de la raison. La folie a cessé d'être, aux confins du monde, de l'homme et de la mort, une figure d'eschatologie; cette nuit s'est dissipée sur laquelle elle avait les yeux fixés et d'où naissaient les formes de l'impossible. L'oubli tombe sur le monde que sillonnait le libre esclavage de sa Nef: elle n'ira plus d'un en-deçà du monde à un au-delà, dans son étrange passage; elle ne sera plus jamais cette fuyante et absolue limite. La voilà amarrée, solidement, au milieu des choses et des gens. Retenue et maintenue. Non plus barque, mais hôpital. A peine plus d'un siècle après la fortune des folles nacelles, on voit apparaître le thème littéraire de l'« Hôpital des Fous »... Chaque forme de folie y trouve sa place aménagée... Tout ce monde de

> désordre, en un ordre parfait, prononce, à son tour, l'*Eloge* de la Raison. Déjà, dans cet «Hôpital», *l'internement* fait suite à *l'embarquement*. (HF, 53).

Pendant «l'âge classique», l'expérience tragique et cosmique de la folie fut bannie de la lumière du jour. Elle ne parvint à survivre que çà et là dans les œuvres d'un Goya ou d'un Sade. Elle continua cependant de hanter les nuits humaines.

> C'est pourquoi l'expérience classique, et à travers elle l'expérience moderne de la folie, ne peut pas être considérée comme une figure totale, qui arriverait enfin, par là, à sa vérité positive... c'est un ensemble déséquilibré par tout ce qui lui manque, c'est-à-dire par tout ce qui le cache. (HF, 40).

Descartes assimile la folie aux rêves et aux formes de l'erreur. Pourtant elle n'entretient pas les mêmes relations que ceux-ci à la vérité et à celui qui la cherche. Les illusions et les rêves sont vaincus par la structure de la vérité elle-même. Par contre, la folie est exclue *a priori* par le sujet qui doute. Pour le philosophe engagé dans cette voie sa propre raison est aussi certaine que le fait qu'il pense et qu'il existe. Une fois acquise, cette certitude ne sera pas aisément abandonnée: la folie ne peut plus être un sujet de préoccupation. Elle restera d'ailleurs hors du champ de la philosophie européenne jusqu'à Hegel, qui lui ménage un retour partiel dans sa *Phénoménologie de l'esprit*. L'*homme* peut devenir fou, mais la pensée, en tant qu'exercice d'un sujet souverain qui a le devoir d'observer le vrai, ne peut sombrer dans la déraison. L'expérience si familière à la Renaissance d'une Raison déraisonnable opposée à une Déraison raisonnable devient impossible. Entre Montaigne et Descartes il s'est produit un événement décisif, l'apparition de la *ratio*.

En même temps qu'on exclut la folie du centre de la vie intellectuelle et qu'on la relègue au statut purement négatif de déraison, il se produit parallèlement des changements institutionnels dans le traitement de la folie, en tant que phénomène social. Un événement à la fois singulier et symbolique marque le début de l'expérience classique de la folie: l'ouverture de l'Hôpital général en 1656. Pourtant cet événement ainsi que les réformes légales et institutionnelles dont il fait partie ne concerne pas les insensés en tant que tels. En fait il s'agissait de mesures visant les pauvres non productifs. En quelques mois seulement, un Parisien sur cent fut interné. Parmi ceux-ci, un bon nombre auraient été classés auparavant comme insensés. Cependant, ils ne formaient pas une catégorie séparée des autres. Ils n'étaient pas internés parce qu'ils étaient fous, mais parce qu'ils étaient inutiles. L'Hôpital avait en effet pour charge de loger et de nourrir tous ceux qui se présenteraient d'eux-mêmes ainsi que ceux qui étaient envoyés par décision royale ou judiciaire, « de tous sexes, lieux et âges, de quelque qualité et naissance et en quelque état qu'ils puissent être, valides ou invalides, malades ou convalescents, curables ou incurables ». Il est clair qu'il ne s'agissait pas d'un établissement médical, mais bien d'une institution semi-juridique, semi-autonome, fonctionnant hors du cadre légal normal et possédant les pouvoirs de jugement, de discipline et de punition. Ce modèle fut rapidement imité dans toute la France; on le retrouve aussi partout en Europe : *workshops* en Angleterre, *Zuchthäusen* en Allemagne.

> La pratique de l'internement désigne une nouvelle réaction à la misère, un nouveau pathétique — plus largement un autre rapport de l'homme à ce qu'il peut y avoir d'inhumain dans son existence. Le pauvre, le misérable, l'homme qui ne peut répondre de sa propre existence, a pris au cours du XVI<sup>e</sup> siècle une figure que le Moyen Age n'aurait pas reconnue. La Renaissance a dépouillé la misère de sa positivité mystique. Et ceci par un double mouvement de pensée qui ôte à la Pauvreté son sens absolu et à la Charité la valeur qu'elle détient de cette Pauvreté secourue. (HF, 67).

Il est presque certain que cette politique d'internement des pauvres était une réponse à la crise économique — chute des salaires, chômage, manque de monnaie métallique — qui s'étendait de l'Espagne à toute l'Europe. Cependant, à terme, elle échoua : elle n'apportait aucune solution aux problèmes et, avec l'industrialisation du début du dix-neuvième siècle, elle fut généralement abandonnée. L'entêtement que l'on avait mis à la poursuivre devait en effet plus à l'idéologie qu'à la nécessité économique : le travail n'était pas conçu comme l'un des éléments constitutifs de la richesse, mais plutôt comme un remède à toutes les formes de la pauvreté. Si celle-ci pouvait disparaître, c'était grâce à la force morale du travail, et non à sa puissance productive. A l'âge classique, l'internement des désœuvrés avait à peu près la même force symbolique que celle qu'avait eu auparavant l'isolation des lépreux.

> L'asile a pris rigoureusement la place de la léproserie dans la géographie des lieux hantés comme dans les paysages de l'univers moral. On a renoué avec les vieux rites de l'excommunication, mais dans le monde de la production et du commerce. Il n'est pas indifférent que les fous aient été enveloppés dans la grande proscription de l'oisiveté. Dès l'origine, ils auront leur place à côté des pauvres, bons ou mauvais, et des oisifs, volontaires ou non. Comme eux, ils seront soumis aux règles du travail obligatoire. Dans les ateliers où ils étaient confondus, ils se sont distingués d'eux-mêmes par leur incapacité au travail et à suivre les rythmes de la vie collective. La nécessité, découverte au XVIII$^e$ siècle, de donner aux aliénés un régime spécial, et la grande crise de l'internement qui précède de peu la Révolution, sont liées à l'expérience de la folie qu'on a pu faire dans l'obligation générale du travail. On n'a pas attendu le XVII$^e$ siècle pour «enfermer» les fous, mais c'est à cette époque qu'on commence à les «interner», en les mêlant à toute une population avec laquelle on leur reconnaît une parenté. Jusqu'à la Renaissance, la sensibilité à la folie était liée à la présence de transcendances imaginaires. A partir de l'âge classique et pour la première fois, la folie est perçue à travers une condamnation éthique de l'oisiveté et dans une immanence sociale garantie par la communauté de travail. Cette communauté acquiert un pouvoir éthique de partage, qui lui permet de rejeter, comme dans un autre monde, toutes les formes de l'inutilité sociale. C'est dans cet *autre monde*, cerné par les puissances sacrées du labeur, que la folie va prendre ce statut que nous lui connaissons. S'il y a dans la folie classique quelque chose qui parle d'*ailleurs*, et d'*autre chose*, ce n'est plus parce que le fou vient d'un autre ciel, celui de l'insensé, et qu'il en porte les signes; c'est qu'il franchit de lui-même les frontières de l'ordre bourgeois, et s'aliène hors des limites sacrées de son éthique. (HF, 84-5).

Au départ, l'internement avait certainement une fonction de régulation sociale. Mais l'explication de Foucault dépasse largement celle de l'utilité générale. De fait, il prend à partie sur cette question tout un groupe d'historiens français contemporains (HF, 92-93). De leur point de vue, l'internement n'était que l'élimination spontanée des éléments asociaux que nous répartissons aujourd'hui entre les prisons, les maisons de correction, les hôpitaux psychiatriques et les divans des psychanalystes. Un tel point de vue suppose que la folie est éternelle et invariante, toujours déjà munie de sa structure psychologique intemporelle, et que ce n'est qu'au début de ce siècle que l'on a pu en découvrir la véritable articulation scientifique. Il implique encore une sorte d'orthogenèse de la connaissance scientifique à partir de la conscience et de l'expérience sociale. Celles-ci sont considérées comme une sorte de savoir approximatif destiné à un perfectionnement scientifique. L'objet d'une science doit par conséquent préexister à celle-ci; il est d'abord saisi obscurément avant qu'on ne le comprenne véritablement grâce à une démarche positive. Foucault combat dans toute son œuvre cette vision évolutionniste et téléologique de la connaissance, selon laquelle nous sommes à l'orée d'une science nouvelle, le passé s'étendant derrière nous comme une vaste zone de préhistoire crépusculaire. Il n'est pas vrai que la folie attendait, immobile et toujours identique, que la psychiatrie survienne pour la faire passer de l'obscurantisme superstitieux à la vérité lumineuse. Les catégories de la psychiatrie modernes ne sont pas des données intemporelles de la nature, susceptibles d'être découvertes par un observateur attentif; elles sont au contraire les produits de la construction même de cette discipline. De même, le recours massif et soudain à l'internement, au milieu du dix-septième siècle, n'était pas la réponse nécessaire à une recrudescence proportionnelle des «éléments asociaux», mais un acte aussi soudain que l'expulsion des lépreux et leur isolement loin des villes. Cependant, la signification de cet acte ne peut être réduite à son simple résultat. Ce n'était pas pour arrêter la maladie qu'on avait expulsé les lépreux; ce ne fut pas non plus pour libérer la ville des «éléments asociaux» qu'on interna en 1657 un pour cent de la population parisienne. En réalité c'est l'acte de ségrégation lui-même qui a produit l'asocial. A la lumière de notre propre système de pensée il nous paraît que toute une série de catégories sociales sans points communs ont été touchées par le même acte de ségrégation, mais ce n'est pas à ce système-là qu'il faut se référer pour comprendre ce phénomène. L'internement, pendant ses cent cinquante années d'existence, n'était ni le produit de l'ignorance, ni celui d'une pensée confuse, mais bien le résultat même d'un système de pensée propre à l'âge classique.

> Ses pratiques et ses règles ont constitué un domaine d'expérience qui a eu son unité, sa cohérence et sa fonction. Il a rapproché, dans un champ unitaire, des personnages et des valeurs entre

> lesquels les cultures précédentes n'avaient perçu aucune ressemblance; il les a imperceptiblement décalés vers la folie, préparant une expérience — la nôtre — où ils se signaleront comme intégrés déjà au domaine d'appartenance de l'aliénation mentale. Pour que ces rapprochements fussent faits, il a fallu toute une réorganisation du monde éthique, de nouvelles lignes de partage entre le bien et le mal, le reconnu et le condamné, et l'établissement de nouvelles normes dans l'intégration sociale... Il y a en effet certaines expériences que le XVIe siècle avait acceptées ou refusées, qu'il avait formulées, ou au contraire laissées en marge, et que, maintenant, le XVIIe siècle va reprendre, grouper, et bannir d'un seul geste, pour les envoyer dans l'exil où elles voisineront avec la folie — formant ainsi un monde uniforme de la Déraison. (HF, 96).

Ces expériences concernent soit la sexualité et ses rapports avec la famille bourgeoise, soit la profanation et les points de vue nouveaux sur le sacré, soit encore le libertinage, que l'on peut définir comme l'ensemble des nouvelles relations établies entre la libre pensée et les passions. Ces trois domaines de l'expérience forment, avec la folie, dans l'espace de l'internement, un monde homogène d'aliénation mentale. Nous en avons d'ailleurs largement hérité. Dès la fin du dix-huitième siècle, en effet, il paraissait évident que certaines formes de pensée libertine, comme celle de Sade, étaient intimement liées à l'illusion et à la folie. De même, la pratique de l'alchimie ou de l'homosexualité, par exemple, semblaient relever de la maladie mentale. Cependant, cent cinquante ans auparavant, ces deux pratiques étaient non seulement tolérées, mais célébrées en pensée, en parole et en actes. Même si certaines pratiques avaient été condamnées — la sodomie, par opposition à l'amour homosexuel — les motifs invoqués étaient d'une tout autre nature. Il est probable que dans toutes les cultures la sexualité est soumise à un système de contraintes; mais c'est seulement dans la nôtre — et depuis relativement peu de temps — que la distinction s'est établie d'abord en termes de Raison et de Déraison, puis de santé et de maladie, et enfin de normal et d'anormal.

La prostitution et la débauche constituaient aussi des motifs suffisants pour justifier l'internement. Mais on ne passait à l'action que lorsque le scandale devenait public ou que l'intérêt de la famille était en jeu. Une des raisons les plus courantes d'interner un débauché était le danger que sa conduite faisait courir à la fortune familiale.

> La famille avec ses exigences devient un des critères essentiels de la raison; et c'est elle avant tout qui demande et obtient l'internement. On assiste à cette époque à la grande confiscation de l'éthique sexuelle par la morale de la famille... Ce n'est plus l'amour qui est sacré, mais le mariage... Au XIX⁵ siècle, le conflit de l'individu et de sa famille deviendra affaire privée, et prendra alors l'allure d'un problème psychologique. Pendant toute la période de l'internement, elle a été au contraire une affaire qui touchait à l'ordre public; elle mettait en cause une sorte de statut moral universel; toute la cité était intéressée à la rigueur de la structure familiale. Quiconque lui portait atteinte entrait dans le monde de la déraison. Et c'est en devenant ainsi la forme majeure de la sensibilité à la déraison, que la famille, un jour, pourra constituer le lieu des conflits d'où naissent les formes diverses de la folie. (HF, 104-6).

Mais l'un des aspects les plus curieux de l'internement, pendant cet «âge de raison», était sans doute la façon dont certaines formes de libre pensée, certains modes d'exercice de la raison, allaient être liés à la déraison. Au début du dix-septième siècle, le libertinage était une des formes du rationalisme naissant. Mais dès le milieu du siècle il se sépare en deux courants mutuellement contradictoires. D'une part, une tentative visant à développer par la raison un rationalisme dans le cadre duquel toute forme de déraison prend une apparence rationnelle, d'autre part, une déraison du cœur qui détourne le discours de la raison vers ses propres fins déraisonnables. Ce que l'on entend maintenant par libertinage n'est ni la liberté de pensée, ni la liberté morale mais au contraire un état de servitude où la raison devient l'esclave du cœur. Avant Sade, aucune philosophie cohérente du libertinage ne fut développée au dix-huitième siècle. Quant à la sienne, elle naquit d'une situation de réclusion; et, chose plus importante encore, elle transformait la liberté du libertin en une servitude totale à ses passions.

Depuis la création de l'Hôpital général et des institutions similaires en Angleterre et en Allemagne, jusqu'à la fin du dix-huitième siècle, ceux que les autorités d'aujourd'hui classeraient comme insensés vivaient côte à côte avec des prostituées, des pères dépensiers, des fils prodigues, des homosexuels, des blasphémateurs, des libertins, etc. Il nous est donc facile de supposer que l'âge classique n'avait pas compris la *nature* de la folie, que son état d'ignorance préscientifique lui ôtait toute possibilité d'interpréter correctement les symptômes. Mais un tel point de vue relève lui-même de l'incompréhension; il ne parvient pas à percevoir que ce qui sous-tend le traitement commun appliqué à ceux que nous chercherions respectivement à guérir, à emprisonner, à laisser en liberté, est une conception cohérente du comportement humain, basée sur la confiance en le pouvoir de la raison. De fait, par rapport au manque de clarté et aux contradictions de nos pénologies en évolution constante, le concept classique de déraison est limpide.

Cependant, ce n'est pas parce que les insensés étaient généralement internés avec d'autres personnes «déraisonnables» que l'âge classique n'établissait aucune distinction dans cette masse. La folie et le crime ne s'excluent pas, mais ils gardent chacun leur identité. Ensemble, ils constituent le concept commun de déraison, dont les diverses manifestations appelaient une même sanction, l'internement. Pourtant, les fous étaient souvent assujettis à un régime différent de celui des autres prisonniers. Il y avait même des institutions qui leur étaient spécialement réservées (l'Hôtel-Dieu à Paris, *Bedlam* à Londres). Depuis longtemps en effet, la profession médicale s'était annexé les domaines de l'étude et du traitement de la folie. Ils opéraient de façon limitée dans les institutions d'internement. Comme le «lunatique» avait une maladie cyclique, le traitement suivait lui aussi le calendrier : un saignement à la fin mai, suivi d'une administration hebdomadaire de vomitifs et enfin de purges. En réalité, l'intervention médicale n'était que minime et parfois même inexistante. De plus, seuls ceux qui étaient considérés comme guérissables étaient soumis à un traitement quelconque, et ils n'étaient pas nombreux. Mais ce serait une erreur de croire que l'existence d'une forme quelconque d'intervention médicale, aussi grossière et mal informée qu'elle fût, représentait le début d'une attitude plus moderne envers les insensés : la naissance du concept de maladie mentale. Au contraire, le traitement médical des insensés est un anachronisme dans le monde classique de l'internement. C'est la survivance, dans un monde hostile, d'une tradition ancienne remontant au Moyen Age. Par contre, la doctrine de l'internement, basée sur le concept de la déraison, était en parfait accord avec l'*épistémè* classique. Cependant, ce procédé ne parvint jamais à éclipser totalement le précédent. C'était en effet au médecin qu'incombait en définitive le pouvoir d'internement. Lui seul était compétent pour lire les signes. Il avait à sa disposition une symptomatologie complexe basée sur les facultés et leurs déficiences diverses. C'était sa décision qui était à la base du jugement légal. Celui-ci se fondait sur un système élaboré de principes moraux provenant des lois romaine et canon. Ces deux systèmes fonctionnaient côte à côte au dix-huitième siècle. L'ancien, basé sur le jugement médico-légal dans toute sa complexité, et le nouveau, qui exécutait ce jugement uniformément par l'internement. Le premier considérait l'individu comme un sujet soumis aux lois, ayant des droits et des devoirs, le second le considérait comme un être social. Le premier reconnaissait que la folie affectait la liberté de choix moral du sujet, l'autre percevait simplement une conduite déraisonnable qui constituait un motf suffisant pour exclure quelqu'un de la société des hommes raisonnables. Pour le premier, le fou était plus ou moins innocent de ses actions dans la mesure où ses facultés mentales étaient atteintes, pour le second, le citoyen « déraisonnable » ne pouvait être que coupable qu'il fût insensé ou non. En effet, le moindre pas vers la déraison était nécessairement volontaire. La folie était donc la conséquence et non la cause d'une conduite déraisonnable. Ces deux systèmes conduisaient à voir la folie comme un retour à l'animalité. Dans le premier cas, l'homme avait perdu l'emploi de sa raison et était tombé dans la condition innocente et amorale de l'animal; dans le second, il avait délibérément choisi de fuir les chemins de la raison et par là même sa propre humanité. Un lunatique «furieux» était considéré et traité comme une bête féroce. De nombreux rapports sur les fous internés attestent leur résistance extrême à la faim, au chaud, au froid et à la douleur. C'était une preuve supplémentaire de leur animalité.

Cependant, dans l'univers mécaniste de l'âge classique, l'animalité avait complètement perdu les pouvoirs sombres, secrets, et presque surnaturels que lui attribuaient souvent auparavant la littérature, la mythologie et la religion. Ceux-ci avaient disparu pour ne réapparaître qu'à la fin de cette période, pendant laquelle l'animalité était conçue essentiellement comme une négativité. Elle représentait le non-humain. D'autre part, pour la médecine classique, la folie n'était pas une condition singulière et uniforme. Dans un déploiement d'érudition étincelant, Foucault rappelle les noms oubliés de la médecine classique (Willis, Dufour, Cullen, Sydenham, Whytt, von Haller, Boissier de Sauvages, etc.); il étudie leurs *Traités*, leurs *Observations*, leurs *Nosologies*, leur *Dictionnaires*, écrits en latin, en français, en anglais et en allemand. Il rend vie au «jardin des espèces de la folie». Cette métaphore est particulièrement habile. Le dix-huitième siècle considérait en toute simplicité la folie comme une branche de l'histoire naturelle. Le grand Linné lui-même n'avait-il pas, dans ses *Genera morbarum*, déployé ses dons taxinomiques pour défricher le jardin mal tenu de la démence et de la morosité, de la manie et de la mélancolie, de l'hystérie et de l'hypocondrie?

La folie est une des expériences fondamentales dans lesquelles une culture met en jeu ses propres valeurs et, en même temps, les prémunit contre toute attaque.

> Une culture comme celle de l'âge classique, dont tant de valeurs étaient investies dans la raison, a risqué dans la folie à la fois le plus et le moins. Le plus, puisque la folie formait la contradiction la plus immédiate de tout ce qui la justifiait; le moins puisqu'elle la désarmait entièrement, et la rendait impuissante. Ce maximum et ce minimum de risque accepté, par la culture classique, dans la folie, c'est ce qu'exprime bien le mot de déraison: l'envers simple, immédiat, aussitôt rencontré de la raison; et cette forme vide, sans contenu ni valeur, purement négative, où n'est figurée que l'empreinte d'une raison qui vient de s'enfuir, mais qui reste toujours pour la déraison, la raison d'être de ce qu'elle est. (HF, 192).

Pour Foucault, l'âge classique commence à la date symbolique de 1656, celle de la fondation de l'Hôpital général, et se termine en 1794 avec la libération des détenus de Bicêtre par Pinel. Dans l'hagiographie libérale du dix-neuvième siècle, celui-ci tient une place d'honneur: en libérant les prisonniers de leur chaînes, il semblait agir miraculeusement sur leurs esprits. Comme il le remarquait lui-même, parlant du cas d'un ancien soldat ivrogne qui se prenait pour un général, «Jamais dans une intelligence humaine révolution ne fut plus subite, ni plus complète». Cinq ans après la révolution, l'internement, vestige de l'ancien régime, s'écroulait sous l'influence de Pinel, cédant la place au règne de l'asile. Il est généralement admis que Pinel fut à l'origine du traitement humanitaire moderne des malades mentaux, fondement de la psychologie actuelle. La plupart des théories et des pratiques psychiatriques modernes considèrent sous une forme ou une autre que l'application de la Raison à la société humaine amène, comme conséquence inévitable, le progrès moral et scientifique. Il va sans dire que Foucault ne partage pas ce point de vue. Son propos n'est ni de tracer la ligne du progrès historique, ni d'accumuler des faits réfutant une théorie générale du changement. Il entreprend, comme toujours, d'étudier toute la documentation disponible sur une époque avec le moins possible d'assistance (d'interférence) provenant de sources et de concepts non contemporains (les livres de Foucault peuvent sembler extraordinairement bien documentés, mais la masse des références n'est que la pointe cachée d'un iceberg de recherches invisibles). Foucault rend compte du changement, mais d'une façon détaillée et originale.

Il est clair qu'il y a un changement dans la conception sociale de la folie et dans son traitement à la fin du dix-huitième siècle. Cependant cela ne s'est pas produit aussi soudainement qu'il n'y paraît à première vue. Les sources du changement se trouvaient cachées en partie dans les profondeurs du monde de l'internement, en partie à l'extérieur de celui-ci. L'âge classique avait conçu la folie en termes d'animalité: l'homme se distingue de la bête par la raison. Lorsque les hommes se comportent volontairement en contradiction avec les décrets de la raison, ils s'abaissent au niveau des animaux, se bannissent de la société humaine et s'exposent aux dangers de la folie. Par une curieuse inversion des valeurs, le dix-huitième siècle finissant allait identifier la possibilité de la folie, non pas avec l'animalité, mais avec la société humaine, l'environnement qui réprime l'animalité naturelle de l'homme. La folie apparaît alors comme le revers du progrès. Plus l'homme civilisé s'éloigne de la nature, plus il s'expose à la folie. De plus, non contente de menacer le citoyen en tant qu'individu, la civilisation urbaine menaçait l'espèce elle-même. On craignait avec conviction que les races civilisées, parties d'un type primitif, ne souffrent d'une dégénérescence progressive. Il fut constaté que les « sauvages » n'étaient que rarement atteints par la folie. Celle-ci apparut de plus en plus comme un phénomène extérieur, dépassant la volonté de l'individu, et qui frappait sans avertissement. Il n'est par conséquent pas éton-

nant que la seconde moitié de ce siècle fût marquée par une
« grande peur » de la folie. Ce mal, que l'on avait maintenu hors
de vue pendant plus de cent ans, semblait réapparaître sous une
forme fantastique. En 1780, Paris fut en proie à une épidémie.
Son point de départ semblait être l'Hôpital général, et une partie
de la population parlait même d'en brûler les bâtiments. L'on
croyait fermement que la folie était en pleine expansion. Il est
vrai que les chiffres indiquent une augmentation massive des
internements au cours du demi-siècle précédent (HF, 401-4).
Parallèlement, il y eut un nombre croissant d'institutions consa-
crées exclusivement aux insensés, et une tendance à isoler les
fous dans les centres d'internement.

Au départ, cette isolation était un effet secondaire plutôt
qu'une politique nouvelle envers les fous. Elle provenait d'un
changement d'attitude envers la pauvreté, la maladie et l'assistance publique. Avec l'explosion démographique, la crise de l'ap-
provisionnement alimentaire, etc., il devenait de plus en plus
difficile de tenir la pauvreté pour un problème purement moral.
L'économie politique montrait qu'elle résultait de forces sociales
objectives et non de la volonté humaine ou divine. La population
était l'une des richesses de la nation. L'internement des pauvres
et des chômeurs n'était pas, par conséquent, économiquement
approprié. Au lieu de les tenir à l'écart du jeu des puissances du
marché, il fallait les rendre à nouveau disponibles. En effet, une
main-d'œuvre abondante impliquait des salaires bas et encoura-
geait donc les nouvelles industries. Lorsque l'assistance s'avérait
nécessaire, il fallait la donner dans le cadre *naturel* de la famille
(jusqu'en 1796, date d'un décret parlementaire nouveau, il était
interdit en Angleterre de donner assistance dans le cadre d'un
foyer). De même, les malades devaient être autant que possible
soignés chez eux. Ceci eut pour conséquence que la folie fut
séparée de la pauvreté, à laquelle elle avait été associée
jusqu'alors dans le monde indifférencié de la déraison. Les institutions d'internement furent abandonnées aux insensés — et aux
médecins. Tous ces changements ne furent donc pas les résultats
d'interventions philanthropiques ni de progrès scientifiques. Il
s'agissait en réalité d'un changement général dans les institutions
elles-mêmes, en réponse à des pressions économiques et sociales,

ou plutôt au sentiment qu'avaient les hommes d'une altération de leurs relations socio-économiques.

Pendant que Pinel travaillait à la réforme de Bicêtre, les Quakers de York entreprenaient, sous la direction de Samuel Tuke, de mettre sur pied leur propre asile. La *Retraite* était fondée sur un double principe de ségrégation : elle ne recevait que les membres de la «Société de Amis», et parmi eux, uniquement les insensés. «On a pensé à juste titre, dit Tuke, que le mélange qui se produit dans les grands établissements publics de personnes qui ont des pratiques et des sentiments religieux différents, le mélange des débauchés et des vertueux, des profanes et des sérieux avait pour effet d'entraver le progrès du retour à la raison et d'enfoncer plus profondément la mélaconlie et les idées misanthropiques». Pourtant, la motivation principale résidait dans le pouvoir qu'avait la religion d'agir en même temps comme spontanéité et comme contrainte, ce qui lui permettait de contrôler sans recours à la raison la violence potentielle de la folie. Ses préceptes, «lorsqu'on en a été fortement imprégné au début de la vie, deviennent presque des principes de notre nature et leur pouvoir de coercition est souvent éprouvé, même pendant l'excitation délirante de la folie» (HF, 502). Le véritable rôle de la religion dans la *Retraite* était de maintenir le pensionnaire dans un état d'anxiété perpétuelle : il risquait constamment de transgresser la Loi.

> En fait, Tuke a créé un asile où il a substitué à la terreur libre de la folie, l'angoisse close de la responsabilité; la peur ne règne plus de l'autre côté des portes de la prison, elle va sévir maintenant sous les scellés de la conscience... L'asile ne sanctionne plus la culpabilité du fou, c'est vrai; mais il fait plus, il l'organise; il l'organise pour le fou comme conscience de soi, et rapport non réciproque au gardien; il l'organise pour l'homme raisonnable, comme conscience de l'autre, et intervention thérapeutique dans l'existence du fou... et de la reconnaissance de ce statut d'objet, de la prise de conscience de sa culpabilité, le fou doit revenir à sa conscience de sujet libre et responsable, et par conséquent à la raison. (HF, 504-5).

La loi avait longtemps considéré les insensés comme des mineurs, mais il s'agissait d'un statut juridique abstrait. Il était maintenant transposé par Tuke en une situation concrète, dans le cadre d'une institution modelée sur la famille. Par conséquent, sous le dehors d'une protection parentale dans un milieu «naturel» et «normal», l'asservissement du fou augmentait encore. Selon Foucault il s'agit ici du début d'un «complexe parental» qui, jusqu'à aujourd'hui, enveloppe l'existence entière de la folie. La psychanalyse a prétendu mettre à jour par le «complexe d'Œdipe» — cette interprétation moderne et mythique d'un mythe antique — une structure universelle constitutive du sujet humain. En fait elle a hérité et perpétué une structure bien établie dans le traitement médical des fous. Celle-ci n'était à son tour qu'une des facettes de la montée de la famille qui s'opérait dans les sociétés occidentales depuis le début du dix-neuvième siècle.

A première vue une institution, basée sur une croyance en l'efficacité des principes chrétiens pour le traitement de la folie, semble n'avoir rien en commun avec les opinions de Pinel, pour qui les inquiétudes religieuses étaient elles-mêmes une forme de folie. Selon Pinel, la religion entraîne l'esprit vers l'erreur, l'illusion et même l'hallucination. Mais en réalité ce ne sont que les formes imaginaires de la religion qui constituent un danger. Son contenu moral, par contre, était aussi nécessaire au travail de Pinel qu'à celui de Tuke. Son asile était «un domaine religieux sans religion, domaine de la morale pure, de l'uniformisation éthique». L'asile n'était plus une terre étrangère, aussi éloignée que possible de la vie sociale normale. Au contraire, la morale sur laquelle le nouvel ordre social était soi-disant basé s'étendait sans discontinuité jusqu'au cœur de l'asile, où les valeurs de la famille et du travail régnaient sans partage.

> L'asile de l'âge positiviste, tel qu'on fait gloire à Pinel de l'avoir fondé, n'est pas un libre domaine d'observation, de diagnostic et de thérapeutique; c'est un espace judiciaire où on est accusé, jugé et condamné, et dont on ne se libère que par la version de ce procès dans la profondeur psychologique, c'est-à-dire par le repentir. La folie sera punie à l'asile, même si elle est innocentée au-dehors. Elle est pour longtemps, et jusqu'à nos jours au moins, emprisonnée dans un monde moral. (HF, 522-3).

Pinel et Tuke n'étaient ni médecins, ni psychiatres. Leur efficacité n'était pas fondée sur une définition objective de la maladie, ni sur un diagnostic classificateur, mais sur les mécanismes internes obscurs de la Famille, de l'Autorité, du Châtiment et de l'Amour. C'était en assumant le masque du Père et du Juge qu'ils devenaient les agents presque magiques de la guérison. Il est assez paradoxal que la pratique médicale ait pu entrer dans ce domaine semi-miraculeux, au moment même où elle mettait en place les fondements de sa propre positivité.

> Si on voulait analyser les structures profondes de l'objectivité dans la connaissance et dans la pratique psychiatrique au XIX<sup>e</sup> siècle, de Pinel à Freud, il faudrait justement montrer que cette objectivité est dès l'origine une chosification d'ordre magique, qui n'a pu s'accomplir qu'avec la complicité du malade lui-même et à partir d'une pratique morale transparente et claire au départ, mais peu à peu oubliée à mesure que le positivisme imposait ses mythes de l'objectivité scientifique; pratique oubliée dans ses origines et son sens, mais toujours utilisée et toujours présente. Ce qu'on appelle la pratique psychiatrique, c'est une certaine tactique morale, contemporaine de la fin du XVIII<sup>e</sup> siècle, conservée dans les rites de la vie asilaire, et recouverte par les mythes du positivisme. (HF, 528).

Quant à Freud, sa position est ambivalente. Il est suffisamment l'héritier de la science positive pour considérer son travail comme une extension des structures objectives des sciences physiques. Mais il est le premier qui ait vu que derrière les formes vides de la psychiatrie positive il n'y avait qu'une seule réalité concrète : la relation du médecin au malade. Il faut prendre celle-ci au sérieux, la considérer comme un tout dynamique et non voir le patient comme un objet sous le regard objectif du médecin, détenteur de la vérité scientifique. Freud est le premier qui ait fait face à toutes les implications de cette constatation. Cependant, il n'a pas cessé d'exploiter tous les pouvoirs semi-magiques liés à la figure du médecin.

> Il a reporté sur lui, sur cette seule présence, esquivée derrière le malade et au-dessus de lui, en une absence qui est aussi présence totale, tous les pouvoirs qui s'étaient trouvés répartis dans l'existence collective de l'asile; il en a fait le Regard absolu, le Silence pur et toujours retenu, le Juge qui punit et récompense dans un jugement qui ne condescend même pas jusqu'au langage... Le médecin, en tant que figure aliénante, reste la clef de la psychanalyse. C'est peut-être parce qu'elle n'a pas supprimé cette structure ultime, et qu'elle y a ramené toutes les autres, que la psychanalyse ne peut pas, ne pourra pas entendre les voix de la déraison, ni déchiffrer pour eux-mêmes les signes de l'insensé. La psychanalyse peut dénouer quelques-unes des formes de la folie; elle demeure

> étrangère au travail souverain de la déraison. Elle ne peut ni
> libérer ni transcrire, à plus forte raison expliquer ce qu'il y a
> d'essentiel dans ce labeur. (HF, 529-30).

Pour la majorité des lecteurs, *La naissance de la clinique* est sans doute celui des livres de Foucault qui est le moins immédiatement attirant. L'histoire de la médecine est ressentie comme spécialisée et marginale. Comme s'il voulait surmonter cette réticence initiale, Foucault commence cette œuvre sur des lignes qui laissent le lecteur pantois — comme tous les maîtres du style il a un sens aigu des débuts et des fins.

> Il est question dans ce livre de l'espace, du langage et de la mort;
> il est question du regard. Vers le milieu du XVIII siècle, Pomme
> soigna et guérit une hystérique en lui faisant prendre «des bains
> de 10 à 12 heures par jour, pendant dix mois entiers». (NC, v).

Nous avons ici affaire à une technique que Foucault emploie souvent : une déclaration abstraite d'une portée saisissante, suivie d'une anecdote étonnante. Il est démontré dans ce livre, avec une économie magistrale, que l'étude de la «méthode anatomo-clinique» n'intéresse pas seulement l'historien de la médecine, et que le pillage des archives ne manque pas d'être divertissant. Finalement, ce qui ressort de ces matériaux apparemment peu propices, c'est une nouvelle perspective sur la science et la culture du dix-neuvième siècle, qui, de plus, est exprimée dans une prose d'une beauté luxuriante.

*La naissance de la clinique* parut en 1963, deux ans après *L'histoire de la folie*. Les deux ouvrages se chevauchent d'ailleurs partiellement : le second s'ouvre en reprenant la fin du premier. D'une certaine façon, le plus récent est une longue postface au précédent. Georges Canguilhem avait assumé la direction, au moins nominale, de la thèse d'état de Foucault sur l'histoire de la folie. C'est encore lui qui commanda *La naissance de la clinique* pour sa collection «Galien», aux PUF, consacrée à l'histoire et la philosophie de la biologie et de la médecine. Vers 1970, le livre fut épuisé et, pour la deuxième édition en 1972, Foucault effectua un certain nombre de changements dans le texte. Il ne s'agissait pas de modifier l'importance accordée à certains points et encore moins de changer la thèse du livre. Foucault se contente d'un «remaniement lexical» : «langage» devient «discours»,

« analyse structurale du signifié » devient « analyse d'un type de discours ». La distinction signifié/signifiant est abandonnée. En bref le vocabulaire de la linguistique structurale disparaît, remplacé par des termes plus « neutres ». L'explication de ce choix n'est pas à trouver dans l'œuvre de Foucault, mais plutôt dans son attitude envers certains développements du milieu culturel. Au début des années soixante, en même temps qu'un nombre important d'intellectuels français, Foucault avait absorbé presque sans s'en rendre compte, un certain vocabulaire provenant de Saussure et de Jakobson. L'étude de la linguistique structurale eut un impact plus ou moins grand sur certains écrivains. D'autres, comme Foucault, ne se préoccupaient absolument pas des découvertes de la linguistique moderne. Cependant, à la fin de la décennie, le structuralisme ne se contentait plus d'être arrivé sur la scène intellectuelle : il semblait vouloir la dominer. On dressa des barricades : un groupe hétérogène de professeurs conservateurs, de marxistes non althusseriens, de phénoménologues et de sartriens s'opposaient à une nouvelle vague, plus jeune, provenant de l'Ecole Normale Supérieure et se réclamant de Lévi-Strauss, Lacan, Althusser, Barthes et — bien qu'il ait nié qu'il y ait quoi que ce soit de « structuraliste » dans son œuvre — Foucault. En effet, le simple fait d'employer des mots comme « structure » ou « signifié » suffisait pour être catalogué comme « structuraliste ». Dès lors, Foucault évita soigneusement ces mots, et lorsque l'occasion se présentait, il en expurgeait ses écrits antérieurs. Je reviendrai plus tard, et plus longuement, sur la question de l'absence de relations entre le « structuralisme » et Foucault. Pour l'instant, il suffira de se souvenir que les changements de vocabulaires effectués dans *La naissance de la clinique* étaient destinés à freiner une incompréhension qui se répandait d'une façon peu contrôlable.

*L'histoire de la folie* porte sur une vaste période historique : de la fin du Moyen Age à l'apparition des asiles au début du dix-neuvième siècle, en passant par la Renaissance et la période classique. Son concept unificateur, « la folie », est particulièrement amorphe. *La naissance de la clinique*, par contre, couvre à peine un demi-siècle et se centre sur un seul objet bien délimité. Ce livre analyse les dernières années du dix-huitième siècle pendant lesquelles la vieille médecine classificatrice cédait la place à la méthode anatomo-clinique, à la méthode «scientifique» que nous connaissons aujourd'hui. Il est nettement plus court que le précédent, mais la restriction de son objet implique une argumentation serrée et parfois technique. Une grande partie du livre met en scène les relations complexes et imbriquées entre le discours et l'institution médicale. Il est question des «nosologies», «tables» et «systèmes» de la médecine classificatrice; des relations changeantes entre le fait de voir et de nommer; des réformes exécutées à la suite de la Révolution dans l'assistance publique; dans les hôpitaux généraux et d'enseignements, dans les facultés médicales et dans la profession médicale en général; des problèmes théoriques liés aux pratiques anatomiques et aux traitements de fièvres. Avec Foucault il est toujours difficile de produire un sommaire de l'argumentation qui paraisse valide en éliminant les détails qui entraînent l'adhésion. Ceux-ci sont en effet essentiels. Dans ce cas précis, la difficulté est double du fait que ces détails relèvent d'un domaine qui dépasse les compétences du lecteur moyen. Par conséquent, je ne résumerai pas la thèse de ce livre. J'essaierai simplement d'indiquer un certain nombre de points qui en découlent, en utilisant plus que d'habitude les propres mots de Foucault. Ce qui intéressera spécialement le lecteur qui n'est pas médecin, c'est le rôle central attribué par Foucault à la médecine dans la fondation des «sciences» sociales et humaines. De même, il est extrêmement révélateur de constater l'importance que prirent les notions liées d'individualité et de mort en médecine mais aussi dans les arts, notamment dans le romantisme contemporain. De ce point de vue, *La naissance de la clinique* est bien plus qu'une postface à *L'histoire de la folie*. Elle touche à des problèmes qui seront fondamentaux dans le prochain ouvrage majeur de Foucault, *Les mots et les choses*.

«Ne traitez jamais une maladie sans vous être assuré de l'espèce». Ces mots de Gilibert peuvent être considérés comme la devise de la médecine classificatrice du dix-huitième siècle. Les maladies furent organisées en un système hiérarchisé de familles, de genres et d'espèces. Dans le cadre de leurs existences semi-autonomes, elles semblaient avoir plus de rapports entre elles qu'avec le corps qui leur servait temporairement d'abri. Pour identifier une maladie, il n'était jamais nécessaire qu'un organe particulier fût affecté: elles pouvaient en effet se déplacer d'un point à l'autre de la surface du corps sans changer de nature. Pour le médecin du dix-huitième siècle, le malade, avec ses particularités d'âge, de sexe et d'histoire personnelle représentait une interférence qu'il fallait abstraire avant que l'essence nosologique pure de la maladie ne puisse être mis à jour. L'intervention médicale elle-même était une impureté, une violence externe faite à la nature. La mort était le déséquilibre ultime : elle était à la fois la limite de toute possibilité de guérison et la fin de la maladie.

L'opinion courante veut que la médecine moderne soit apparue pendant les dernières années du dix-huitième siècle. Selon le mythe fondateur de cette science, c'est alors que les médecins abandonnèrent leurs analyses fantaisistes et virent enfin ce qui s'étalait devant eux : l'expérience avait vaincu la théorie. Ce mythe a une part de vérité, nous dit Foucault. La nouvelle médecine clinique qui naquit au tournant du siècle, était dominée par le regard, par l'acte de vision. Elle se fixait tout particulièrement sur les événements individuels et anormaux. Mais, selon Foucault, ce qui rendit cette mutation possible « n'est pas à inscrire à l'ordre des purifications psychologiques et épistémologiques ; ce n'est pas autre chose qu'une réorganisation syntactique de la maladie où les limites du visible et de l'invisible suivent un nouveau dessin » (NC, 197). Soudain, les médecins purent voir et décrire ce qui pendant des siècles était resté sous le seuil du visible et de l'exprimable. Non pas parce que les médecins avaient soudain ouvert les yeux, mais parce qu'auparavant, les vieux *codes du savoir* déterminaient *ce qu*'ils pouvaient voir. Pour que les médecins du dix-huitième siècle puissent observer ce que leurs collègues du siècle suivant allaient apprendre à chercher, ces codes devaient être violés et transformés. Ce ne fut pas le retour à un pur regard non biaisé par le langage, mais un changement simultané du voir et du dire. Ce changement fut rendu possible par un ensemble complexe d'événements : la réorganisation des hôpitaux, une redéfinition du statut social du patient, de nouveaux rapports entre l'assistance publique et l'expérience médicale, entre la santé et le savoir. Il fallait que le malade fût enveloppé dans un espace homogène collectif. Ceci fut possible grâce à la convergence des nécessités d'une *idéologie politique* et d'une *technologie médicale*.

> D'un seul mouvement, médecins et hommes d'Etat réclament en un vocabulaire différent, mais pour des raisons essentiellement identiques, la suppression de tout ce qui peut faire obstacle à la constitution de ce nouvel espace : les hôpitaux qui altèrent les lois spécifiques régissant la maladie, et qui perturbent celles, non moins rigoureuses, définissant les rapports de la propriété et de la richesse, de la pauvreté et du travail; la corporation des médecins qui empêche la formation d'une conscience médicale centralisée, et le libre jeu d'une expérience sans limitation, accédant d'elle-même à l'universel; les Facultés enfin qui ne reconnaissent le vrai que dans des structures théoriques, et font du savoir un privilège social. La liberté, c'est la force vive et jamais entravée de la vérité. (NC, 37-8).

Les lieux essentiels de la nouvelle médecine n'étaient plus la bibliothèque ou la salle de conférences, où le médecin, loin des malades, transmettait les fruits de son savoir intemporel à ses étudiants. C'était maintenant dans l'hôpital lui-même que le médecin décrivait les phénomènes au fur et à mesure qu'ils se produisaient. De cette situation où l'on examinait et traitait les corps des malades vivants, il n'y avait qu'un pas à faire pour en arriver à « l'ouverture de quelques cadavres ». La médecine anatomo-clinique était née.

> Vous auriez pendant vingt ans pris du matin au soir des notes au lit des malades sur les affections du cœur, des poumons, du viscère gastrique, que tout ne sera pour vous que confusion dans les symptômes qui, ne se ralliant à rien, vous offriront une suite de phénomènes incohérents. Ouvrez quelques cadavres : vous verrez aussitôt disparaître l'obscurité que la seule observation n'avait pu dissiper. (Bichat, *Anatomie générale*, cité dans NC, 148).

« La nuit vivante, ajoute Foucault, est dissipée par la clarté de la mort ». Plus loin, développant ce paradoxe, il écrit :

> ce qui cache et enveloppe, le rideau de nuit sur la vérité, c'est paradoxalement la vie; et la mort, au contraire, ouvre à la lumière du jour le noir coffre des corps : obscure vie, mort limpide, les plus vieilles valeurs imaginaires du monde occidental se croisent là en étrange contresens, qui est le sens même de l'anatomie pathologique si on convient de la traiter comme un fait de civilisation du même ordre, et pourquoi pas, que la transformation d'une culture incinérante en culture inhumante. La médecine du XIX<sup>e</sup> siècle a été hantée par cet œil absolu qui cadavérise la vie, et retrouve dans le cadavre la frêle nervure rompue de la vie. (NC, 168).

La mort constituait la limite externe de la médecine classificatrice. Avec l'arrivée de l'anatomie pathologique, la mort devenait le sommet d'une nouvelle structure triangulaire dont les deux autres termes étaient la vie et la maladie.

> C'est du haut de la mort qu'on peut voir et analyser les dépendances organiques et les séquences pathologiques... La mort, c'est la grande analyste, qui montre les connexions en les dépliant, et fait éclater les merveilles de la genèse dans la rigueur de la décomposition : et il faut laisser le mot de *décomposition* trébucher dans la lourdeur de son sens. (NC, 146).

En introduisant la mort dans le domaine du connaissable, la nouvelle médecine se découvrait un thème qui était resté latent pendant toute la période classique.

> Voir dans la vie la mort, dans son changement l'immobilité, sous son sourire l'espace squelettique et fixe, et, au terme de son temps, le début d'un temps renversé qui grouille de vies innombrables, c'est la structure d'une expérience baroque dont le siècle passé atteste la réapparition, quatre cents ans après les fresques du Campo Santo. Bichat, en somme, n'est-il pas le contemporain de celui qui fit entrer d'un coup, dans le plus discursif des langages, l'érotisme et son inévitable pointe, la mort? Une fois de plus, le savoir et l'érotisme dénoncent, dans cette coïncidence, leur profonde parenté. Dans les toutes dernières années du XVIII<sup>e</sup> siècle, cette appartenance ouvre la mort à la tâche et aux recommencements infinis du langage. Le XIX<sup>e</sup> siècle parlera avec obstination de la mort: mort sauvage et châtrée de Goya, mort visible, musclée, sculpturale et offerte chez Géricault, mort voluptueuse des incendies chez Delacroix, mort lamartinienne des effusions aquatiques, mort de Baudelaire. Connaître la vie n'est donné qu'à ce savoir dérisoire, réducteur, et déjà infernal qui la désire seulement morte. Le Regard qui enveloppe, caresse, détaille, anatomise la chair la plus individuelle, et relève ses secrètes morsures, c'est ce regard fixe, attentif, un peu dilaté, qui, du haut de la mort, a déjà condamné la vie. Mais la perception de la mort dans la vie n'a pas la même fonction au XIX<sup>e</sup> siècle qu'à la Renaissance. Elle portait alors des significations réductrices : la différence de destin, de la fortune, des conditions était effacée par son geste universel; elle tirait irrévocablement chacun vers tous; les danses des squelettes figuraient, à l'envers de la vie, des sortes de saturnales égalitaires; la mort, infailliblement, compensait le sort. Maintenant elle est constitutive au contraire de singularité; c'est en elle que l'individu se rejoint, échappant aux vies monotones et à leur nivellement; dans l'approche lente, à moitié souterraine, mais visible déjà de la mort, la sourde vie commune devient enfin individualité;

> un cerne noir l'isole et lui donne le style de sa vérité. De là, l'importance du Morbide. Le *Macabre* impliquait une perception homogène de la mort, une fois son seuil franchi. Le *Morbide* autorise une perception subtile de la manière dont la vie trouve dans la mort sa figure la plus différenciée. Le morbide, c'est la forme *raréfiée* de la vie; en ce sens que l'existence s'épuise, s'exténue dans le vide de la mort; mais en cet autre sens également, qu'elle y prend son volume étrange, irréductible aux conformités et aux habitudes, aux nécessités reçues; un volume *singulier*, que définit son absolue rareté. Privilège du phtisique : jadis on contractait la lèpre sur fond des grands châtiments collectifs; l'homme du XIX<sup>e</sup> siècle devient pulmonaire en accomplissant, dans cette fièvre qui hâte les choses et les trahit, son incommunicable secret. C'est pourquoi les maladies de poitrine sont de même nature exactement que celles de l'amour : elles sont la Passion, vie à qui la mort donne un visage qui ne s'échange pas. La Mort a quitté son vieux ciel tragique; la voilà devenue le noyau lyrique de l'homme : son invisible vérité, son visible secret. (NC, 173-4).

Ce n'est que lorsque la mort devint l'*a priori* concret de l'expérience médicale que la vieille loi aristotélicienne qui interdisait l'application du discours scientifique à l'individu put être levée.

> Bergson est strictement à contre-sens quand il cherche dans le temps et contre l'espace, dans une saisie de l'intérieur et muette, dans une chevauchée folle vers l'immortalité, les conditions auxquelles il est possible de penser l'individualité vivante. Bichat, un siècle auparavant, donnait une leçon plus sévère... Il restera sans doute décisif pour notre culture que le premier discours scientifique tenu par elle sur l'individu ait dû passer par ce moment de la mort. C'est que l'homme occidental n'a pu se constituer à ses propres yeux comme objet de science, il ne s'est pris à l'intérieur de son langage et ne s'est donné en lui et par lui une existence discursive que dans l'ouverture de sa propre suppression : de l'expérience de la Déraison sont nées toutes les psychologies et la possibilité même de la psychologie; de l'intégration de la mort dans la pensée médicale est née une médecine qui se donne comme science de l'individu. Et d'une façon générale, l'expérience de l'individualité dans la culture moderne est liée à celle de la mort : de l'Empédocle de Hölderlin à Zarathoustra puis à l'homme freudien, un rapport obstiné à la mort prescrit à l'universel son visage singulier et prête à la parole de chacun le pouvoir d'être indéfiniment entendue; l'individu lui doit un sens qui ne s'arrête pas avec lui. Le partage qu'elle trace et la finitude dont elle impose la marque nouent paradoxalement l'universalité du langage à la forme précaire et irremplaçable de l'individu. (NC, 173, 198-9).

Ainsi la médecine apparaît comme fondatrice parmi les sciences de l'homme, ce foisonnement de disciplines qui se mirent à étudier l'être humain en tant qu'individu interagissant avec ses semblables. Par sa configuration épistémique, elle est aussi liée à tout ce que l'on entend par Romantisme : le sens de la fatalité, de l'individu isolé avec son intériorité secrète et sombre. Les changements qui s'étaient produits en médecine annonçaient les grands développements scientifiques et artistiques du dix-neuvième siècle.

> On peut comprendre à partir de là l'importance de la médecine dans la constitution des sciences de l'homme : importance qui n'est pas seulement méthodologique, mais ontologique, dans la mesure où elle concerne l'être de l'homme comme objet de savoir positif. La possibilité pour l'individu d'être à la fois sujet et objet de sa propre connaissance implique une inversion dans la structure de la finitude. Pour la pensée classique, celle-ci n'avait d'autre contenu que la négation de l'infini, alors que la pensée qui se forme à la fin du XVIII<sup>e</sup> siècle lui donne les pouvoirs du positif : la structure anthropologique qui apparaît alors joue à la fois le rôle critique de limite et le rôle fondateur d'origine. C'est ce retournement qui a servi de condition philosophique à l'organisation d'une médecine positive; inversement, celle-ci, au niveau empirique, a été la première percée vers ce rapport fondamental qui noue l'homme moderne à son originaire finitude. De là, la place fondamentale de la médecine dans l'architecture d'ensemble des sciences humaines : plus qu'une autre, elle est proche de la structure anthropologique qui les soutient toutes. De là aussi son prestige dans les formes concrètes de l'existence : la santé remplace le salut, disait Guardia. C'est que la médecine offre à l'homme moderne le visage obstiné et rassurant de sa finitude; en elle la mort est ressassée, mais en même temps conjurée; et si elle annonce sans répit à l'homme la limite qu'il porte en soi, elle lui parle aussi de ce monde technique qui est la forme armée, positive et pleine de sa finitude. Les gestes, les paroles, les regards médicaux ont pris, de ce moment, une densité philosophique que seule avait eue auparavant la pensée mathématique. L'importance de Bichat, de Jackson, de Freud dans la culture européenne ne prouve pas qu'ils étaient aussi philosophes que médecins, mais que, dans cette culture, la pensée médicale est engagée de plein droit dans le statut philosophique de l'homme. Cette expérience médicale est par là même apparentée à une expérience lyrique qui a cherché son langage de Hölderlin à Rilke. Cette expérience qu'inaugure le XVIII<sup>e</sup> siècle et à laquelle nous n'avons pas encore échappé, est liée à un retour aux formes de la finitude, dont la mort est sans doute la plus menaçante, mais aussi la plus pleine. L'Empédocle

de Hölderlin, parvenant, de sa marche volontaire, au bord de l'Etna, c'est la mort du dernier médiateur entre les mortels et l'Olympe, c'est la fin de l'infini sur la terre, la flamme revenant à son feu de naissance et laissant comme seule trace qui demeure ce qui justement devait être aboli par sa mort: la forme belle et close de l'individualité; après Empédocle, le monde sera placé sous le signe de la finitude, dans cet entre-deux sans conciliation où règne la Loi, la dure loi de la limite; l'individualité aura pour destin de prendre toujours figure dans l'objectivité qui la manifeste et la cache, qui la nie et la fonde: «ici encore, le subjectif et l'objectif échangent leur figure». D'une manière qui peut paraître étrange au premier regard, le mouvement qui soutient le lyrisme au XIX siècle ne fait qu'un avec celui par lequel l'homme a pris une connaissance positive de lui-même; mais faut-il s'étonner que les figures du savoir et celles du langage obéissent à la même loi profonde, et que l'irruption de la finitude surplombe, de la même façon, ce rapport de l'homme à la mort qui, ici, autorise un discours scientifique sous une forme rationnelle, et là ouvre la source d'un langage qui se déploie indéfiniment dans le vide laissé par l'absence des dieux? (NC, 199-200).

# 2. Le monde, la représentation, l'homme

> Ce livre a son lieu de naissance dans un texte de Borges. Dans le rire qui secoue à sa lecture toutes les familiarités de la pensée — de la nôtre: de celle qui a notre âge et notre géographie —, ébranlant toutes les surfaces ordonnées et tous les plans qui assagissent pour nous le foisonnement des êtres, faisant vaciller et inquiétant pour longtemps notre pratique millénaire du Même et de l'Autre. Ce texte cite «une certaine encyclopédie chinoise» où il est écrit que «les animaux se divisent en: a) appartenant à l'Empereur, b) embaumés, c) apprivoisés, d) cochons de lait, e) sirènes, f) fabuleux, g) chiens en liberté, h) inclus dans la présente classification, i) qui s'agitent comme des fous, j) innombrables, k) dessinés avec un pinceau très fin en poils de chameau, l) *et cætera*, m) qui viennent de casser la cruche, n) qui de loin semblent des mouches». Dans l'émerveillement de cette taxinomie, ce qu'on rejoint d'un bond, ce qui, à la faveur de l'apologue, nous est indiqué comme le charme exotique d'une autre pensée, c'est la limite de la nôtre: l'impossibilité nue de penser *cela*. Qu'est-il donc impossible de penser, et de quelle impossibilité s'agit-il? (MC, 7).

*Les mots et les choses* parut en 1966, quatre an après *La naissance de la clinique* et l'ouvrage sur Raymond Roussel. Entretemps, Foucault avait publié un certain nombre d'articles et de comptes rendus, dont quatre assez longs sur des écrivains qui avaient particulièrement retenu son attention: «Le non du père» (sur Hölderlin), « Préface à la transgression » (sur Georges Bataille), « Le langage à l'infini » (sur Maurice Blanchot) et « La prose d'Actéon » (sur Pierre Klossowski). *Les mots et les choses* marque un tournant, au sens le plus évident et le plus superficiel du terme, dans la carrière de Foucault. *L'histoire de la folie* avait été refusé par deux éditeurs parisiens importants et n'avait finalement été accepté qu'avec réticence par Plon. L'édition originale ne s'était pas bien vendue, et si l'édition abrégée au format de poche avait eu un meilleur sort, elle n'avait pourtant pas rencontré le succès que l'on pouvait attendre. Les comptes rendus furent peu nombreux et tardifs; de plus, ils ne montraient pas une grande compréhension de l'œuvre. Il y eut cependant des exceptions, notamment les articles de Roland Barthes dans *Critique* et de Maurice Blanchot à la *NRF* (celui-ci paraissait d'ailleurs quelques semaines après un précédent compte rendu malveillant dans la même revue). *La naissance de la clinique* se vendit encore moins bien et il n'y eut presque aucun écho dans la presse. Quant au livre sur Raymond Roussel, il passa presque totalement inaperçu, si ce n'est un curieux article d'Alain Robbe-Grillet, dans lequel celui-ci réussit, pour des raisons connues de lui seul, à ne rien dire du livre en question. Dans ces conditions, il n'est pas étonnant que Gallimard n'ait tiré *Les mots et les choses* qu'à trois mille exemplaires. Une semaine après, l'ouvrage était épuisé. On en tira cinq mille exemplaires supplémentaires qui furent vendus en six semaines. Finalement, pour la seule édition française, les ventes s'élevèrent à cinquante mille. De plus, les autres livres de Foucault furent rapidement épuisés. Ils ont connu depuis plusieurs réimpressions. Ce ne sont pas des scrupules d'érudit qui me font évoquer ces questions, et encore moins la volonté de répandre des bruits. C'est parce qu'un livre n'est pas un système clos de significations qui existe à l'état pur et idéal, habité par une conscience unique et désincarnée, mais un événement qui se produit dans une situation culturelle complexe et concrète. Le fait qu'on le lise, ou qu'on le lise mal, ou même pas du tout, est un de ses aspects constitutifs. De plus le phénomène que je viens de décrire ne se limite pas à Foucault. C'est en 1966 que parurent également les *Ecrits* de Lacan, longtemps attendus. Ceux-ci furent en même temps un succès commercial éclatant et un recueil de textes parmi les plus difficiles qui aient jamais été écrits. Une destinée similaire attendait les œuvres de Barthes, Lévi-Strauss, Deleuze, Guattari et d'autres encore.

*Les mots et les choses* fut traduit en anglais en 1970. Comme il existait déjà deux livres portant le titre *Words and Things*, on demanda à Foucault d'en trouver un autre. Il suggéra *The order of things* (L'ordre des choses), en ajoutant qu'il préférait ce titre à l'original. Dans la préface de l'édition anglaise, Foucault fournit un résumé succinct de ses buts. Il constate que l'histoire des sciences donne une nette priorité aux domaines de l'abstrait et de l'inorganique, aux mathématiques, à la cosmologie et à la physique par exemple. A des sciences donc qui incarnent au mieux le modèle idéal de l'entreprise scientifique. Quant aux autres disciplines, celles dans lesquelles les êtres humains interviennent à un degré plus ou moins important, que ce soit comme sujet ou comme objet, on les considère trop impures, trop réfractaires aux critères objectifs, trop profondément imprégnées de l'erreur, de la superstition et des préjugés humains pour qu'on puisse en donner autre chose qu'une histoire irrégulière et confuse. Mais Foucault fait le choix opposé et part de l'hypothèse que toute l'activité intellectuelle d'une période donnée obéit aux lois d'un certain code de la connaissance. Il entreprend donc d'étudier sur la période qui s'étend de la fin de la Renaissance à la fin du dix-neuvième siècle, trois discours distincts, concernant respectivement les êtres vivants, le langage et les richesses. Foucault posait en même temps une question de type chronologique : jusqu'à quel point le découpage qu'il avait utilisé dans ses études sur la folie et la médecine (un âge classique commençant au milieu du dix-septième siècle et finissant avec le dix-huitième, précédé de la Renaissance et suivi de l'époque moderne) serait-il applicable aux discours dont il entamait l'étude ? Si la mutation qui s'était produite aux alentours de 1800 avait un pendant dans ces trois nouvelles disciplines, alors, d'une certaine manière, il ne serait plus légitime de considérer que le discours du dix-huitième siècle sur l'échange économique (« l'analyse des richesses ») appartienne à la même discipline que le discours sur le même sujet au dix-neuvième (l'économie politique). La même chose pourrait alors être soutenue en ce qui concerne les deux autres paires à l'étude, histoire naturelle / biologie et grammaire générale / philologie. Dans ce cas, les trois disciplines du dix-neuvième siècle auraient des structures communes sous-jacentes qui seraient tout à fait étrangères à celles de leurs prédécesseurs du dix-huitième siècle. Cette base commune, Foucault l'appellera le niveau ou système «archéologique». Il est constitué d'un ensemble de règles de formation qui déterminent les conditions de possibilité du dicible, dans un discours particulier, à un moment quelconque. C'est cette méthode «archéologique» qui distingue les analyses de Foucault de celles des historiens des sciences.

> D'un côté l'histoire des sciences suit la progression des découvertes, la formulation des problèmes et l'éclat des controverses; elle analyse aussi l'économie interne des théories. En bref elle décrit les processus et les produits de la connaissance scientifique. Mais, d'autre part, elle essaie de retrouver ce qui a échappé à cette conscience : ce qui l'a influencée, les philosophies implicites qui lui étaient sous-jacentes, sa thématique non formulée, les obstacles invisibles. En bref, l'histoire des sciences décrit aussi leur inconscient. Celui-ci est toujours l'aspect négatif de la science, celui qui résiste, détourne, dérange. Ce que j'aimerais faire cependant, c'est mettre à jour un *inconscient positif* du savoir : un niveau qui échappe à la conscience du chercheur et fait pourtant partie du discours scientifique. Selon moi il ne doit pas mettre en question la validité de celui-ci ou en diminuer la qualité. Ce qu'il y avait de commun, à l'âge classique, entre l'histoire naturelle, l'économie et la grammaire, n'était certainement pas conscient chez les scientifiques, ou, du moins, ce qu'ils pressentaient n'en était qu'une part superficielle, limitée et presque imaginaire. Cependant, à leur insu, les naturalistes, les économistes et les grammairiens employaient les mêmes règles pour définir les objets propres à leur domaine d'étude, pour former leurs concepts, pour construire leurs théories. (OT, xi).

Ce qui, par-dessus tout, crée la cohérence entre les théories classiques sur le langage, le vivant et les richesses, c'est une théorie philosophique de la représentation, dans laquelle le langage apparaît comme le *tabula*, l'espace sur lequel les choses, sous la forme de leurs représentations verbales, sont ordonnées. Au tournant du siècle, cette théorie de la représentation est remplacée par une théorie de l'historicité, qui impose aux choses un ordre basé sur la continuité temporelle et le devenir. L'analyse des richesses en termes de circulation cède le pas à l'étude de leur production. La recherche des caractéristiques taxinomiques des êtres naturels s'efface devant l'examen de l'organisme en tant que fonction. Le langage n'apparaît plus comme un moyen universel de représentation. Il devient lui-même un phénomène historique, sujet au changement, et aussi dense que l'intérieur d'un être vivant. L'on comprend ainsi aisément l'importance qu'accorde Foucault à «l'Encyclopédie chinoise» de Borgès. Cette liste ordonnée de dix-neuf sous-catégories de la classe des «animaux» viole totalement tout principe de classification rationnel qui nous soit connu. Sa progression alphabétique, à première vue mesurée, du «a) appartenant a l'Empereur» au «n) qui de loin semblent des mouches» a toutes les apparences d'une analyse rationnelle, tout en désagrégeant la raison elle-même. Elle semble abolir «notre distinction sans âge entre le Même et l'Autre». On pourrait commenter longuement les façons variées par lesquelles la «classification» de Borgès arrive à cette fin, cependant, le fondement de son impossibilité est l'absence de tout espace où ces catégories puissent coexister. Ce qui manque, c'est la «table d'opération» sur laquelle, aussi faible qu'en soit la probabilité, le «parapluie» et la «machine à coudre» de Lautréamont pourraient reposer. Ou plutôt, cet espace nous est donné par le seul langage. Cette coexistence du très spécifique «dessinés avec un pinceau très fin en poil de chameau» (qui ne constituent pas une catégorie d'animaux réels) avec les presque universels «innombrables», «et cætera», et avec une catégorie qui inclut toutes les autres, ne peut être autre que purement linguistique.

Si la «classification» de Borgès est l'une des instances extrêmes de l'éclatement de la représentation, *Les Menines* de Vélasquez, dont il y a une reproduction dans le livre, et auquel la totalité du premier chapitre est consacrée, peut être considéré comme l'image parfaite de la représentation classique. La scène : l'atelier de Vélasquez. Des peintures alignées sur les deux murs visibles. A gauche se tient le peintre, le pinceau à la main, face à une toile énorme dont nous ne voyons que le revers. D'autres personnages sont debout ou à genoux à l'avant-plan : la jeune infante Marguerite, un nain, un fou, un chien, des courtisans et les dames d'honneur éponymes. Au fond de l'atelier, une porte ouverte éclairée où se tient un homme. Le regard du peintre se dirige vers un point invisible au-delà de l'avant-plan de la toile, vers le point que nous, spectateurs, nous occupons. La plupart des autres personnages ont les yeux tournés dans la même direction. En bref, nous regardons une peinture, où le peintre, à son tour, nous regarde. De plus, nous occupons la même position que son sujet. Mais quel est donc le sujet de cette toile dans la toile, dont nous avons presque usurpé la position? Sur le mur du fond, une «peinture» se démarque, mieux éclairée que les autres, plus distincte. En fait, c'est un miroir où sont réfléchies les images d'un homme et d'une femme. Ce sont eux, Philippe IV d'Espagne et sa femme Marianne qui sont les vrais sujets de la peinture. Celle-ci n'a reçu son titre que par ironie, pour détourner l'attention sur les dames d'honneur, situées par hasard à l'avant-plan. Le miroir est le revers, ou plutôt le «bon côté» de la toile: derrière le peintre, il nous montre ce qu'il voit, ce qu'il reproduit. Tous les éléments de la représentation sont présents ici — le regard, la palette et la brosse, la toile, les peintures achevées, les reflets, la lumière. Il ne manque que le sujet. Il s'agit, au sens le plus trivial, d'un autoportrait du travail de Vélasquez. Peint en 1658, ce tableau est au seuil de l'âge classique. Il représente la représentation classique elle-même.

Mais, avant de se lancer dans son analyse de l'âge classique, Foucault nous présente une description du concept typiquement renaissant de «la prose du monde», le monde structuré par le pouvoir de la ressemblance.

> C'est la ressemblance qui a conduit pour une grande part l'exégèse et l'interprétation des textes: c'est elle qui a organisé le jeu des symboles, permis la connaissance des choses visibles et invisibles, guidé l'art de les représenter. Le monde s'enroulait sur lui-même: la terre répétant le ciel, les visages se mirant dans les étoiles, et l'herbe enveloppant dans ses tiges les secrets qui servaient à l'homme. La peinture imitait l'espace. Et la représentation — qu'elle fût fête ou savoir — se donnait comme répétition: théâtre de la vie ou miroir du monde, c'était là le titre de tout langage, sa manière de s'annoncer et de formuler son droit à parler. (MC, 32).

Sous ses divers aspects — la *convenientia* (la proximité), l'*æmulatio*, l'analogie et la sympathie — la ressemblance maintenait le monde dans son identité. Cependant, la puissance de la sympathie, et son ubiquité étaient telles qu'il fallait une force opposée également puissante, l'antipathie, pour que les choses restent séparées, pour éviter que, dans une assimilation totale, tout ne devienne le Même. Ce système de ressemblances, qui liait tout ensemble, tout en maintenant les choses distinctes, était inscrit dans l'univers lui-même sous forme de signes. Le savoir humain consistait donc à mettre à jour et à déchiffrer ces signatures. Cependant, la connaissance n'allait pas de soi, elle n'était pas accessible à l'œil non initié. Au seizième siècle, l'on n'établissait aucune distinction entre l'observation des phénomènes naturels et, d'autre part, la magie, les écritures et les textes anciens. Dans tous les cas il s'agissait de signes à découvrir et à interpréter. En effet, dans sa forme originelle, le langage était parfaitement transparent: le mot et la chose ne faisaient qu'un, parce qu'ils avaient été créés simultanément par Dieu. Par contre, après Babel, le langage s'était fragmenté, donnant naissance aux différentes langues humaines. La ressemblance originale aux choses fut perdue. Même l'hébreu, la langue la plus proche du langage originel ne conservait qu'une mémoire affaiblie de cette nomination originale. A la Renaissance, les signes étaient organisés en un système à trois termes: les marques elles-mêmes, les choses désignées par ces marques, et les similitudes qui les liaient. Cependant, comme la ressemblance constituait et la forme et le contenu du signe, les trois éléments fonctionnaient comme une seule figure. Mais au dix-septième siècle, la structure du signe devient une connection binaire entre le *signifiant* et le *signifié*. L'on ne considère plus le monde comme le dépositaire du langage. Celui-ci est libéré des choses, et sa relation avec elles devient celle d'une simple *représentation* arbitraire. Il y a un chef-d'œuvre de la littérature qui, peut-être plus que tout autre, incarne ce jeu ancien des signes et de la ressemblance, tout en contenant les débuts des représentations nouvelles.

> Don Quichotte n'est pas l'homme de l'extravagance, mais plutôt le pèlerin méticuleux qui fait étape devant toutes les marques de la similitude. Il est le héros du Même. Pas plus que de son étroite province, il ne parvient à s'éloigner de la plaine familière qui s'étale autour de l'Analogue. Indéfiniment il la parcourt, sans franchir jamais les frontières nettes de la différence, ni rejoindre le cœur de l'identité... Tout son être n'est que langage, texte, feuillets imprimés, histoire déjà transcrite. Il est fait de mots entrecroisés; c'est de l'écriture errant dans le monde parmi la ressemblance des choses... Don Quichotte lit le monde pour démontrer les livres... Tout son chemin est une quête aux similitudes: les moindres analogies sont sollicitées comme des signes assoupis

> qu'on doit réveiller pour qu'ils se mettent de nouveau à parler. Les troupeaux, les servantes, les auberges redeviennent le langage des livres dans la mesure imperceptible où ils ressemblent aux châteaux, aux dames et aux armées. Ressemblance toujours déçue qui transforme la preuve cherchée en dérision et laisse indéfiniment creuse la parole des livres. (MC, 60-1).

Cependant, le *Don Quichotte* est en même temps un adieu négatif et même ironique à ce monde.

> L'écriture a cessé d'être la prose du monde; les ressemblances et les signes ont dénoué leur vieille entente; les similitudes déçoivent, tournent à la vision et au délire; les choses demeurent obstinément dans leur identité ironique: elles ne sont plus que ce qu'elles sont; les mots errent à l'aventure, sans contenu, sans ressemblance pour les remplir; ils ne marquent plus les choses; ils dorment entre les feuillets des livres au milieu de la poussière. La magie, qui permettait le déchiffrement du monde en découvrant les ressemblances secrètes sous les signes, ne sert plus qu'à expliquer sur le mode délirant pourquoi les analogies sont toujours déçues. L'érudition qui lisait comme un texte unique la nature et les livres est renvoyée à ses chimères: déposés sur les pages jaunies des volumes, les signes du langage n'ont plus pour valeur que la mince fiction de ce qu'ils représentent. L'écriture et les choses ne se ressemblent plus. Entre elles, Don Quichotte erre à l'aventure. (MC, 61-2).

Au dix-septième siècle, la similitude cesse d'être une source de savoir pour devenir une occasion d'erreur, la fantaisie charmante d'une connaissance qui n'a pas encore atteint l'âge de raison. Bacon, en examinant les idoles, avait lancé une des premières attaques contre la ressemblance. Mais Descartes fut à l'origine d'une critique bien plus pénétrante et d'une portée plus considérable. Pour lui, la ressemblance n'était qu'un amalgame confus de catégories diverses qu'il fallait analyser en termes de différence et d'identité. Plus précisément, la notion de ressemblance est remplacée par celle de comparaison. Celle-ci se divise en deux espèces: comparaison de mesure et comparaison d'ordre. La première établit un découpage en unités, permettant de mettre à jour des relations d'égalité et d'inégalité; la seconde détermine les éléments les plus simples possibles et ordonne les différences selon les degrés les plus petits. Il en résulta une transformation complète de l'*épistémè* occidentale, jusque dans son ordonnancement le plus fondamental. Au niveau le plus superficiel, cette nouvelle *épistémè* allait trouver son expression dans un ensemble d'écoles de pensée différentes et même opposées. Par exemple, le « mécanisme » fournissait un savoir théorique dans certaines disciplines comme la physiologie et la médecine. Il y eut aussi une tentative assez large de réduire toutes les connaissances empiriques aux lois des mathématiques. Mais, selon Foucault, ce qui au niveau archéologique reste constant pendant toute la période classique, ce qui régit l'entreprise scientifique, c'est la conviction que les relations entre les choses doivent être conçues en termes d'ordre, et que les problèmes de mesure eux-mêmes sont réductibles à des questions de ce type. C'est ainsi que l'analyse devint rapidement une méthode universelle. Cependant, ce rapport à la *mathésis* (la science générale de l'ordre) ne signifie pas que le savoir entier ait été absorbé par les mathématiques. Au contraire, parallèlement à cette recherche d'une *mathésis*, un certain nombre de disciplines empiriques étaient fondées, dans lesquelles il n'y avait aucune trace de mathématiques. Néanmoins, toutes étaient basées sur la notion d'ordre. La Grammaire générale, l'histoire naturelle et l'analyse des richesses étaient des sciences de l'ordre, couvrant les domaines des mots, des êtres et des besoins. Les trois s'inscrivent chronologiquement dans la période classique, naissant vers 1660 avec Lancelot, Ray et Petty et s'éteignant vers 1800-1810 avec Bopp, Cuvier et Ricardo respectivement. Bien que les trois fussent dépendantes de l'analyse et de l'ordre, elles n'employaient pas la méthode algébrique, mais se fondaient sur le système des signes. L'ordonnancement des choses au moyen de ceux-ci caractérisait le savoir empirique et le fondait sur l'identité et la différence. Pour les natures simples, l'ordonnancement prend la forme d'une *mathésis*, en particulier la méthode algébrique. Par contre, dès qu'il s'agit d'ordonner des natures plus complexes (les représentations en général, telles qu'elles nous sont données par l'expérience) il fallait recourir à une *taxinomie*, qui nécessitait un système de signes. Ayant analysé la mutation de l'*épistémè* occidentale qui se produisit au milieu du dix-septième siècle, à savoir le passage d'une théorie générale des signes et de la ressemblance à un système de signes et de représentations, Foucault est prêt à s'atteler à son analyse détaillée des théories classiques du langage, de la classification et de l'argent. Aucune culture ne peut saisir dans toute sa cohérence le système général des connaissances qui engendre et contraint en même temps les formes les plus visibles de son savoir. Cependant, dans ce domaine, l'époque classique était particulièrement perspicace, et percevait des connections entre diverses branches des connaissances empiriques. Souvent on écrivait sur plusieurs disciplines avec une égale autorité. Condillac et Destutt de Tracy intégraient à leur théorie de la connaissance et du langage, celle des richesses et de l'échange. Turgot écrivit l'article de l'*Encyclopédie* sur l'étymologie ainsi que la première étude systématique sur les rapports entre argent et mots comme systèmes d'échange. Rousseau écrivait aussi bien sur la botanique que sur l'origine du langage.

« L'existence du langage à l'âge classique est à la fois souveraine et discrète » (MC, 92). Il occupe une position fondamentale parce que sa tâche est de représenter la pensée. Cette représentation n'est pas cependant un acte de traduction, ni une réplique physique exacte des phénomènes mentaux. La pensée ne préexiste pas, sous une forme pure et désincarnée, à son expression linguistique. Il est donc dans sa nature de se représenter, c'est-à-dire de s'analyser en parties, de disposer ces parties les unes à côté des autres, de remplacer les unes par les autres. Les représentations obtenues ne tirent pas leur sens du monde. En effet, le langage et le sens y sont inhérents. Le langage, c'est la pensée. Il en résulte que son existence même cesse de poser problème.

> La Renaissance s'arrêtait devant le fait brut qu'il y avait du langage : dans l'épaisseur du monde, un graphisme mêlé aux choses ou courant au-dessous d'elles ; des sigles déposés sur les manuscrits ou sur les feuillets des livres. Et toutes ces marques insistantes appelaient un langage second — celui du commentaire, de l'exégèse, de l'érudition —, pour faire parler et rendre enfin mobile le langage qui sommeillait en elles ; l'être du langage précédait, comme d'un entêtement muet, ce qu'on pouvait lire en lui et les paroles dont on le faisait résonner. A partir du XVII<sup>e</sup> siècle, c'est cette existence massive et intrigante du langage qui se trouve élidée. Elle n'apparaît plus celée dans l'énigme de la marque... A la limite, on pourrait dire que le langage classique n'existe pas. Mais qu'il fonctionne : toute son existence prend place dans son rôle représentatif, s'y limite avec exactitude et finit par s'y épuiser. Le langage n'a plus d'autre lieu que la représentation, ni d'autre valeur qu'en elle. (MC, 93).

Le langage n'est pas un être mais une fonction: un système de signes verbaux représentant la représentation. Ce qui le distingue des autres systèmes de signes, ce n'est pas tant qu'il soit individuel ou collectif, naturel ou arbitraire, mais qu'il analyse les représentations en un ordre nécessairement successif. Le langage ne peut représenter la pensée de façon instantanée, dans sa totalité. Il doit l'arranger par parties dans un ordre linéaire. L'étude de l'ordre des mots en relation avec la simultanéité de la pensée, constitue ce que l'âge classique appelle la Grammaire générale. Cependant, celle-ci ne tente pas d'établir des lois qui sous-tendent toutes les langues, mais plutôt d'examiner chacune à son tour, en tant que mode de représentation. Elle définit le système d'identités et de différences que présuppose et qu'emploie son ensemble particulier de «caractères». La Grammaire générale établit une taxinomie de chaque langue, une analyse du mécanisme qui rend le discours possible. Cette activité peut être réduite à ce que Foucault appelle le «quadrilatère du langage», une figure dont les quatre côtés sont la proposition, la désignation, l'articulation et la dérivation. La proposition est l'objet essentiel de la Grammaire générale: elle est au langage ce qu'est la représentation à la pensée. La théorie de la proposition s'occupe particulièrement du verbe, car sans lui il ne peut y avoir de discours. De plus, tous les verbes sont réductibles au seul verbe *être*. Ce mot est en même temps la représentation de l'être dans le langage et l'essence représentatrice de celui-ci, ce qui le rend susceptible d'être vrai ou faux. Le langage est *discours* en vertu du pouvoir qu'a le mot de saisir, au-delà du système de signes, l'être signifié. Le mot a aussi la propriété de désigner, il est par nature un nom. Sous sa forme la plus élémentaire il est nom propre, représentation particulière qui n'est le nom que d'une seule chose. Si l'on se contentait de ceux-ci, il en faudrait autant qu'il y a de choses à nommer. Mais dans ce cas, le discours resterait à un niveau très primitif, inefficace, désordonné et confus. L'acquisition et la transmission des connaissances dépend en effet d'une forme du langage dans laquelle les noms ne représentent pas seulement des individus, mais aussi des qualités communes à plusieurs d'entre eux. Dès lors, une activité de discernement intervient, groupant les individus qui ont des choses en commun et séparant ceux qui sont différents. De ces divisions substantives, naissent toutes les autres formes de distinctions, y compris la syntaxe elle-même. Ces fonctions taxinomiques d'ordonnancement sont appelées articulations.

Ceci nous mène aux questions de l'arbitraire du signe (dans la mesure où ce qui désigne peut être aussi différent de l'objet désigné qu'un geste de ce qu'il indique) et du lien profond qui le lie à ce qu'il nomme (dans la mesure où un nom particulier a toujours été choisi pour désigner une chose particulière). La première concerne l'analyse du langage de l'action, la seconde l'étude des racines. Le langage a pour origine les cris spontanés émis par les hommes primitifs, mais il s'est écarté de ses origines naturelles. Les racines sont ces mots rudimentaires que l'on retrouve sous une forme similaire dans un certain nombre de langues. Leur universalité peut être attribuée à leur adéquation à ce qu'ils représentent; leur forme la plus évidente est l'onomatopée. La théorie de la dérivation s'occupe de la possibilité qu'ont les mots non seulement de s'écarter de leurs significations originales pour en acquérir de plus larges ou de plus étroites, mais encore d'altérer les sons qui les composent, ou même de disparaître. Au centre du quadrilatère du langage se trouve le *nom*. Nommer, c'est donner la représentation verbale d'une représentation mentale. C'est encore l'assignation d'une place dans un tableau général. La théorie classique du langage est axée toute entière sur cette entité centrale et privilégiée.

Au début de sa section sur «l'histoire naturelle», Foucault prend à partie diverses interprétations de la période classique proposées par des historiens des sciences ou des idées. Celles-ci se réduisent à une vue horizontale du développement scientifique, qui s'oppose à l'analyse «verticale», archéologique de Foucault. Par conséquent, l'histoire naturelle du dix-huitième siècle n'est pas envisagée comme un système cohérent en lui-même, et ayant des rapports avec d'autres disciplines éloignées quoique contemporaines, mais comme une préhistoire de la biologie du dix-neuvième siècle, un amalgame hétérogène de notions dont certaines allaient s'avérer utiles à la progression d'une science véritablement scientifique. Foucault met en évidence certains problèmes méthodologiques inhérents à ce genre d'approche.

> La difficulté à saisir le réseau qui peut relier les unes aux autres des recherches aussi diverses que les tentatives de taxinomie et les observations microscopiques; la nécessité d'enregistrer comme faits d'observation les conflits entre les fixistes et ceux qui ne le sont pas, ou entre les méthodistes et les partisans du système; l'obligation de partager le savoir en deux trames qui s'enchevêtrent bien qu'elles soient étrangères l'une à l'autre : la première étant définie par ce qu'on savait déjà et par ailleurs (l'héritage aristotélicien ou scolastique, le poids du cartésianisme, le prestige de Newton), la seconde par ce qu'on ne savait pas encore (l'évolution, la spécificité de la vie, la notion d'organisme); et surtout l'application de catégories qui sont rigoureusement anachroniques par rapport à ce savoir. De toutes la plus importante, c'est évidemment celle de vie. On veut faire des histoires de la biologie au XVIII$^e$ siècle; mais on ne se rend pas compte que la biologie n'existait pas et que la découpe du savoir, qui nous est familière depuis plus de cent cinquante ans, ne peut pas valoir pour une période antérieure. Et que si la biologie était inconnue, il y avait à cela une raison bien simple : c'est que la vie elle-même n'existait pas. Il existait seulement des êtres vivants, et qui apparaissaient à travers une grille du savoir constituée par l'*histoire naturelle*. (MC, 139).

Contrairement à l'opinion courante, l'histoire naturelle n'est pas apparue pour combler les lacunes du mécanisme cartésien, dès le moment où il devint clair que les complexités du vivant, qu'il soit animal ou végétal, ne pouvaient être réduites aux lois du mouvement rectiligne. En fait, la possibilité même de l'histoire naturelle, telle qu'on la trouve dans les travaux de Ray et Jonston, est contemporaine du cartésianisme, et non de son déclin. C'est la même *épistémè* qui a permis la suprématie du mécanisme, de Descartes à d'Alembert, et l'histoire naturelle de Tournefort à Daubenton. Ce qui distingue *L'histoire naturelle du quadrupède* de Jonston de celle d'Aldrovandi, antérieure d'un demi-siècle, ce n'est pas une augmentation des connaissances, mais plutôt un changement profond des postulats sur lesquels celles-ci son basées. En effet, la différence la plus frappante entre les deux auteurs, c'est la réduction effectuée par Jonston de la gamme des faits considérés comme pertinents, et non son expansion. Au seizième siècle, on n'établissait aucune distinction entre d'une part, la description de la morphologie et des organes d'une plante ou d'un animal, et d'autre part, celle de ses vertus supposées, des légendes qui lui étaient associées, de ses fonctions en héraldique, en médecine ou en cuisine, et de ce que pouvaient en avoir dit les anciens ou les voyageurs. Si Jonston a pu ignorer une si grande part de ce qui apparaissait chez Aldrovandi, ce n'est pas parce que la science avait enfin découvert sa vocation rationnelle, et rejeté le poids mort de la superstition, mais parce que les signes étaient considérés comme faisant partie des représentations et non des choses elles-mêmes. C'est parce que l'on pouvait dire les choses d'une façon nouvelle que l'on pouvait les voir sous un jour nouveau.

A l'apogée de l'âge classique, Linné fixa la méthode de la description naturelle. Chaque être vivant devait être analysé selon l'ordre suivant : nom, théorie, genre, espèce, attributs, utilités et *Litteraria*. Il est difficile de vaincre les vieilles habitudes. Même Linné considérait qu'une partie de sa tâche consistait à rapporter les associations culturelles qui s'étaient établies autour des objets de son observation. Cependant elles étaient devenues un appendice inoffensif, reléguées en fin de description, bannies. Il faut aussi remarquer que la chose elle-même ne peut apparaître que dans un processus initié par son nom. Peut suivre alors une analyse de ses diverses parties et de ses relations aux choses plus ou moins similaires.

Pourquoi l'*histoire* naturelle ? Jusqu'au milieu du dix-septième siècle la science du vivant était une des divisions de l'histoire. Or la tâche de l'historien consistait essentiellement en une compilation de documents et de signes : il ne rapportait pas ce qu'il avait vu lui-même, mais répétait ce que d'autres avaient écrit. L'histoire naturelle de l'époque classique hérita du titre, mais lui donna un sens nouveau, ou plutôt, elle retrouva le sens original : en grec, le terme « histoire » désigne au sens large toute forme de recherche. L'histoire naturelle s'assigna donc une tâche très différente : examiner les choses avec un soin méticuleux et transcrire ce qui était observé au moyen d'un langage neutre et précis. Les « documents » de cette histoire naturelle n'étaient donc pas les mots écrits, mais les espaces libres où se trouvaient les êtres : herbiers, collections, jardins.

> Le lieu de cette histoire, c'est un rectangle intemporel, où, dépouillés de tout commentaire, de tout langage d'alentour, les êtres se présentent les uns à côtés des autres, avec leurs surfaces visibles, rapprochés selon leurs traits communs, et par là déjà virtuellement

analysés, et porteurs de leur seul nom. On dit souvent que la constitution des jardins botaniques et des collections zoologiques traduisait une nouvelle curiosité pour les plantes et les bêtes exotiques. En fait, depuis bien longtemps déjà, celles-ci avaient sollicité l'intérêt. Ce qui a changé, c'est l'espace où on peut les voir et d'où on peut les décrire. A la Renaissance, l'étrangeté animale était un spectacle; elle figurait dans des fêtes, dans des joutes, dans des combats fictifs ou réels, dans des reconstitutions légendaires, où le bestiaire déroulait ses fables sans âge. Le cabinet d'histoire naturelle et le jardin, tels qu'on les aménage à l'époque classique, substituent au défilé circulaire de la «montre» l'étalement des choses en «tableau». Ce qui s'est glissé entre ces théâtres et ce catalogue, ce n'est pas le désir de savoir, mais une nouvelle façon de nouer les choses à la fois au regard et au discours. (MC, 143).

L'histoire naturelle devint donc possible, non parce que les hommes regardaient les êtres plus attentivement et de plus près, mais parce que la nécessité de nommer impliquait que l'on fixe son attention sur certains aspects de ce que l'on voyait à l'exclusion de certains autres. Les références littéraires furent exclues, ainsi que les données de la majorité des sens. Le goût et l'odorat semblaient trop variables, trop imprécis pour fournir des descriptions universellement acceptables. Quant au sens du touché, il n'intervenaient que pour fournir quelques distinctions évidentes, comme l'opposition entre rugueux et lisse. Même la couleur était exclue des données visuelles pertinentes. Il subsistait une série d'objets en noir et blanc, sévèrement sélectionnés, que l'on pouvait analyser selon quatre paramètres: la forme des parties qui les composaient, leurs quantités, leurs distributions et leurs tailles relatives. La simplicité d'une telle analyse la rendait aisément communicable et compréhensible par tous. Les mots et les choses se rejoignaient dans un acte de vision et de nomination simultanées qui excluait toute incertitude. Cette articulation de l'objet, c'est ce que les botanistes appelèrent sa structure. Celle-ci était à tel point inséparable des mots qui la composaient que Linné alla jusqu'à proposer une forme de description où l'arrangement graphique des mots sur la page serait l'image de l'organisation visuelle des parties correspondantes de l'objet. Ainsi, la structure liait aussi l'histoire naturelle à la *mathésis*. En réduisant le visible à un système de variables susceptibles sinon de quantification, du moins d'une description claire et finie, il devenait possible d'établir un ordre d'identité et de différence entre les entités naturelles.

L'histoire naturelle s'occupait des surfaces et des lignes, mais non des fonctions et des tissus invisibles. La plante et l'animal n'étaient pas vus comme des unités organiques, mais plutôt comme un ensemble de parties articulées de façon immédiatement visible. Pendant toute la période classique, l'anatomie avait perdu le prestige dont elle avait joui pendant la Renaissance, et qui allait lui revenir à la fin du dix-huitième siècle. Ce n'était pas que la curiosité eût diminué, ou que le savoir se fût réduit, mais bien que l'arrangement fondamental du visible et de l'exprimable ne passât plus par l'épaisseur du corps. Ceci explique pourquoi, au dix-huitième siècle, la botanique fut l'objet d'études bien plus nombreuses que la zoologie. En effet, les organes des plantes sont généralement plus visibles que ceux des animaux, l'on dispose donc pour elles d'un ensemble plus riche et cohérent de variables perceptibles.

L'ensemble complet des éléments choisis pour la description d'une plante ou d'un animal spécifique étaient appelés sa *structure*. Son *caractère*, par contre, était la somme des éléments qui le distinguaient des autres entités naturelles ou qui le liaient à celles-ci. On peut recourir à une analogie linguistique et dire que la structure constituait un nom propre et le caractère, un nom commun. L'histoire naturelle classique connaissait deux méthodes de détermination du caractère, chacune ayant ses partisans. La première consistait à choisir un certain nombre d'entités semblables sur de nombreux points et à sélectionner l'une de celles-ci pour en décrire toutes les parties (la structure). Il ne restait alors qu'à passer à une seconde en omettant toutes les parties énumérées pour la première, puis à une troisième, et ainsi de suite. Finalement, par une méthode comparative, on arrivait au caractère que distinguait chaque espèce ou genre, à savoir le trait différentiel qui ressortait sur le fond des traits identiques. Cette démarche, appelée la Méthode, était entre autres pratiquée par Buffon et Adanson. La seconde possibilité consistait à choisir un groupe limité d'éléments dont les variations pouvaient être étudiées sur n'importe quelle entité spécifique. Celles qui ne concernaient pas l'un de ces éléments n'étaient pas considérées comme pertinentes. Lorsqu'on trouvait de tels éléments dans deux individus, on leur donnait un nom commun. Cette démarche, appelée le Système, était due principalement à Linné. Cependant, l'opposition des deux écoles n'était qu'un phénomène relativement superficiel. Le Système et la Méthode reposaient sur la même base épistémologique, qui les distinguait de l'étude pré- et post-classique des êtres vivants. Pour les deux écoles, la connaissance que l'on pouvait avoir des entités naturelles individuelles ne pouvait résulter que d'une tabulation ordonnée et continue de leurs différences. Les débuts de la biologie moderne furent marqués par le choix de ne plus prendre ces différences parmi les seules variables externes, mais de recourir au contraire aux système internes (squelette, respiration, circulation). La classification régna donc pendant cette période de plus ou moins cent cinquante ans qui sépare la théorie renaissante de la *marque* et la théorie moderne de l'*organisme*.

De même qu'il n'y a ni biologie ni philologie à l'âge classique, il n'y a pas non plus d'économie politique, du moins au sens d'une discipline basée sur le concept de production, comme l'entendait Ricardo. Le discours économique contemporain de la Grammaire générale et de l'histoire naturelle n'était pas basé sur les notions de production et de main-d'œuvre, mais sur celles d'argent et d'échange. Il était connu sous le nom «d'analyse des richesses». Au seizième siècle, la pensée économique s'était surtout penchée sur le problème des prix et de la substance monétaire optimale. Ceux-ci se firent plus aigus sous l'influence des dévaluations successives et de l'influx de l'or espagnol dans l'économie européenne. Les métaux employés comme monnaie n'étaient pas seulement des produits, mais aussi des signes, des signes de richesse. Cependant, de même que les mots appartenaient au même niveau de réalité que les choses qu'ils signifiaient, les signes qui indiquaient la richesse étaient précieux en eux-mêmes. Les deux fonctions de la monnaie, étalon et substitut dans les échanges, étaient basées sur sa réalité matérielle. Avec l'arrivée de l'âge classique, cette analyse est renversée : c'est la fonction de la monnaie dans les échanges qui est première, les deux autres sont dérivées. Cette inversion par laquelle l'argent devient l'instrument de représentation et d'analyse de la richesse est généralement appelée le mercantilisme. Il faut mettre en rapport le statut du mot en tant que représentation de la chose et de la description verbale de la structure en tant qu'elle représente l'être vivant, avec l'analyse de la monnaie métallique comme signe d'une certaine quantité de richesse. De plus, tout comme le mot isolé et le caractère naturel peuvent être articulés dans un langage — que ce soit le langage naturel ou le langage artificiel de la taxinomie — et utilisés pour la communication, de même l'argent a sa propre forme de langage, l'échange. Cependant, la possibilité même de celui-ci était considérée, à l'âge classique, comme un «engagement», c'est-à-dire que la monnaie n'était qu'un symbole, accepté par consentement mutuel. De plus, il n'y avait aucune direction privilégiée dans cette interaction : l'on pouvait racheter ce que l'on avait échangé, du moins en théorie. Cependant, des soupçons anciens se terraient au fond des esprits, qui furent encore aggravés par l'arrivée du papier monnaie. Comment être sûr que la monnaie par opposition aux biens n'était pas un signe vide, dépourvu de toute valeur réelle. C'est sur cette question que fut centrée une des grandes controverses de l'âge classique sur l'analyse des richesses. Certains pensaient que la monnaie avait pour garant la matière vendable dont elle était constituée. D'autres, inspirés par la loi, soutenaient que sa valeur pouvait être liée à la quantité d'un certain produit, garanti par un accord général ou la volonté du prince. Cependant, par rapport au consensus fondamental qui rendait toutes ces controverses possibles, cette opposition n'était que superficielle. L'autre grande polémique de l'époque, dans laquelle se déchaînaient les physiocrates et leurs opposants, concernait la théorie de la valeur. Pourtant, ici encore, les éléments théoriques de base restent les mêmes dans les deux cas.

> Toute richesse naît de la terre; la valeur des choses est liée à l'échange; la monnaie vaut comme la représentation des richesses en circulation : la circulation doit être aussi simple et complète que possible. Mais ces segments théoriques sont disposés par les Physiocrates et chez les «utilitaristes» dans un ordre qui est inverse; et par suite de ce jeu des dispositions, ce qui pour les uns a un rôle positif devient négatif pour les autres. Condillac, Galiani, Graslin partent de l'échange des utilités comme fondement subjectif et positif de toutes les valeurs; tout ce qui satisfait le besoin a donc une valeur, et toute transformation ou tout transport qui permet de satisfaire de plus nombreux besoins constitue une augmentation de valeur : c'est cette augmentation qui permet de

> rétribuer les ouvriers, en leur donnant, prélevé sur cet accroissement, l'équivalent de leur subsistance. Mais tous ces éléments positifs qui constituent la valeur reposent sur un certain état de besoin chez les hommes, donc sur le caractère fini de la fécondité de la nature. Pour les Physiocrates, la même série doit être parcourue à l'envers : toute transformation et tout travail sur les produits de la terre sont rétribués par la subsistance de l'ouvrier; ils s'inscrivent donc en diminution du total des biens; la valeur ne naît que là où il y a consommation. Il faut donc, pour que la valeur apparaisse, que la nature soit douée d'une fécondité indéfinie. (MC, 212-3).

A ce stade, Foucault remarque non sans ironie qu'il eût peut-être été plus simple de dire que les physiocrates représentaient les propriétaires terriens et les «utilitaristes», les marchands et les entrepreneurs. Il continue en esquissant une analyse potentielle des deux idéologies opposées en termes de conflit de classe. Foucault ne conteste pas la validité d'une telle approche. Cependant, si l'on peut expliquer le choix qu'effectue un individu entre différents systèmes de pensée par son appartenance à un groupe social, les conditions mêmes qui rendent ces systèmes pensables ne peuvent être situées au niveau de l'existence d'un tel groupe. Les physiocrates et leurs opposants partagent le même ensemble de concepts, et sont soumis aux mêmes restrictions quant à la façon dont ils peuvent les manipuler. Ce sont ces concepts et ces règles de manipulation qui constituent «l'analyse des richesses».

A un niveau plus profond encore, l'analyse des richesses ainsi que la Grammaire générale et l'histoire naturelle ont une base commune. Ces trois disciplines empiriques sont rendues possibles par un même concept philosophique général, celui de représentation. La fin de la pensée classique va coïncider avec la fin de la représentation, ou plutôt avec la transgression de celle-ci par les sciences du langage, du vivant et du besoin.

> L'esprit obscur mais entêté d'un peuple qui parle, la violence et l'effort incessant de la vie, la force sourde des besoins échapperont au mode d'être de la représentation. Et celle-ci sera doublée, limitée, bordée, mystifiée peut-être, régie en tout cas de l'extérieur par l'énorme poussée d'une liberté, ou d'un désir, ou d'une volonté qui se donneront comme l'envers métaphysique de la conscience. Quelque chose comme un vouloir ou une force va surgir dans l'expérience moderne, — la constituant peut-être, signalant en tout cas que l'âge classique vient de se terminer et avec lui le

> règne du discours représentatif, la dynastie d'une représentation se signifiant elle-même et énonçant dans la suite de ses mots l'ordre dormant des choses. Ce renversement, il est contemporain de Sade. (MC, 222).

Il n'y a ici aucune volonté de tomber du sublime dans le trivial, et certains s'étonneront peut-être de trouver le «divin Marquis» en si auguste compagnie. Cependant, si Foucault choisit de terminer son analyse de l'âge classique sur une discussion de Sade, ce n'est pas pour épater le bourgeois, mais parce qu'il considère que celui-ci occupe, à la fin de cette période, une position isomorphe à celle qui avait été attribuée à Cervantès pour son début. Pour être plus précis, Foucault considère que *Justine* incarne le monde classique de la représentation et *Juliette* son écroulement, de la même façon que la première partie de *Don Quichotte* est un exemple parfait de la vision du monde au seizième siècle, et que la seconde appartient jusqu'à un certain point au monde de la représentation.

> En Justine, le désir et la représentation ne communiquent que par la présence d'un Autre qui se représente l'héroïne comme objet de désir, cependant qu'elle-même ne connaît du désir que la forme légère, lointaine, extérieure et glacée de la représentation. Tel est son malheur: son innocence demeure toujours en tiers entre le désir et la représentation. Juliette, elle, n'est rien de plus que le sujet de tous les désirs possibles; mais ces désirs sont repris sans résidu dans la représentation qui les fonde raisonnablement en *discours* et les transforme volontairement en *scènes*. De sorte que le grand récit de la vie de Juliette déploie, tout au long des désirs, des violences, des sauvageries et de la mort, le tableau scintillant de la représentation. Mais ce tableau est si mince, si transparent à toutes les figures du désir qui inlassablement s'accumulent en lui et se multiplient par la seule force de leur combinatoire qu'il est aussi déraisonnable que celui de Don Quichotte, quand de similitude en similitude il croyait avancer à travers les chemins mixtes du monde et des livres, mais s'enfonçait dans le labyrinthe de ses propres représentations. *Juliette* exténue cette épaisseur du représenté pour qu'y affleure sans le moindre défaut, la moindre réticence, le moindre voile, toutes les possibilités du désir... Et s'il est vrai qu'il est le dernier langage encore contemporain de Rousseau et de Racine, s'il est le dernier discours qui entreprend de «représenter», c'est-à-dire de *nommer*, on sait bien que tout à la fois il réduit cette cérémonie au plus juste (il appelle les choses par leur nom strict, défaisant ainsi tout l'espace rhétorique) et il l'allonge à l'infini (en nommant tout, et sans oublier la moindre des possibilités, car elles sont toutes parcourues selon la Caracté-

> ristique universelle du Désir). Sade parvient au bout du discours
> et de la pensée classiques. Il règne exactement à leur limite. A
> partir de lui, la violence, la vie et la mort, le désir, la sexualité
> vont étendre, au-dessous de la représentation, une immense nappe
> d'ombre que nous essayons maintenant de reprendre comme nous
> pouvons, en notre discours, en notre liberté, en notre pensée.
> Mais notre pensée est si courte, notre liberté si soumise, notre
> discours si ressassant qu'il faut bien nous rendre compte qu'au
> fond, cette ombre d'en dessous, c'est la mer à boire. Les prospé-
> rités de *Juliette* sont toujours plus solitaires. Et elles n'ont pas de
> terme. (MC, 223-4).

L'ordre classique projetait les choses sur un espace permanent, un réseau d'identités et de différences qui les séparait et les unissait. C'était cet ordre qui régissait les théories du discours, du vivant et de l'échange des richesses. Or il se produisit à la fin du dix-huitième siècle un changement dans les fondements du savoir d'une portée identique à celui qui avait accompagné l'arrivée de l'âge classique. Le monde est alors conçu non plus comme un ensemble d'éléments isolés, liés par des relations d'identité et de différence, mais comme un ensemble de structures organiques et de liaisons internes entre éléments; comme un tout qui fonctionne. Les rapports entre les différentes structures organiques ne se basent plus sur l'identité de l'un ou de l'autre élément, mais bien sur la similitude de leurs fonctions et des relations entre eux (une relation n'étant plus fondée sur le seul visible). Le concept de fonction fait du temps une préoccupation centrale de la pensée nouvelle, alors qu'à l'époque classique celui-ci n'était conçu que comme intervenant extérieurement dans des structures éternelles. L'histoire a une fonction fondamentale dans la pensée moderne, similaire à celle de l'ordre à l'époque classique. Mais, dans cette nouvelle conception, elle ne se réduit pas à une simple description des événements: ceci n'aurait en effet rien d'original. Par histoire, on entend une façon fondamentale d'ordonner les connaissances en tenant compte des notions de temps, de développement et de devenir. Celle-ci est commune à toutes les sciences empiriques qui apparurent à la fin du dix-huitième siècle. L'une de ces disciplines fut d'ailleurs plus spécialement consacrée à l'étude systématique des événements.

> L'Histoire s'est partagée, selon une équivoque qu'il n'est sans doute pas possible de maîtriser, entre une science empirique des événements et ce mode d'être radical qui prescrit leur destin à tous les êtres empiriques, et à ces êtres singuliers que nous sommes. L'Histoire, on le sait, c'est bien la plage la plus érudite, la plus avertie, la plus éveillée, la plus encombrée peut-être de notre mémoire; mais c'est également le fond d'où tous les êtres viennent à leur existence et à leur scintillement précaire. Mode d'être de tout ce qui nous est donné dans l'expérience, l'Histoire est ainsi devenue l'incontournable de notre pensée... La philosophie au XIX$^e$ siècle se logera dans la distance de l'histoire à l'Histoire, des événements à l'Origine, de l'évolution au premier déchirement de la source, de l'oubli au Retour. Elle ne sera donc plus Métaphysique que dans la mesure où elle sera Mémoire, et nécessairement elle reconduira la pensée à la question de savoir ce que c'est pour la pensée d'avoir une histoire. Cette question inlassablement pressera la philosophie de Hegel à Nietzsche et au-delà. (MC, 231-2).

L'analyse qu'effectue Foucault de ce second tournant fondamental dans l'évolution de l'*épistémè* occidentale met à jour une opération double, ce qui n'était pas le cas lors du passage de la Renaissance à l'âge classique. En effet, la transformation des fondements archéologiques s'est réalisée en deux étapes. Il y eut d'abord une tentative d'incorporer les fait nouveaux tout en se maintenant dans le système fondamental de la représentation, et ce n'est que plus tard que la représentation elle-même fut abandonnée.

Dans le domaine de l'économie, cette première étape est généralement associée à Adam Smith. C'est en effet à celui-ci que l'on attribue souvent l'introduction du concept de travail dans l'analyse des richesses. Conséquemment, on fait de lui le fondateur de l'économie politique moderne. Mais en réalité ce n'est pas Smith qui créa le concept économique de travail: celui-ci est déjà présent dans les œuvres de Cantillon, Quesnay et Condillac. Ce qui est nouveau, chez Smith, c'est la position qui lui est assignée dans la théorie économique. Les richesses sont toujours analysées en termes d'objets de besoin (de représentation), mais Smith établit, au cœur de son analyse, un principe d'ordre (le travail) qui n'est pas réductible à la représentation. Les objets du désir ne suffisent plus à se représenter entre eux. Ce n'est qu'en dehors du cadre représentationnel de l'échange que l'on peut baser le principe fondamental de leur valeur. Il faut fonder celle-ci sur la peine et le temps, sur la journée de labeur qui divise et consume les vies humaines. De plus, le travail n'est plus envisagé comme un fait atomique, dépendant seulement des capacités et de l'intérêt de l'individu. Il est maintenant soumis à des limites qui dépassent les conditions de la représentation : sa division sans cesse croissante, le progrès industriel, l'accumulation du capital. Smith jette donc les bases d'une économie politique qui n'est plus fondée sur l'échange des richesses, mais sur leur production réelle, sur la temporalité interne d'une structure organique formée du travail et du capital.

Il se produisit des changements similaires à la même époque en histoire naturelle, cependant sans que le principe de la classification ne fût remis en cause. Pourtant, la méthode utilisée pour établir le caractère, le rapport entre la structure visible et les critères d'identité, subit une modification parallèle à celle qu'effectua Smith sur les relations de besoin ou de prix. Avec Jussieu, Lamarck et Viq d'Azyr, le caractère allait être fondé sur un principe étranger au visible, un principe interne non réductible à l'interaction des représentations. Ce principe, qui correspond au travail dans le domaine économique, c'est la structure organique. Les notions de vie et de fonction devinrent indispensables pour la classification des êtres vivants. Il fallait mettre les organes superficiels en relation avec les organes internes qui exécutaient les fonctions essentielles : l'on ne pouvait plus classifier les êtres en se basant sur un caractère obtenu sans faire référence à la structure interne de l'individu et à la totalité des relations entre celle-ci et sa structure externe. De ce fait, la classification ne pouvait plus être fondée sur la seule nomination d'éléments structuraux observables. Il s'était produit une rupture dans l'unité fondamentale du nom et du genre, de la désignation et de la classification, et enfin du langage et de la nature.

Dans l'étude du langage, des changements du même ordre se produisirent avec cependant un léger retard sur les deux autres branches. Celui-ci était dû, sans doute, à la position privilégiée dont jouissait le langage dans la représentation. Des modifications techniques telles que les nouvelles méthodes permettant de mesurer les valeurs d'échange et de définir le « caractère », avaient suffi à amener des changements considérables dans l'analyse des richesses et l'histoire naturelle. Mais il allait falloir des éléments plus profonds pour qu'un changement semblable puisse s'effectuer dans la science du langage. En effet, la théorie du nom avait pourvu la représentation d'un modèle, et avait donc régi non seulement la Grammaire générale mais aussi les deux autres disciplines. Il était par conséquent naturel qu'elle survécût aux autres et ne s'écroulât que lorsque la représentation elle-même eut été modifiée au niveau archéologique le plus profond. C'est la notion de *flexion* qui se trouva au centre de la transition entre la Grammaire générale et la philologie nouvelle. Mais, comme dans les autres disciplines, ce n'était pas la notion elle-même qui était neuve, mais l'utilisation qu'on en faisait. Jusqu'à la fin du dix-huitième siècle les modifications flexionnelles étaient conçues comme un mécanisme de représentation. Par exemple, les lettres *m*, *s* et *t*, en latin, représentaient la première, la deuxième et la troisième personne. Avec l'effondrement de la représentation, le langage cessa d'être un discours immuable pour devenir un ensemble de langues, «organismes» vivants et changeants qui ont une histoire et une structure interne obscure. Les faits empiriques sur lesquels se basaient cette nouvelle conception du langage provenaient de l'étude de la flexion.

Mais ici nous anticipons sur une réorganisation du savoir qui n'est pas encore complètement accomplie. Les concepts de travail, de structure organique et d'analyse flexionnelle ne furent employés par Smith, Jussieu et William Jones ni pour faire éclater l'espace tabulaire fourni par la pensée classique, ni pour échapper aux limites de la représentation. La recherche de l'être même, au-delà de ce qui le représente, n'avait pas encore commencé. A ce stade, seul le lieu d'où pourrait partir cette quête avait été établi. Cette incertitude, cette ambiguïté, on la trouve aussi chez les philosophes de la fin du dix-huitième siècle. Destutt de Tracy et les *Idéologues* étendent leur réflexion au champ entier du savoir humain et tentent de rendre compte, dans le cadre de la représentation, de tout ce qui s'était formé et réformé en dehors de celle-ci. C'est en cela que l'idéologie est la dernière des philosophies classiques. Cependant, à la même époque, Kant procédait à la première attaque vraiment moderne contre la représentation.

> La critique kantienne... interroge la représentation non pas selon le mouvement indéfini qui va de l'élément simple à toutes ses combinaisons possibles, mais à partir de ses limites de droit. Elle sanctionne ainsi pour la première fois cet événement de la culture européenne qui est contemporain de la fin du XVIII<sup>e</sup> siècle : le retrait du savoir et de la pensée hors de l'espace de la représentation. Celui-ci est mis alors en question dans son fondement, son origine, et ses bornes : par le fait même, le champ illimité de la représentation, que la pensée classique avait instauré, que l'Idéologie avait voulu parcourir selon un pas à pas discursif et scientifique, apparaît comme une métaphysique. Mais comme une métaphysique qui ne se serait jamais contournée elle-même, qui se serait posée dans un dogmatisme non averti, et n'aurait jamais fait venir en pleine lumière la question de son droit. En ce sens, la Critique fait ressortir la dimension métaphysique que la philosophie du XVIII<sup>e</sup> siècle avait voulu réduire par la seule analyse de la représentation. Mais elle ouvre en même temps la possibilité d'une autre métaphysique qui aurait pour propos d'interroger hors de la représentation tout ce qui en est la source et l'origine ; elle permet ces philosophies de la Vie, de la Volonté, de la Parole que le XIX<sup>e</sup> siècle va déployer dans le sillage de la critique. (MC, 255-6).

L'analyse d'Adam Smith constitue la première étape de la grande transformation épistémique que va subir le discours économique. En faisant du travail la mesure constante de la valeur d'échange, il établit les fondements d'une économie politique qui ne sera plus basée sur l'échange (la représentation), mais sur la production. Pourtant, chez Smith, le travail reste un bien qui peut être acheté ou vendu : tant que la représentation gardera sa primauté, tous les biens représenteront un certain travail et inversement. Ce n'est qu'avec l'œuvre de David Ricardo que s'accomplira la seconde étape de la fondation de l'économie politique moderne. Celui-ci montre en effet que le travail ne peut être employé comme mesure constante puisqu'il « éprouve autant de variations que les marchandises ou denrées avec lesquelles on peut le comparer ». Cette intuition le conduit à faire de l'activité productrice qu'est le travail la *source* et non pas la *mesure* de la valeur des choses. Cette dernière n'est plus un signe dans un système d'équivalences, mais un produit du travail, préalable à tout système d'échange. La théorie de la production doit donc précéder celle de la circulation et une causalité linéaire nouvelle remplace l'ancienne causalité circulaire. Ricardo a donc rendu possible l'articulation de l'économie sur l'histoire. Une autre conséquence de son analyse est l'inversion de la notion classique de *rareté*. Celle-ci provient, dans la théorie classique, de la représentation que se font les hommes d'objets qu'ils ne possèdent pas. Mais elle est pour ainsi dire minée par la richesse infinie de la terre. Selon Ricardo, cette générosité de la terre est en réalité le résultat de son avarice croissante. Le travail et l'activité économique sont nés de l'impossibilité de nourrir la population par les ressources « naturelles ». En effet, avec l'augmentation de la population, les ressources de la terre disparaissent et, sans labeur, les hommes mourraient. Cependant, plus on travaille et plus la menace ultime d'une disparition de l'humanité est proche.

> L'économie renvoie donc à cet ordre de considérations assez ambiguës qu'on peut appeler anthropologiques : elle se rapporte en effet aux propriétés biologiques d'une espèce humaine, dont Malthus, à la même époque que Ricardo, a montré qu'elle tend toujours à croître si on n'y porte remède ou contrainte; elle se rapporte aussi à la situation de ces êtres vivants qui risquent de ne pas trouver dans la nature qui les entoure de quoi assurer leur existence; elle désigne enfin dans le travail, et dans la dureté même de ce travail, le seul moyen de nier la carence fondamentale et de triompher un instant de la mort. L'*homo oeconomicus*, ce n'est pas celui qui se représente ses propres besoins, et les objets capables de les assouvir; c'est celui qui passe, et use, et perd sa vie à échapper à l'imminence de la mort. C'est un être fini : et tout comme depuis Kant, la question de la finitude est devenue plus fondamentale que l'analyse des représentations (celle-ci ne pouvant plus être que dérivée par rapport à celle-là), depuis Ricardo l'économie repose, d'une façon plus ou moins explicite, sur une anthropologie qui tente d'assigner à la finitude des formes concrètes. (MC, 269).

C'est paradoxalement l'historicité introduite dans l'économie par Ricardo qui rend concevable la fin de l'histoire, l'incapacité de l'humanité entière à subvenir à ses besoins. L'analyse « pessimiste » de Ricardo constitue évidemment le point de départ de la théorie économique de Marx. En effet, celle-ci construit, dans une perspective opposée, la relation entre l'histoire et ce que Foucault appelle la « finitude anthropologique ». Dans l'analyse marxiste, l'histoire joue un rôle négatif, augmentant les besoins et, en conséquence, la main-d'œuvre nécessaire à les satisfaire, tout en ne donnant au travailleur qu'une paie qui lui permet à peine de subsister. La différence entre la valeur réelle du travail et le salaire devient le profit, qui permet au capitalisme d'augmenter la main-d'œuvre, et de produire plus encore de profit. Il en résulte qu'une classe d'hommes toujours croissante subissent le besoin, la faim et le travail. Cette situation que les hommes ont toujours attribuée jusqu'alors à l'ordre naturel peut enfin être reconnue comme résultant d'un développement historique. C'est ainsi que les hommes trouveront le moyen de renverser ce processus et c'est alors seulement que la vérité inaliénée de l'essence humaine pourra être restaurée. Selon Foucault l'analyse de Marx ne représente pas — contrairement à ce que croient les marxistes — une rupture fondamentale avec les théories précédentes de la société et de l'histoire. La rupture épistémique véritable se produit avec Ricardo. L'alternative marxiste au pessimisme de ce dernier appartient fondamentalement au même mode de pensée.

> Au niveau profond du savoir occidental, le marxisme n'a introduit aucune coupure réelle; il s'est logé sans difficulté, comme une figure pleine, tranquille, confortable, et ma foi, satisfaisante pour un temps (le sien), à l'intérieur d'une disposition épistémologique qui l'a accueilli avec faveur (puisque c'est elle justement qui lui faisait place) et qu'il n'avait en retour ni le propos de troubler, ni surtout le pouvoir d'altérer, ne fût-ce que d'un pouce, puisqu'il reposait tout entier sur elle. Le marxisme est dans la pensée du XIX$^e$ siècle comme poisson dans l'eau: c'est-à-dire que partout ailleurs il cesse de respirer. S'il s'oppose aux théories «bourgeoises» de l'économie, et si dans cette opposition il projette contre elles un retournement radical de l'Histoire, ce conflit et ce projet ont pour condition de possibilité non pas la reprise en main de toute l'Histoire, mais un événement que toute l'archéologie peut situer avec précision et qui a prescrit simultanément, sur le même mode, l'économie bourgeoise et l'économie révolutionnaire du XIX$^e$ siècle. Leurs débats ont beau émouvoir quelques vagues et dessiner des rides à la surface: ce ne sont tempêtes qu'au bassin des enfants. (MC, 274).

Comme on l'imagine aisément, ce passage de Foucault est l'un de ceux qui sont le plus souvent cités. Notre auteur utilise, selon son habitude, un langage presque hyperbolique pour émettre une idée qui va à l'encontre des opinions reçues. L'image à laquelle il recourt est certainement provocatrice, mais seulement proportionnellement au degré de résistance qui régnait alors dans la gauche française contre toute remise en question des principes marxistes. De telles remarques ont, sans aucun doute, semé l'incompréhension en ce qui concerne la position de Foucault sur Marx. Elles lui ont aliéné de nombreux admirateurs potentiels et lui ont valu certaines bienveillances non désirées. Elles ont en tout cas soulevé quelques tempêtes, même si leurs dimensions réelles étaient celles d'un bassin, ou peut-être même d'un verre d'eau. Ces querelles entre analyses marxistes et «bourgeoises» apparaissent finalement, dans la perspective de Foucault, comme des effets de surface qui ne sont que le reflet d'événements archéologiques plus fondamentaux.

> L'essentiel, c'est qu'au début du XIX$^e$ siècle se soit constituée une disposition du savoir où figurent à la fois l'historicité de l'économie (en rapport avec les formes de production), la finitude de l'existence humaine (en rapport avec la rareté et le travail) et l'échéance d'une fin de l'Histoire — qu'elle soit ralentissement indéfini ou renversement radical. Histoire, anthropologie et suspens du devenir s'appartiennent selon une figure qui définit pour la pensée du XIX$^e$ siècle un de ses réseaux majeurs. On sait, par exemple, le rôle que cette disposition a joué pour ranimer le bon vouloir fatigué des humanismes; on sait comment il a fait renaître les utopies d'achèvement. Dans la pensée classique, l'utopie fonctionnait plutôt comme une rêverie d'origine: c'est que la fraîcheur du monde devait assurer le déploiement idéal d'un tableau où chaque chose serait présente en sa place, avec ses voisinages, ses différences propres, ses équivalences immédiates; en cette prime lumière, les représentations ne devaient pas encore être détachées de la vive, aiguë et sensible présence de ce qu'elles représentent. Au XIX$^e$ siècle l'utopie concerne la chute du temps plutôt que son matin: c'est que le savoir n'est plus constitué sur le mode du tableau, mais sur celui de la série, de l'enchaînement, et du devenir: quand viendra, avec le soir promis, l'ombre du dénouement, l'érosion lente ou la violence de l'Histoire feront saillir, en son immobilité rocheuse, la vérité anthropologique de l'homme; le temps des calendriers pourra bien continuer; il sera comme vide, car l'historicité se sera superposée exactement à l'essence humaine. L'écoulement du devenir, avec toutes ses ressources de drame, d'oubli, d'aliénation, sera capté dans une finitude anthropologique, qui y trouve en retour sa manifestation illuminée. La *finitude* avec sa vérité se donne dans le *temps*; et du coup le *temps* est *fini*. La grande songerie d'un terme de l'Histoire, c'est l'utopie des pensées causales, comme le rêve des origines, c'était l'utopie des pensées classificatrices. Cette disposition a été longtemps contraignante; et à la fin du XIX$^e$ siècle, Nietzsche l'a fait une dernière

fois scintiller en l'incendiant. Il a repris la fin des temps pour en faire la mort de Dieu et l'errance du dernier homme; il a repris la finitude anthropologique, mais pour faire jaillir le bond prodigieux du surhomme; il a repris la grande chaîne continue de l'Histoire, mais pour la courber dans l'infini du retour. La mort de Dieu, l'imminence du surhomme, la promesse et l'épouvante de la grande année ont beau reprendre comme terme à terme les éléments qui se disposent dans la pensée du XIX⁰ siècle et en forment le réseau archéologique, il n'en demeure pas moins qu'elles enflamment toutes ces formes stables, qu'elles dessinent de leurs restes calcinés des visages étranges, impossibles peut-être; et dans une lumière dont on ne sait pas encore au juste si elle ranime le dernier incendie, ou si elle indique l'aurore, on voit s'ouvrir ce qui peut être l'espace de la pensée contemporaine. C'est Nietzsche, en tout cas, qui a brûlé pour nous et avant même que nous fussions nés les promesses mêlées de la dialectique et de l'anthropologie. (MC, 274-5).

Les implications sont claires. La pensée marxiste est irrémédiablement enfermée dans une *épistémè* qui touche à sa fin. Ceci ne signifie pas que les contributions de Marx à la théorie économique et politique ne soient pas d'un intérêt durable, mais qu'il est aujourd'hui anachronique de se dire marxiste. Nietzsche, figure centrale de *L'histoire de la folie*, grand médiateur entre la raison et la déraison, apparaît ici comme celui qui nous libère de la dialectique hegelienne (et marxiste) et de ce que Foucault appelle «l'anthropologie». Cette analyse était extrêmement étonnante, en 1965, de la part d'un homme qui se considérait comme engagé envers la gauche, et qui n'était certainement pas réformiste. Trois ans plus tard, les événements de 1968 allaient révéler, à côté de divers marxismes hérétiques, un courant gauchiste qui se tenait à une distance inaccoutumée de Marx. Ce phénomène s'est amplifié depuis, mais c'est Foucault qui en fut l'initiateur.

Ricardo avait permis au travail d'échapper à son rôle de mesure constante de la valeur des objets en le situant, préalablement à tout échange, dans le processus de production. De la même manière, Cuvier libéra le caractère de sa fonction taxinomique, afin de l'introduire, avant toute classification, dans les structures organique des êtres vivants. C'est la vie elle-même qui fournit les bases de la classification, et ceci par ses aspects non perceptibles et purement fonctionnels. Cette classification des êtres vivants ne s'établit plus selon la catégorie abstraite de l'ordre. Elle prend maintenant ses origines dans les profondeurs de la vie, dans ses éléments cachés. Cette nouvelle biologie est, de façon évidente, liée au recours de la médecine à l'anatomie comparée. C'est la dissection qui rendit possible la distinction cruciale, sur laquelle se fonde cette nouvelle discipline, entre les organes secondaires, situés à la surface du corps, et les organes primaires, vitaux, enfouis à l'intérieur. La mise au point des taxinomies classiques était essentiellement un problème de *structuration linguistique* : il fallait nommer les parties au fur et à mesure qu'on les isolait. La biologie nouvelle se base sur la *désarticulation anatomique* : le système fonctionnel majeur doit être isolé, ce qui permet à la classification des êtres vivants de se baser sur les divisions réelles de l'anatomie. Conséquemment, l'*a priori* historique de la science du vivant s'en trouve modifié. C'est Cuvier qui accomplit l'acte final de cette transformation. Cependant, comme le montre Foucault, de nombreux historiens des sciences ne partagent pas ce point de vue. Cela est dû à ce qu'ils restent à la surface des idées, des opinions et des théories d'un individu, et les comparent à celles de certains autres, à des époques différentes. Dans cette optique, le point de vue global de Cuvier est classé comme «fixiste», par opposition au «transformisme» de Lamarck, par exemple. Il est vrai que le second seulement est lié à la théorie de l'évolution, et l'on se contente de ce fait superficiel pour cataloguer Cuvier comme réactionnaire et Lamarck comme révolutionnaire, vis-à-vis de la question de l'évolution qui allait se trouver au centre de la biologie postérieure. Pourtant, au niveau auquel se place Foucault, c'est Cuvier et non Lamarck qui met en place l'élément indispensable qui rend possible la biologie future. En introduisant une discontinuité radicale dans l'ordre classique des êtres, Cuvier fut à l'origine de concepts comme l'incompatibilité biologique, les relations avec les éléments externes, les conditions d'existence et surtout la notion d'une force vitale, qui porte en elle la menace de la mort. Dès lors, il devient possible de remplacer l'histoire naturelle par «l'histoire» de la nature.

> L'animal se maintient aux confins de la vie et de la mort. Celle-ci, de toutes parts, l'assiège; bien plus, elle le menace aussi de l'intérieur, car seul l'organisme peut mourir, et c'est du fond de leur

> vie que la mort survient aux vivants. De là, sans doute, les valeurs ambiguës prises vers la fin du XVIII<sup>e</sup> siècle, par l'animalité : la bête apparaît comme porteuse de cette mort à laquelle, en même temps, elle est soumise ; il y a, en elle, une dévoration perpétuelle de la vie par elle-même. Elle n'appartient à la nature qu'en enfermant en soi un noyau de contre-nature. Ramenant sa plus secrète essence du végétal à l'animal, la vie quitte l'espace de l'ordre, et redevient sauvage. Elle se révèle meurtrière dans ce même mouvement qui la voue à la mort. Elle tue parce qu'elle vit. La nature ne sait plus être bonne. Que la vie ne puisse plus être séparée du meurtre, la nature du mal, ni les désirs de la contre-nature, Sade l'annonçait au XVIII<sup>e</sup> siècle, dont il tarissait le langage, et à l'âge moderne qui a voulu longtemps le condamner au mutisme. Qu'on excuse l'insolence (pour qui?) : *Les 120 Journées* sont l'envers velouté, merveilleux des *Leçons d'anatomie comparée*. En tout cas, au calendrier de notre archéologie, elles ont le même âge. (MC, 290).

Schlegel, l'un des fondateurs de la nouvelle philologie, fit lui-même remarquer que l'historicité fut introduite dans l'étude du langage de la même façon que dans les sciences du vivant. Ceci ne doit pas surprendre, dans la mesure où, selon les conceptions classiques, les mots, qui dans ce cadre constituaient le langage, avaient le même statut que les caractères sur lesquels se fondaient les taxinomies de l'histoire naturelle. Ils jouaient les mêmes rôles que les représentations. Avec Cuvier, le caractère avait enfin perdu sa fonction représentatrice. De la même manière, le mot subit une transformation similaire dans l'étude du langage. Il continuait bien entendu à représenter la chose à laquelle on faisait référence. Cependant, cet acte de représentation ne constituait plus sa fonction essentielle. Le « sens » d'un mot n'était plus fixé par cette décision originelle, abstraite et unique, qui le constituait une fois pour toutes ; il tirait son origine de son histoire particulière, de la façon dont il s'était formé et s'était altéré avec le temps, de la façon dont il s'intégrait dans des structures grammaticales complexes. Foucault insiste sur le peu d'attention qui fut accordé à cet événement pourtant si important pour la culture occidentale, surtout par rapport à l'intérêt disproportionné suscité par les mutations de l'économie politique et de la biologie. Pour Bopp, les mots ne représentent pas tant ce qui est vu, que ce qui est fait et senti. Le langage n'a pas ses racines dans la chose perçue, mais dans le sujet actif. Il est le produit de la volonté et de l'énergie plutôt que de la perception et de la mémoire. Il est doté d'une valeur expressive que ni l'arbitraire, ni la convention grammaticale ne peuvent effacer. Les langues sont par conséquent l'expression de ceux qui les façonnent et de ceux qui s'y reconnaissent. Elles émanent du peuple et non des élites intellectuelles. Le langage n'est plus lié, par conséquent, à la connaissance du monde mais à la liberté de l'homme (Grimm). En effet, pendant tout le dix-neuvième siècle, le langage allait être chargé d'une lourde dimension politique.

Le langage a donc perdu à cette époque la fonction primordiale qui était la sienne à l'âge classique. Il n'est plus l'intermédiaire dans lequel les signes ont leur origine et par lequel la connaissance des choses est possible. Au dix-neuvième siècle le langage semble s'être replié sur lui-même et avoir acquis une densité, une histoire, une objectivité et des lois qui lui sont propres. Il devient un objet d'étude parmi d'autres. Cependant, comme pour compenser ce recul, il acquiert, à d'autres points de vue, un statut nouveau. Le langage devient le support nécessaire du discours scientifique, même si son adéquation à cette tâche est remise en question. Cette constatation conduisit à une tentative de constituer un langage neutre, purifié de tout élément extérieur subjectif, et enfin au rêve «positiviste» d'un langage qui se tienne strictement au connu, et dont on aurait éliminé toute forme d'erreur, d'incertitude ou de supposition. Un autre résultat de cette constatation fut la tentative de constituer une «langue» indépendante des langues naturelles et de leurs densités perfides, une langue purement logique et symbolique. De plus, comme le langage avait perdu sa primauté et sa transparence, il retrouva la condition mystérieuse et insondable qu'il avait connu à la Renaissance. Le langage devint à nouveau un problème, une limite pour l'expression dont il était le support. Ceci explique le retour des techniques d'interprétation et d'exégèse.

> Le premier livre du *Capital* est une exégèse de la «valeur»; tout Nietzsche, une exégèse de quelques mots grecs; Freud, l'exégèse de toutes ces phrases muettes qui soutiennent et creusent en même temps nos discours apparents, nos fantasmes, nos rêves, notre corps. La philologie comme analyse de ce qui se dit dans la profondeur du discours est devenue la forme moderne de la critique. Là où il s'agissait, à la fin du XVIII siècle, de fixer les limites de la connaissance, on cherchera à dénouer les syntaxes, à rompre

les façons contraignantes de parler, à retourner les mots du côté de tout ce qui se dit à travers eux et malgré eux. Dieu est peut-être moins un au-delà du savoir qu'un certain en deçà de nos phrases; et si l'homme occidental est inséparable de lui, ce n'est pas par une propension invincible à franchir les frontières de l'expérience, mais parce que son langage le fomente sans cesse dans l'ombre de ses lois: «Je crains bien que nous ne nous débarrassions jamais de Dieu, puisque nous croyons encore à la grammaire». (MC, 311).

L'unité du langage est donc brisé. Sa densité retrouvée donne lieu, d'une part, à des tentatives de surmonter son opacité (l'entreprise scientifique), et, d'autre part, à la volonté d'en sonder les profondeurs (la philologie, l'interprétation, la critique). Ces trois disciplines sont liées à l'apparition du concept de «littérature».

La littérature, c'est la contestation de la philologie (dont elle est pourtant la figure jumelle): elle ramène le langage de la grammaire au pouvoir dénudé de parler, et là elle recontre l'être sauvage et impérieux des mots. De la révolte romantique contre un discours immobilisé dans sa cérémonie, jusqu'à la découverte mallarméenne du mot en son pouvoir impuissant, on voit bien quelle fut, au XIX$^e$ siècle, la fonction de la littérature par rapport au mode d'être moderne du langage. Sur le fond de ce jeu essentiel, le reste est effet: la littérature se distingue de plus en plus du discours d'idées, et s'enferme dans une intransitivité radicale; elle se détache de toutes les valeurs qui pouvaient à l'âge classique la faire circuler (le goût, le plaisir, le naturel, le vrai), et elle fait naître dans son propre espace tout ce qui peut en assurer la dénégation ludique (le scandaleux, le laid, l'impossible); elle rompt avec toute définition de «genres» comme formes ajustées à un ordre de représentations, et devient pure et simple manifestation d'un langage qui n'a pour loi que d'affirmer — contre tous les autres discours — son existence escarpée; elle n'a plus alors qu'à se recourber dans un perpétuel retour sur soi, comme si son discours ne pouvait avoir pour contenu que de dire sa propre forme: elle s'adresse à soi comme subjectivité écrivante, ou elle cherche à ressaisir, dans le mouvement qui la fait naître, l'essence de toute littérature; et ainsi tous ses fils convergent vers la pointe la plus fine — singulière, instantanée, et pourtant absolument universelle —, vers le simple acte d'écrire. Au moment où le langage, comme parole répandue, devient objet de connaissance, voilà qu'il réapparaît sous une modalité strictement opposée: silencieuse, précautionneuse déposition du mot sur la blancheur d'un papier, où il ne peut avoir ni sonorité ni interlocuteur, où il n'a rien d'autre à dire que soi, rien d'autre à faire que scintiller dans l'éclat de son être. (MC, 313).

Par « littérature », Foucault n'entend évidemment pas la somme de tout le théâtre, la poésie et la fiction écrits depuis le dix-neuvième siècle. Il réfère à une conception radicalement nouvelle, qui commence avec les poètes romantiques et atteint sa forme la plus pure et la plus extrême chez Mallarmé. En effet, tout le projet réaliste et naturaliste (courants très importants dans le roman du dix-neuvième siècle) va à l'encontre de cette conception. Mais ceci ne contredit pas l'analyse de Foucault. Elle s'en trouve au contraire confirmée. En effet, la démarche de Balzac, Dickens, George Eliot, et Tolstoï était au moins partiellement liée à l'effort positiviste visant à rendre compte avec une rigueur « scientifique » de la société et de son fonctionnement. Elle n'avait aucun rapport avec la littérature au sens de Foucault : au contraire, elle s'intégrait aux diverses aspirations sociologiques qui constituent l'une des approches de cette entité fragmentée qu'était alors le langage. En effet, pendant la plus grande partie du dix-huitième siècle le langage lui-même n'attira que peu l'attention, si ce n'est d'une façon négative, au niveau des diverses tentatives effectuées afin de surmonter son insuffisance en tant que support du vrai. C'est Nietzsche qui le premier envisagea la philosophie comme une réflexion radicale sur le langage et, à ce propos, il est important de se souvenir qu'il était philologue classique. Pour lui, il ne s'agissait pas tant de savoir ce qu'étaient en eux-mêmes le bien et le mal, mais de comprendre qui était désigné et qui parlait lorsque, par exemple, on disait *agathos* (bien né, noble — mais aussi bon, courageux) pour parler de soi et *deilos* (de basse extraction, misérable — mais encore mauvais, lâche) pour les autres. Les conditions qui rendaient possibles de telles questions furent réalisées au début du dix-neuvième siècle, lorsque le langage, en se détachant de la représentation, se trouva fragmenté. Elles devinrent inévitables lorsque, avec Nietzsche et Mallarmé, la pensée se replia sur le langage lui-même. Foucault se demande alors si notre sensibilité actuelle envers le langage, la préoccupation presque excessive dont il est l'objet, sont l'achèvement d'une œuvre commencée il y a un siècle et demi, ou si au contraire il s'agit du début d'une nouvelle organisation de notre savoir. Selon Foucault il est impossible de répondre aujourd'hui à cette question, car il est toujours impossible de connaître la structure archéologique précise d'un savoir actuel.

Nous sommes donc condamnés à l'interrogation. La question du langage est intimement liée à celle de l'homme lui-même. A l'époque classique, le langage n'existait pas en tant que problème : il était à la fois omniprésent et transparent. Ceci avait pour résultat que l'homme n'existait pas non plus comme objet connaissable. L'homme, par qui et pour qui la représentation existait, était lui-même absent du tableau du savoir. Il n'apparaîtra comme objet d'enquête scientifique que lorsque le langage sera mis en question et cessera d'être le modèle universel du savoir. Lorsque le langage devient opaque, problématique, objet connaissable, l'homme le devient à son tour. Certains aspects de l'homme — le problème de la diversité des races par exemple — avaient été effleurés au dix-huitième siècle. Cependant il n'y avait aucune conscience épistémologique de l'homme en tant que tel ; il n'y avait aucune branche du savoir qui lui fût propre. Le concept même de nature humaine excluait toute possibilité d'une science classique de l'homme. Ainsi le concept moderne d'une créature qui vit, parle et travaille en accord avec les lois de la biologie, de la philologie et de l'économie mais qui, de plus, par le jeu de ces lois elles-mêmes, a acquis le droit de les connaître, et de se connaître lui-même — tout ce que nous entendons aujourd'hui par «sciences humaines» — était exclu de la pensée classique. Cependant, ces trois sciences nouvelles, qui virent le jour grâce à la défaite de la représentation, avaient nécessairement l'homme comme objet, aussi bien que comme sujet. C'est bien lui qui parle, qui figure parmi les animaux, et qui est le principe de toute production. Mais sa position est partout ambiguë. Son existence concrète est déterminée par la vie, le travail et le langage. Les connaissances qu'il a de lui-même lui sont acquises au travers de son organisme, de ses produits, de ses mots, comme s'il n'était que le véhicule temporaire de formes qui lui préexistent et qui lui survivront. L'homme moderne, celui qui se tient au centre de ces trois sciences, qui naît de l'effondrement de la représentation, l'homme avec son corps, son travail, sa parole, n'est possible que comme «figure de la finitude».

> La culture moderne peut penser l'homme parce qu'elle pense le fini à partir de lui-même. On comprend dans ces conditions que la pensée classique et toutes celles qui l'ont précédée aient pu parler de l'esprit et du corps, de l'être humain, de sa place si

> limitée dans l'univers, de toutes les bornes qui mesurent sa connaissance ou sa liberté, mais qu'aucune d'entre elles, jamais, n'ait connu l'homme tel qu'il est donné au savoir moderne. L'«humanisme» de la Renaissance, le «rationalisme» des classiques ont bien pu donner une place privilégiée aux humains dans l'ordre du monde, ils n'ont pu penser l'homme. (MC, 329).

Pour Foucault, l'homme en tant que concept opérationnel des sciences et de la philosophie apparu au début du dix-neuvième siècle, est «un étrange doublet empirico-transcendental». C'est-à-dire que ce concept opère dans deux domaines : celui du corps, qui permet de constater que le savoir est conditionné par des mécanismes physiologiques, et celui de l'histoire, où l'on voit que le savoir dépend des conditions historiques, sociales et économiques. Mais, avec cette figure de l'homme et sa connaissance de lui-même, apparaît le concept de «l'impensé».

> L'homme n'a pas pu se dessiner comme une configuration dans l'*épistémè*, sans que la pensée ne découvre en même temps, à la fois en soi et hors de soi, dans ses marges mais aussi bien entrecroisés avec sa propre trame, une part de nuit, une épaisseur apparemment inerte où elle est engagée, un impensé qu'elle contient de bout en bout, mais où aussi bien elle se trouve prise... Puisqu'il n'était en somme qu'un double insistant, il n'a jamais été réfléchi pour lui-même sur un mode autonome; de ce dont il était l'Autre et l'ombre, il a reçu la forme complémentaire et le nom inversé; il a été l'*An sich* en face du *Für sich*, dans la phénoménologie hégélienne; il a été l'*Unbewusste* pour Schopenhauer; il a été l'homme aliéné pour Marx; dans les analyses de Husserl, l'implicite, l'inactuel, le sédimenté, le non-effectué : de toute façon, l'inépuisable doublure qui s'offre au savoir réfléchi comme la projection brouillée de ce qu'est l'homme en sa vérité, mais qui joue aussi bien le rôle de fond préalable à partir duquel l'homme doit se rassembler lui-même et se rappeler jusqu'à sa vérité. (MC, 337-8).

Pendant toute la période moderne, la pensée s'est assigné comme tâche de penser l'impensé, de ramener l'inconnu dans la sphère du connu, de mettre un terme à l'aliénation de l'homme en le réconciliant avec sa propre innocence, que ce soit au niveau du travail ou du domaine inconscient des désirs refoulés. La pensée ne peut plus se tenir à l'écart, détachée et protégée de ce qu'elle pense. En modifiant l'impensé, la pensée se transforme elle-même, parce que tous deux sont enfermés dans la figure épistémique moderne de l'homme. La pensée moderne ne peut être autre chose qu'une forme d'action. C'est pourquoi, selon Foucault, elle ne peut produire une morale : son seul engagement éthique se situe au niveau de la modification mutuelle de la pensée et de l'impensé.

> Avant même de prescrire, d'esquisser un futur, de dire ce qu'il faut faire, avant même d'exhorter ou seulement d'alerter, la pensée, au ras de son existence, dès sa forme la plus matinale, est en elle-même une action, — un acte périlleux. Sade, Nietzsche, Artaud et Bataille l'ont su pour tous ceux qui voulaient l'ignorer ; mais il est certain aussi que Hegel, Marx et Freud le savaient. Peut-on dire que l'ignorent, en leur profonde niaiserie, ceux qui affirment qu'il n'y a point de philosophie sans choix politique, que toute pensée est «progressiste» ou «réactionnaire»? Leur sottise est de croire que toute pensée «exprime» l'idéologie d'une classe; leur involontaire profondeur, c'est qu'ils montrent du doigt le mode d'être moderne de la pensée. A la superficie, on peut dire que la connaissance de l'homme, à la différence des sciences de la nature, est toujours liée même sous sa forme la plus indécise, à des éthiques ou à des politiques; plus fondamentalement, la pensée moderne s'avance dans cette direction où l'Autre de l'homme doit devenir le Même que lui. (MC, 339).

Ainsi, comme par un tour de vis supplémentaire, nous sommes ramenés à la thèse principale de *L'histoire de la folie*, à savoir que la montée de la raison et de la science a entraîné un appauvrissement de l'expérience humaine, que la raison, ayant banni la déraison pour régner sans partage, se tient sur la défensive, exposée en permanence aux attaques du dehors. Ce que dit Foucault n'est dicible que parce que les règnes successifs de la raison et de la science touchent à leur fin, et parce que, depuis Nietzsche, les fissures qui lézardent l'édifice humaniste deviennent de plus en plus apparentes.

> Peut-être faudrait-il voir le premier effort de ce déracinement de l'Anthropologie, auquel sans doute est vouée la pensée contemporaine, dans l'expérience de Nietzsche : à travers une critique philologique, à travers une certaine forme de biologisme, Nietzsche a retrouvé le point où l'homme et Dieu s'appartiennent l'un l'autre, où la mort du second est synonyme de la disparition du premier, et où la promesse du surhomme signifie d'abord et avant tout l'imminence de la mort de l'homme. En quoi Nietzsche, nous proposant ce futur à la fois comme échéance et comme tâche, marque le seuil à partir duquel la philosophie contemporaine peut recommencer à penser; il continuera sans doute longtemps à sur-

> plomber son cheminement. Si la découverte du Retour est bien la fin de la philosophie, la fin de l'homme, elle, est le retour du commencement de la philosophie. De nos jours on ne peut plus penser que dans le vide de l'homme disparu. Car ce vide ne creuse pas un manque; il ne prescrit pas une lacune à combler. Il n'est rien de plus, rien de moins, que le dépli d'un espace où il est enfin à nouveau possible de penser. L'Anthropologie constitue peut-être la disposition fondamentale qui a commandé et conduit la pensée philosophique depuis Kant jusqu'à nous. Cette disposition, elle est essentielle puisqu'elle fait partie de notre histoire; mais elle est en train de se dissocier sous nos yeux puisque nous commençons à y reconnaître, à y dénoncer sur un mode critique, à la fois l'oubli de l'ouverture qui l'a rendue possible, et l'obstacle têtu qui s'oppose obstinément à une pensée prochaine. A tous ceux qui veulent encore parler de l'homme, de son règne ou de sa libération, à tous ceux qui posent encore des questions sur ce qu'est l'homme en son essence, à tous ceux qui veulent partir de lui pour avoir accès à la vérité, à tous ceux en revanche qui reconduisent toute connaissance aux vérités de l'homme lui-même, à tous ceux qui ne veulent pas formaliser sans anthropologiser, qui ne veulent pas mythologiser sans démystifier, qui ne veulent pas penser sans penser aussitôt que c'est l'homme qui pense, à toutes ces formes de réflexion gauches et gauchies, on ne peut qu'opposer un rire philosophique — c'est-à-dire, pour une certaine part, silencieux. (MC, 353-4).

Ainsi, ce maître du Gai Savoir termine cette partie audacieuse de son ouvrage — sans doute l'une des plus fécondes — sur un éclat de rire. Il y a là quelque chose de typique : n'oublions pas que le livre s'ouvre aussi sur un éclat de rire. D'autre part, l'on perçoit comme un sentiment de répit, qui jaillit de la ligne imprimée, à se retrouver dans le présent après une excursion dans le passé de trois cent cinquante ans (et autant de pages). Car, comme il l'a dit dans un entretien quelques années plus tard, Foucault n'a aucun intérêt pour l'histoire elle-même. Il n'est pas de ceux qui repoussés par un présent désolant, se retournent sur le passé. Il n'est pas non plus de ceux qui cherchent une consolation dans des mondes meilleurs à venir. Il s'agit là, en effet, d'une forme encore plus mystificatrice de réaction dans la mesure où ces utopies sont toujours le fruit de modes de pensée déjà surannés. Sa préoccupation essentielle reste toujours de comprendre le présent, en tant que produit du passé et berceau de l'avenir.

*Les mots et les choses* porte comme sous-titre « une archéologie des sciences humaines », comme si le travail immense que fut l'écriture de ce livre avait pour but de fournir une archéologie aux nouvelles « sciences humaines », avec leurs frontières vagues et leurs bases incertaines, de rendre compte de leur formation et des conditions qui les rendent possibles. En effet, Foucault n'entend pas ici par sciences humaines ces trois domaines empiriques qui émergèrent de l'effondrement de la représentation et de la constitution de « l'homme » en tant que concept opérationnel (la biologie, l'économie politique et la philologie), mais bien leurs dérivés plus tardifs : la psychologie, la sociologie, les études littéraires et culturelles, ainsi que toute la masse proliférante des disciplines nées de leurs subdivisions et de leurs croisements. C'est en un certain sens un retour à la représentation qui se produit au moment où les sciences « empiriques » donnent naissance aux sciences « humaines ». Ceci ne signifie pas cependant que ces dernières soient en quelque façon les héritières du savoir classique. En effet, leur existence même dépend de la modification de l'*épistémè* qui mit un terme à la toute-puissance de la représentation. Celle-ci était un mode de pensée universel, neutre, conscient, « objectif », qui opérait par l'homme et pour lui, mais d'où le concept même « d'homme » était absent. Par contre, la nouvelle forme de la représentation qui apparaît dans les sciences humaines ne dérive pas de la conscience que l'homme a du monde, ni de celle qu'il a de lui-même en tant qu'être agissant sur celui-ci. Elle prend sa source en un sentiment qu'il a d'une chose qui se produit en lui, souvent à un niveau inconscient, dans sa subjectivité, dans ses valeurs, et qui traverse tous ses agissements. C'est ce domaine dans lequel les hommes se *représentent* leur·*expérience* d'être vivant, travaillant et parlant, qui est ouvert par les sciences humaines. Ce champ garde de son origine tripartite une division en trois régions : une « région psychologique », dans laquelle l'homme se représente son expérience d'être vivant dans le monde ; une « région sociologique », où l'individu qui travaille, produit et consomme, s'offre une représentation de la société dans laquelle il vit, des pratiques et des croyances qui la protègent et la règlent ; et enfin une « région linguistique », où l'homme conserve les traces verbales de ses représentations sous forme de littérature, de mythes ou d'histoire.

Cette origine tripartite des sciences humaines permet aussi de rendre compte du fait qu'elles recourent à trois modèles d'analyse. De la biologie, elles reçoivent la notion de *fonction* : réception de stimuli et réaction, adaptation à l'environnement, compensation des déséquilibres, en bref, la constitution et le respect de *normes*. L'économie, qui saisit l'homme cherchant à satisfaire ses besoins et ses désirs, fournit la notion de *conflit* et, pour éviter celui-ci, la notion de *règle*. Le langage donne les concepts de *sens* et de *système* (ensemble ordonné de signes). Cependant, ces trois paires de concepts ne se maintiennent pas uniquement dans leur domaine d'origine. Le conflit et la règle ne s'appliquent pas au seul domaine sociologique, ni le sens et le système aux seuls phénomènes de nature plus ou moins linguistique. En effet, quoi qu'ils soient fondamentaux pour leurs domaines d'origine, chacun de ces concepts est valide dans les deux autres. Ceci explique la difficulté qu'il y a à fixer les limites d'une discipline particulière, ou à spécifier les méthodes qui lui sont appropriées. Ainsi toutes les sciences humaines s'entrecroisent, et l'on peut recourir à l'une pour interpréter l'autre, de sorte que les disciplines intermédiaires ou composites se multiplient sans fin. De plus, depuis le dix-neuvième siècle, à chaque époque, il y a un modèle qui tend à dominer les autres. Au départ, ce fut le modèle biologique. En effet, à l'époque romantique, il existait une forte tendance à concevoir l'homme, sa psyché, son groupe, sa société et sa langue comme des êtres organiques et à les analyser en termes de fonction. Ensuite s'établit le règne du modèle économique : toute activité humaine était conçue en termes de conflits. Enfin, c'est l'interprétation des sens cachés (la philologie) ou des structures signifiantes (la linguistique) qui domina. Quoi qu'il en soit, toutes les sciences humaines emploient une forme de représentation qui est en rupture avec l'association classique de celle-ci à la conscience. Il en résulte qu'elles semblent constamment engagées dans un processus de démystification : elles cherchent à dévoiler une réalité moins apparente mais plus profonde. En fin de compte, l'essence même des sciences humaines, ce sont les problèmes de l'inconscient : sa possibilité, son statut, son mode d'existence et les moyens de le connaître. Il y a « science humaine » non pas quand il est question de l'homme, mais lorsqu'il y a analyse de processus inconscients en termes de normes, de règles et de systèmes de sens. Par les modèles qu'elles emploient, les sciences humaines sont des parasites de la biologie, de l'économie politique et de la linguistique. C'est en cela qu'elles sont mal nommées : selon Foucault, elles ne sont pas en réalité des sciences. Et cela n'est pas dû à ce que leur objet, l'homme, est trop complexe ou obscur, ni au fait qu'elles ne sont qu'à une étape préscientifique de leur évolution, mais à leur constitution même, qui les empêche de devenir des sciences autonomes.

Foucault conclut en analysant deux disciplines, la psychanalyse et l'ethnologie ou anthropologie sociale, qui, au cours de ces dernières années, ont suscité un intérêt particulier. Celui-ci ne provient pas de ce que leur « scientificité » est plus fermement établie que dans le cas des autres sciences humaines, mais du fait qu'elles « forment un trésor inépuisable d'exériences et de concepts » et qu'elles ont un rôle critique important vis-à-vis de ce qui a pu sembler acquis. La mise à jour des processus inconscients, qui est implicite dans toutes les sciences humaines, est centrale et explicite en psychanalyse. Dans cette mesure, celle-ci a une relation unique avec la représentation et « l'analytique de la finitude ».

> La psychanalyse avance pour enjamber la représentation, la déborder du côté de la finitude et faire ainsi surgir, là où on attendait les fonctions porteuses de leurs normes, les conflits chargés de règles, et les significations formant système, le fait nu qu'il puisse y avoir système (donc signification), règle (donc opposition), norme (donc fonction). Et en cette région où la représentation reste en suspens, au bord d'elle-même, ouverte en quelque sorte sur la fermeture de la finitude, se dessinent les trois figures par lesquelles la vie, avec ses fonctions et ses normes vient se fonder dans la répétition muette de la Mort, les conflits et les règles, dans l'ouverture dénudée du Désir, les significations et les systèmes dans un langage qui est en même temps Loi. On sait comment psychologues et philosophes ont appelé tout cela : mythologie freudienne. Il était bien nécessaire que cette démarche de Freud leur ait paru telle ; pour un savoir qui se loge dans le représentable, ce qui borde et définit, vers l'extérieur, la possibilité même de la représentation ne peut être que mythologie. Mais quand on suit, dans son allant, le mouvement de la psychanalyse, ou quand on parcourt l'espace épistémologique en son ensemble, on voit bien que ces figures sont les formes mêmes de la finitude, telle qu'elle est analysée dans la pensée moderne : la mort n'est-elle pas ce à partir de quoi le savoir en général est possible, — si bien qu'elle

> serait, du côté de la psychanalyse, la figure de ce *redoublement* empirico-transcendantal qui caractérise dans la finitude le mode d'être de l'homme? Le désir n'est-il pas ce qui demeure toujours *impensé* au cœur de la pensée? Et cette Loi-Langage (à la fois parole et système de la parole) que la psychanalyse s'efforce de faire parler, n'est-elle pas ce en quoi toute signification prend une *origine* plus lointaine qu'elle-même, mais aussi ce dont le retour est promis dans l'acte même de l'analyse? Il est bien vrai que jamais ni cette Mort, ni ce Désir, ni cette Loi ne peuvent se rencontrer à l'intérieur du savoir qui parcourt en sa positivité le domaine empirique de l'homme; mais la raison en est qu'ils désignent les conditions de possibilité de tout savoir sur l'homme. (MC, 386).

Comme la psychanalyse, l'ethnologie ne questionne pas tant l'homme lui-même, que le domaine qui rend possible la connaissance de l'homme en général. La psychanalyse se place dans la dimension de l'inconscient et perturbe de l'intérieur le champ entier des sciences humaines. Parallèlement, l'ethnologie se situe dans la dimension de l'historicité, d'où elle les met en question en se référant à leur relativité. A première vue, l'ethnologie semble être an-historique. Elle étudie des sociétés relativement stables, en dehors de tout contexte historique. Mais en réalité elle prend sa source dans une possibilité qui est propre à notre culture: elle ne pouvait naître que de notre évolution. De plus, elle accompagne l'intervention de l'histoire dans les sociétés qu'elle prend pour objet. Ses rapports avec le colonialisme ne sont qu'une expression contingente de cette relation plus profonde. Finalement, l'ethnologie se situe dans cette relation particulière que la *ratio* occidentale établit avec les autres cultures. Par conséquent, elle évite les représentations que les hommes se font d'eux-mêmes, dans les autres civilisations. Ce qu'elle partage avec la psychanalyse, ce n'est pas un souci de pénétrer les profondeurs de la nature humaine, mais plutôt une position commune vis-à-vis de la notion moderne «d'homme». Elles sont à la frontière qui sépare l'humain de cet «Autre» qui mine complètement le concept «d'homme» en tant qu'être unitaire et connaissable. En réalité, ce ne sont pas des sciences humaines parmi d'autres, mais des «contre-sciences» qui traversent et pénètrent le domaine entier des sciences humaines et les ramènent à leurs fondements épistémologiques. Ce faisant, elles désarticulent l'homme même sur lequel elles se construisent. Dans *Totem et tabou*, Freud jetait les fondements sur lesquels la psychanalyse allait pouvoir instaurer un champ commun, « la possibilité d'un discours qui pourrait aller de l'une à l'autre sans discontinuité, la double articulation de l'histoire des individus sur l'inconscient des cultures, et l'historicité de celles-ci sur l'inconscient des individus ». Cette fécondation mutuelle de l'ethnologie et de la psychanalyse, on la retrouve plus récemment dans les travaux de Lévi-Strauss et de Lacan. Mais en même temps ces deux disciplines furent pénétrées par une troisième, la linguistique. Voici une science entièrement fondée sur l'ordre du positif. Quoique son objet soit le langage humain, l'homme n'y intervient pas en tant que concept opérationnel. Le langage y est traité comme un système qui se suffit à lui-même. Ainsi, la linguistique offre une base scientifique qui semble inattaquable, aux sciences humaines qui choisiront de l'intégrer.

Cependant, la suprématie actuelle du langage ne se limite pas au rôle de la linguistique en sciences humaines. La littérature aussi est fascinée par le langage en tant que tel, par une réflexion consciente sur son propre support. C'est peut-être dans Artaud et Roussel que ce phénomène est le plus marqué. Le premier rejette le langage en tant que discours, et tente de retrouver sa condition primale, le cri. Le second produit une parodie du discours qui n'est plus basé sur l'expression, mais sur un système soigneusement établi de relations fortuites. Dans ces deux cas, cette expérience implacable de la finitude conduisit à la « folie » : Artaud fut interné, Roussel se suicida. Cependant, Foucault ne voit en ce phénomène, ni le présage de la mort de la littérature, qui n'aurait plus rien à dire, ni la radicalisation d'une littérature qui aurait enfin découvert (ou redécouvert) sa véritable vocation.

> En fait, il s'agit là du dépli rigoureux de la culture occidentale selon la nécessité qu'elle s'est donnée à elle-même au début du XIX$^e$ siècle. Il serait faux de voir, en cet indice général de notre expérience qu'on peut appeler le « formalisme », le signe d'un dessèchement, d'une raréfaction de la pensée incapable de ressaisir la plénitude des contenus; il ne serait pas moins faux de le placer d'emblée sur l'horizon d'une nouvelle pensée et d'un nouveau savoir. C'est à l'intérieur du dessin très serré, très cohérent de l'*épistémè* moderne que cette expérience contemporaine a trouvé sa possibilité. (MC, 395).

Pourtant, Foucault perçoit une fois de plus, sous nos pas, le tremblement de fondements archéologiques.

> Plus que la mort de Dieu, — ou plutôt dans le sillage de cette mort et selon une corrélation profonde avec elle, ce qu'annonce la pensée de Nietzsche, c'est la fin de son meurtrier; c'est l'éclatement du visage de l'homme dans le rire, et le retour des masques; c'est la dispersion de la profonde coulée du temps par laquelle il se sentait porté et dont il soupçonnait la pression dans l'être même des choses; c'est l'identité du Retour du Même et de l'absolue dispersion de l'homme. Pendant tout le XIXᵉ siècle, la fin de la philosophie et la promesse d'une culture prochaine ne faisaient sans doute qu'une seule et même chose avec la pensée de la finitude et l'apparition de l'homme dans le savoir; de nos jours, le fait que la philosophie soit toujours et encore en train de finir et le fait qu'en elle peut-être, mais plus encore en dehors d'elle et contre elle, dans la littérature comme dans la réflexion formelle, la question du langage se pose, prouvent sans doute que l'homme est en train de disparaître. C'est que toute l'*épistémè* moderne — celle qui s'est formée vers la fin du XVIIIᵉ siècle et sert encore de sol positif à notre savoir, celle qui a constitué le mode d'être singulier de l'homme et la possibilité de le connaître empiriquement — toute cette *épistémè* était liée à la disparition du Discours et de son règne monotone, au glissement du langage du côté de l'objectivité et à sa réapparition multiple. Si ce même langage surgit maintenant avec de plus en plus d'insistance en une unité que nous devons mais que nous ne pouvons pas encore penser, n'est-ce pas le signe que toute cette configuration va maintenant basculer, et que l'homme est en train de périr à mesure que brille plus fort à notre horizon l'être du langage? L'homme s'étant constitué quand le langage était voué à la dispersion, ne va-t-il pas être dispersé quand le langage se rassemble? Et si cela était vrai, ne serait-ce pas une erreur — une erreur profonde puisqu'elle nous cacherait ce qu'il faut penser maintenant — d'interpréter l'expérience actuelle comme une application des formes du langage à l'ordre de l'humain? Ne faudrait-il pas plutôt renoncer à penser l'homme, ou, pour être plus rigoureux penser au plus près cette disparition de l'homme — et le sol de possibilité de toutes les sciences de l'homme — dans sa corrélation avec notre souci du langage? Ne faut-il pas admettre que, le langage étant là de nouveau, l'homme va revenir à cette inexistence sereine où l'avait maintenu jadis l'unité impérieuse du Discours? L'homme avait été une figure entre deux modes d'être du langage; ou plutôt, il ne s'est constitué que dans le temps où le langage, après avoir été logé à l'intérieur de la représentation et comme dissous en elle, ne s'en est libéré qu'en se morcelant: l'homme a composé sa propre figure dans les interstices d'un langage en fragments. L'homme est une invention dont l'archéologie de notre pensée

montre aisément la date récente. Et peut-être la fin prochaine. Si ces dispositions venaient à disparaître comme elles sont apparues, si par quelque événement dont nous pouvons tout au plus pressentir la possibilité, mais dont nous ne connaissons pour l'instant encore ni la forme ni la promesse, elles basculaient, comme le fit au tournant du XVIII<sup>e</sup> siècle le sol de la pensée classique, — alors on peut bien parier que l'homme s'effacerait, comme à la limite de la mer un visage de sable. (MC, 396-8).

Parmi toutes les réactions que suscita *Les mots et les choses*, celle qui étonna le plus Foucault, et qui lui fut sans doute la plus chère, ce fut une lettre de René Magritte, ou celui-ci commentait l'emploi des termes «ressemblance» et «similitude». Foucault répondit et reçut quelques jours plus tard une seconde lettre du peintre. En 1973, Foucault fit paraître une étude courte et passionnante sur Magritte, portant le titre d'une des œuvres de l'artiste, *Ceci n'est pas une pipe*. Les deux lettres de Magritte y apparaissent dans un appendice.

# 3. La théorie archéologique du savoir

*L'archéologie du savoir* parut en 1969, trois ans après *Les mots et les choses*. Il ne s'agit pas en fait d'un livre autonome, mais plutôt d'une postface théorique étendue à l'ouvrage précédent. Il dépend d'ailleurs de celui-ci à plus d'un titre. Pour commencer, il s'agit de l'œuvre d'un homme qui sait que ce qu'il écrit sera publié et, selon les critères habituels, sera un succès de librairie. Seul un éditeur à l'enthousiasme refroidi par les chiffres de vente de ses livres précédents pouvait ne pas se rendre compte que *Les mots et les choses* allait constituer un événement intellectuel de premier ordre. De fait, ce livre connut un succès commercial et critique extraordinaire. Grâce à une promotion implacable menée par les mass media du plus haut niveau, il était devenu évident que le structuralisme était l'événement le plus important depuis l'existentialisme, et que *Les mots et les choses* était le livre idéal pour s'y initier. Les Français sont très forts pour lancer des mouvements. Ceux-ci sont en général une réponse à une modification réelle du climat intellectuel ou artistique. Cependant, il en résulte souvent un effacement des distinctions, une confusion des problèmes, et un regroupement par la violence d'idées hétérogènes. La mode structuraliste ne fit pas exception. Foucault fut couvert de gloire et d'insultes en tant que chef de file de ce nouveau mouvement. Pourtant ce titre ne lui revenait pas et il ne pouvait y prétendre. En effet, une partie au moins du succès de ce livre est due à une mauvaise compréhenion du texte et il est clair que l'ouvrage n'aurait pas été accueilli de la même manière si on avait perçu cette réalité. Pour rétablir la vérité — et on voit ici l'importance qu'elle a pour Foucault — il consacra le livre qui suivit à élucider sa méthode avec une rigueur presque douloureuse. L'on ne pouvait raisonnablement s'attendre à ce que ce livre connût le même succès que *Les mots et les choses*. Mais de plus, contre toute attente, Foucault fit tout pour miner ce succès potentiel. L'austérité — certains allèrent jusqu'à dire l'aridité — de *L'archéologie du savoir* ne pouvait manquer de décevoir. *Les mots et les choses* était destiné à l'ensemble du public français cultivé. Par contre, le livre qui lui faisait suite ne pouvait intéresser qu'un nombre restreint de spécialistes, pour qui les implications théoriques du travail de Foucault étaient en elles-mêmes passionnantes. Selon l'un de ceux-ci, le philosophe Gilles Deleuze, dans ce qui constitue sans doute le compte rendu le plus original et le plus éclairant qui ait été fait sur une œuvre de Foucault, «celui-ci fait moins un discours de sa méthode que le poème de son œuvre, sévère poésie de ses propres démarches, inscription de sa propre surface». C'est un exemple typique et délicieux de la perversité de Deleuze.

Dans *L'archéologie du savoir*, Foucault se lance en gros dans deux types d'élucidations. D'abord, il s'agit de mettre un terme aux erreurs de compréhension fondamentales auxquelles son œuvre a donné lieu, qu'elles lui soient favorables ou non. Celles-ci se centrent sur un seul problème: le concept d'homme en histoire et dans les sciences humaines. Or ce que Foucault partageait avec les soi-disant «structuralistes», c'était précisément la volonté de mettre un terme au statut privilégié du sujet humain, de la conscience, et ce en l'excluant du centre des préoccupations théoriques, position qui avait été la sienne pendant les trois cents ans qui séparent Sartre de Descartes. Par contre, Foucault n'appelait pas à une extension des concepts et des méthodes de la linguistique structurale. Il y eut un malentendu, dans la mesure où, au-delà de leurs positions «anti-humanistes» de base, chacune des parties avait une certaine position sur les problèmes de langage et de structure. Cependant, celles-ci n'étaient pas les mêmes. Le point de vue structuraliste et son rôle actuel dans la pensée française sera abordé dans la conclusion. Quant à la position de Foucault, elle est plus complexe. En un certain sens, on peut même dire que son travail est profondément anti-structuraliste. Loin de vouloir figer le mouvement de l'histoire sous forme de structures, Foucault a voulu examiner la nature même du changement historique. Loin de considérer le langage comme structure, Foucault le conçoit comme un *acte*, un *événement*. Mais l'on voit aisément comment la confusion a pu naître. Dans ses livres antérieurs, écrits avant le mouvement structuraliste, et qui ne s'étaient jamais affublés de ce titre, Foucault recourait au terme «structural» pour désigner le type d'analyse qu'il menait. Cependant, il s'agissait d'un emploi très libre, presque tautologique: le terme simple «analyse» aurait convenu aussi bien que «analyse structurale». Quant à son emploi des termes «signe», «signifiant», «signifié», ils viennent directement des données qu'il traitait. Loin d'être l'invention de Saussure, ceux-ci sont aussi anciens que la culture occidentale. En particulier, au dix-septième siècle, ils sont une préoccupation centrale de la *Grammaire de Port-Royal*. En effet, ce qui ressort de l'étude menée par Foucault sur la Grammaire générale, l'histoire naturelle et l'analyse des richesses, c'est qu'en un certain sens, la période classique toute entière était «structuraliste», dans la mesure où son savoir était fondé sur la représentation et sur le signe, sur l'analyse de relations entre éléments figés, excluant les concepts «d'homme» et «d'histoire» tels qu'ils seront compris au dix-neuvième siècle. Si l'analyse de la pensée classique révèle, selon Foucault, un cadre «structuraliste», ce n'est pas le cas de la pensée moderne. Il s'ensuit que les éléments structuraux appartiennent à l'objet de la recherche de Foucault, et non à sa méthode.

Le premier type d'élucidation entrepris par Foucault dans *L'archéologie du savoir* concerne donc la nature même de son analyse. Le second traite d'un certain nombre de difficultés laissées sans solution dans *Les mots et les choses*. Certaines d'entre elles avaient été soulevées par Foucault lui-même, et d'autres par ses critiques. Il y a d'abord la question de la périodisation. Foucault la traite dans une discussion générale de différents concepts provenant des disciplines historiques. Deux approches sont possibles. D'une part, l'on peut envisager l'histoire comme une succession d'événements isolés, sans connections évidentes. L'historien doit alors s'atteler à découvrir — ou imposer — des réseaux de liens, et peut-être même des implications causales. Ce n'est que sur base de ceux-ci qu'il pourra diviser la masse des événements en périodes traitables. D'autre part, l'histoire peut être considérée *a priori* comme une toile sans coutures, dans laquelle les événements s'enchaînent dans une implacable succession causale. Dans ce cas, la tâche de l'historien consiste à s'attaquer à cette continuité sans failles et à établir des seuils, des ruptures, des mutations, des transformations. Foucault fait remarquer que « l'histoire des idées » et l'histoire proprement dite ont récemment inversé leurs positions respectives à ce sujet. La première, qui s'attachait aux continuités, a cherché et découvert un nombre croissant de ruptures. Il illustre ceci par des citations de Gaston Bachelard, Georges Canguilhem, Michel Serres et Louis Althusser. L'histoire proprement dite, par contre, « semble effacer, au profit des structures sans labilité, l'irruption des événements » (cf. les historiens de l'école des *Annales*). Foucault poursuit en montrant que ce renversement apparent n'est qu'un effet de surface et qu'en réalité, l'histoire de la pensée et l'histoire au sens propre s'occupent des mêmes problèmes : c'est parce qu'elles étaient dans des situations extrêmement différentes qu'elles ont choisi des voies opposées pour se réformer. Dans l'optique traditionnelle, la discontinuité du tissu historique était une qualité qui lui était inhérente, un obstacle que l'historien devait surmonter. Par là, il mettait à jour la continuité des relations causales, de la détermination circulaire, de l'antagonisme et de l'expression qui sont sous-jacents à la dispersion superficielle des événements isolés. Depuis, le discontinu a cessé d'être un obstacle pour devenir un atout. Au lieu d'être une condition extérieure, il devient un outil analytique de l'historien, un concept positif plutôt que négatif. Conséquemment, la notion « d'histoire totale » s'efface devant celle que Foucault appelle « histoire générale ». La première tentait de ramener tous les phénomènes vers un seul point. Celui-ci constituait la forme globale d'une société ou d'une civilisation, son principe, son esprit, son sens, sa vision du monde. Les croyances et les pratiques, qu'elles fussent économiques, sociales, religieuses ou politiques, subissaient les mêmes formes d'évolution historique, étaient sujettes au même type de transformations. Ceci permettait de diviser la succession temporelle des événements en grandes périodes possédant chacune leur principe de cohésion. Par contre, «l'histoire générale» considère «les séries, les découpes, les limites, les dénivellations, les décalages, les spécificités chronologiques, les formes singulières de rémanence, et les types possibles de relation». Elle n'est pas une simple juxtaposition de différentes histoires ou séries (économiques, politiques, culturelles, etc.), ni même une recherche de coïncidences ou d'analogies entre elles. L'histoire générale s'assigne comme but de montrer quels type de relations peuvent être légitimement établis entre ces séries.

Le changement épistémologique que subit l'histoire n'est pas encore arrivé à son terme; il n'est pas non plus d'origine récente. C'est Marx qui lança la première attaque contre l'histoire des continuités ininterrompues, cette histoire dont les bases ultimes se fondent sur le sujet, sur la conscience humaine. Son analyse des relations économiques, sociales et politiques avait pour but de montrer que toutes les activités humaines, même les croyances les plus sacrées, trouvent leur détermination ultime en dehors de la conscience du sujet individuel. La généalogie de Nietzsche porta un coup de plus au statut central des idées humaines. Celle-ci ramenait en effet la moralité humaine la plus «pure» aux luttes de pouvoir les plus crues. Enfin la psychanalyse, la linguistique et l'ethnologie ont décentré le sujet humain dans ses rapports avec les principes de ses désirs, les formes de son langage et les règles de ses croyances et pratiques. Cependant, selon Foucault, ces attaques radicales contre la primauté du sujet ont été contrées, non seulement par une opposition déclarée, mais aussi par un processus de récupération interne. Selon celui-ci, Marx devient un historien de la totalité et un apôtre de l'humanisme, Nietzsche élabore une philosophie trascendentale des origines, et Freud fournit un moyen de «réalisation» de l'individu dans un contexte de conformité morale et sociale.

> On criera donc à l'histoire assassinée chaque fois que dans une analyse historique — et surtout s'il s'agit de la pensée, des idées ou des connaissances — on verra utiliser de façon trop manifeste les catégories de la discontinuité et de la différence, les notions de seuil, de rupture et de transformation, la description des séries

> et des limites. On dénoncera là un attentat contre les droits imprescriptibles de l'histoire et contre le fondement de toute historicité possible. Mais il ne faut pas s'y tromper : ce qu'on pleure si fort, ce n'est pas la disparition de l'histoire, c'est l'effacement de cette forme d'histoire qui était en secret, mais tout entière, référée à l'activité synthétique du sujet... c'est cet usage idéologique de l'histoire par lequel on essaie de restituer à l'homme tout ce qui, depuis plus d'un siècle, n'a cessé de lui échapper. On avait entassé tous les trésors d'autrefois dans la vieille citadelle de cette histoire; on la croyait solide; on l'avait sacralisée; on en avait fait le lieu dernier de la pensée anthropologique; on avait cru pouvoir y capturer ceux-là mêmes qui s'étaient acharnés contre elle; on avait cru en faire des gardiens vigilants. (AS, 23-24).

*L'archéologie du savoir* apparaît donc comme une étude des problèmes théoriques posés par l'emploi, dans l'histoire des idées, des concepts de discontinuité, de rupture, de seuil, de limite, de série, de transformation. Mais, avant de se lancer dans ce travail, Foucault examine quelques concepts exprimant le thème de la continuité. La notion de *tradition* nous permet de «réduire la différence propre à tout commencement... d'isoler les nouveautés sur fond de permanence, et d'en transférer le mérite à l'originalité, au génie, à la décision propre des individus». La notion d'*influence* «trop magique pour pouvoir être bien analysée» (AS, 31-32) fournit un support aux faits de transmission et de communication. Elle permet d'attribuer un phénomène apparemment causal, mais en fait non examiné, à la ressemblance et à la répétition. Elle explique les phénomènes de propagation et donne une unité temporelle aux individus, aux œuvres, aux notions et aux théories. Tirés du modèle biologique, les concepts de *développement* et même d'*évolution* permettent de regrouper une série d'événements dispersés en leur trouvant un principe organisateur. La notion d'*esprit* permet d'établir, pour une époque donnée, un ensemble commun, cohérent de croyances, qui, sous le nom de conscience collective, rendent possible le regroupement et l'explication des phénomènes. Aucun de ces concepts ne doit, selon Foucault, être accepté naïvement. Il faut au contraire que l'historien les considère comme des objets d'étude, et non comme des outils méthodologiques.

Ensuite, Foucault envisage ces groupements discursifs larges connus sous les noms de «science, littérature, philosophie, religion, histoire, fiction, etc.». Ceux-ci ne sont ni aussi transparents, ni aussi éternels qu'il n'y paraît à première vue. Chacun a sa propre histoire, complexe, et parfois même confuse. Certains, comme la «littérature» et la «politique», sont d'origine récente et ne peuvent être appliqués aux époques antérieures que «par une hypothèse rétrospective et par un jeu d'analogies formelles ou de ressemblances sémantiques». Mais, selon Foucault, ce sont les catégories du *livre* et de l'*œuvre* qui sont les plus insidieuses, et ceci parce qu'elles sont les plus évidentes. Le support matériel du livre, le volume, n'est pas le livre lui-même. D'ailleurs, même le volume n'est pas une unité simple : il fait partie d'une édition. De plus, il se peut qu'il s'agisse d'une anthologie, travail de plusieurs auteurs, mais création de celui qui la dirige ; ou encore d'un ouvrage plus important en plusieurs tomes. Quant à «l'unité discursive» dont le volume est le support matériel, elle est encore plus problématique.

> Un roman de Stendhal ou un roman de Dostoïevski ne s'individualisent pas comme ceux de *La Comédie humaine*; et ceux-ci à leur tour ne se distinguent pas les uns des autres comme *Ulysse* de *L'Odyssée*. C'est que les marges d'un livre ne sont jamais nettes ni rigoureusement tranchées : par-delà le titre, les premières lignes et le point final, par-delà sa configuration interne et la forme qui l'autonomise, il est pris dans un système de renvois à d'autres livres, d'autres texte, d'autres phrases : nœud dans un réseau. Et ce jeu de renvois n'est pas homologue, selon qu'on a affaire à un traité de mathématiques, à un commentaire de textes, à un récit historique, à un épisode dans un cycle romanesque; ici et là l'unité du livre, même entendue comme faisceau de rapports, ne peut être considérée comme identique. Le livre a beau se donner comme un objet qu'on a sous la main; il a beau se recroqueviller en ce petit parallélépipède qui l'enferme: son unité est variable et relative. Dès qu'on l'interroge, elle perd son évidence; elle ne s'indique elle-même, elle ne se construit qu'à partir d'un champ complexe de discours. (AS, 34).

La notion d'*œuvre* pose plus de problèmes encore. On peut la définir comme un ensemble de textes parus sous un seul nom propre. Mais le nom d'un auteur a-t-il le même poids dans un livre qu'il a fait paraître sous son propre nom, que dans un autre publié sous un pseudonyme? Ou encore, que dans un brouillon inachevé, un carnet? L'édition d'une œuvre complète présuppose de nombreux choix qu'il est difficile de justifier mais dont l'hypothèse implicite est celle d'une fonction *expressive* commune.

> On admet qu'il doit y avoir un niveau (aussi profond qu'il est nécessaire de l'imaginer) auquel l'œuvre se révèle, en tous ses fragments, même les plus minuscules et les plus inessentiels, comme l'expression de la pensée, ou de l'expérience, ou de l'imagination, ou de l'inconscient de l'auteur, ou encore des déterminations historiques dans lesquelles il était pris. Mais on voit aussitôt qu'une pareille unité, loin d'être donnée immédiatement, est constituée par une opération; que cette opération est interprétative (puisqu'elle déchiffre, dans le texte, la transcription de quelque chose qu'il cache et qu'il manifeste à la fois); qu'enfin l'opération qui détermine l'opus, en son unité, et par conséquent l'œuvre elle-même ne sera pas la même s'il s'agit de l'auteur du *Théâtre et son double* ou de l'auteur du *Tractatus* et donc, qu'ici et là ce n'est pas dans le même sens qu'on parlera d'une «œuvre». L'œuvre ne peut être considérée ni comme unité immédiate, ni comme une unité certaine, ni comme une unité homogène. (AS, 35-6).

Foucault propose de prendre comme point de départ les unités qui lui sont données (la médecine, ou l'économie politique par exemple). Cependant, il n'en respectera pas les frontières. Elles feront l'objet d'un examen approfondi, et leur unité familière sera brisée. En effet, chaque discipline, chaque œuvre, chaque livre peut être envisagé dans son état brut comme un ensemble «d'énoncés», terme que Foucault se refuse de définir à ce stade, si ce n'est qu'il insiste sur son caractère événementiel. L'on voit sans doute plus clairement maintenant à quel point les termes «d'histoire des idées» ou «d'histoire de la pensée» ne conviennent pas pour désigner l'entreprise de Foucault. En effet, ils suggèrent l'existence, au-delà des énoncés eux-mêmes, de l'intention, consciente ou non, d'un sujet individuel et, par conséquent, un discours latent sous le discours manifeste. Mais si Foucault isole les occurrences d'énoncés, ce n'est pas pour obtenir une masse de faits sans relations entre eux.

> C'est pour être sûr de ne pas la rapporter à des opérateurs de synthèse qui soient purement psychologiques (l'intention de l'auteur, la forme de son esprit, la rigueur de sa pensée, les thèmes qui le hantent, le projet qui traverse son existence et lui donne signification) et pouvoir saisir d'autres formes de régularité, d'autres types de rapports. Relations des énoncés entre eux (même si elles échappent à la conscience de l'auteur; même s'il s'agit d'énoncés qui n'ont pas le même auteur; même si les auteurs entre eux ne se connaissaient pas); relations entre des groupes d'énoncés ainsi établis (même si ces groupes ne concernent pas les mêmes domaines, ni des domaines voisins; même s'ils n'ont pas le même

> niveau formel; même s'ils ne sont pas le lieu d'échanges assignables); relations entre des énoncés ou des groupes d'énoncés et des événements d'un tout autre ordre (technique, économique, social, politique). (AS, 41).

Passant en revue ses œuvres précédentes à la lumière de ces considérations théoriques, Foucault conclut que l'unité apparente, sur laquelle étaient basés certains grands groupes d'énoncés comme la médecine, l'économie ou la Grammaire générale, était en fait illusoire. En réalité, il se trouvait face à «des séries lacunaires, et enchevêtrées, des jeux de différences, d'écarts, de substitutions, de transformations». Les différentes catégories d'énoncés mises en lumière étaient bien trop hétérogènes pour pouvoir être rassemblées en une seule figure, et pour faire apparaître, d'une période à l'autre, au-delà des œuvres individuelles, «une sorte de grand texte ininterrompu». Il en vint, par conséquent, à décrire ces discontinuités et ces dispersions elles-mêmes, à y chercher malgré tout certaines régularités, «un ordre dans leur apparition successive, des corrélations dans leur simultanéité, des positions assignables dans un espace commun, un fonctionnement réciproque, des transformations liées et hiérarchisées». Une telle analyse décrirait un *système de dispersion*. Pour désigner un système de ce genre, à l'œuvre dans un groupe d'énoncés, Foucault propose que soit employé le terme neutre de *formation discursive*, qui permet d'éviter les mots plus anciens et inadéquats comme «science», «discipline», «théorie», etc. Les conditions, auxquelles les éléments de ces formations seront soumis, seront appelées *règles de formation*. Foucault se propose de mettre à l'épreuve ces nouveaux concepts en les appliquant aux domaines de la médecine, de l'économie et de la grammaire, qu'il avait étudiés dans ses précédents travaux. Ceci lui permettra de voir ce qui lui manque encore pour donner une formulation claire à la théorie du discours historique. Il n'est d'ailleurs pas impossible que les unités mises à l'écart dès le départ, par rigueur méthodologique, soient abandonnées pour de bon. Foucault envisage alors — et non sans plaisir — la perspective morne que son attitude iconoclaste ouvre à ceux qui ont une conception traditionnelle de l'histoire.

> Tout ce qui, jusqu'alors, veillait à la sauvegarde de l'historien et l'accompagnait jusqu'au crépuscule (le destin de la rationalité et

> la téléologie des sciences, le long travail continu de la pensée à travers le temps, l'éveil et le progrès de la conscience, sa perpétuelle reprise par elle-même, le mouvement inachevé mais ininterrompu des totalisations, le retour à une origine toujours ouverte, et finalement la thématique historico-transcendantale), tout cela ne risque-t-il pas de disparaître, — dégageant pour l'analyse un espace blanc, indifférent, sans intériorité ni promesse ? (AS, 54).

Foucault considère alors le cas d'une formation discursive particulière, la psychopathologie. Il se demande comment un tel objet du discours se constitue et quelles en sont précisément les règles de formation. Il en nomme trois. Il y a d'abord les *surfaces d'émergence*, c'est-à-dire les domaines sociaux et culturels dans lesquels apparaît une formation discursive particulière. En ce qui concerne la psychopathologie du dix-neuvième siècle, il s'agissait de la famille, du groupe social proche, du milieu de travail et de la communauté religieuse. Toutes ces institutions comportaient en effet un seuil de tolérance envers le comportement de l'individu. Si on le dépassait, on était considéré comme fou et interné. Dès lors, la responsabilité de l'explication, sinon des soins et de la guérison, incombait à la médecine. Aucun de ces domaines n'était nouveau au dix-neuvième siècle; cependant, chacun d'entre eux était organisé d'une façon plus stricte et plus réglée qu'auparavant. De plus ils se combinaient avec des surfaces d'émergence nouvelles, notamment la sexualité et la pénalité. La première, avec l'apparition des concepts de norme et de déviation, devint un objet d'observation et d'analyse médicale; il en fut de même pour la seconde lorsque le comportement criminel, qui avait toujours été distingué de la folie, commença à être considéré comme une forme de déviance plus ou moins liée à celle-ci. Un second type de règles de formation sont celles constituées par les pratiques des *instances de délimitation*. En ce qui concerne la psychopathologie, la plus importante de celles-ci était évidemment la profession médicale, en tant que corps institutionnel possédant une autorité et un certain savoir, reconnus par l'opinion publique, la législation et le gouvernement. Cependant, la loi, dans la mesure où elle attribuait des responsabilités, et l'église, dans la mesure où il lui incombait de séparer le mystique du pathologique, jouaient aussi un rôle. Le troisième type de règle de formation que distingue Foucault, ce sont les *grilles de spécification*; celles-ci permettent de spécifier les différents types de folie, et d'établir des liens entre eux dans le discours psychiatrique. Parmi ces grilles, il y a l'âme (conçue comme un ensemble de facultés), le corps (en tant que système d'organes inclus dans un volume tridimensionnel), la vie et l'histoire de l'individu (comme suite linéaire de phases). Cependant, ces trois règles de formation ne fournissent pas des objets pleinement achevés, que le discours psychopathologique n'aurait plus qu'à nommer et à classifier. En réalité, les objets du discours et le discours lui-même émergent en même temps, au cours d'un même développement. De même, les trois types de règles mentionnés n'existent pas isolément, mais interagissent d'une façon extrêmement complexe pour former les conditions de possibilité du discours. Ceci signifie «qu'on ne peut pas parler à n'importe quelle époque de n'importe quoi; il n'est pas facile de dire quelque chose de nouveau; il ne suffit pas d'ouvrir les yeux, de faire attention... pour que de nouveaux objets, aussitôt, s'illuminent, et qu'au ras du sol ils poussent leur première clarté». Cette difficulté n'est pas seulement négative: elle nous donne les conditions mêmes d'apparition d'objets nouveaux. Néanmoins, ces relations — entre institutions, processus sociaux et économiques, croyances et pratiques, etc. — ne sont pas présents dans l'objet lui-même: elles ne le constituent pas. De plus, l'objet d'un discours ne doit évidemment pas être confondu avec ce que les linguistes appellent le référent, la chose réelle à laquelle renvoie le signe verbal. Le discours ne parle pas des objets, il les constitue.

> On ne cherche pas à savoir qui était fou à telle époque, en quoi consistait sa folie, ni si ses troubles étaient bien identiques à ceux qui nous sont familiers aujourd'hui. On ne se demande pas si les sorciers étaient des fous ignorés et persécutés, ou si, à un autre moment, une expérience mystique ou esthétique n'a pas été indûment médicalisée. (AS, 64).

Foucault ne nie pas la possibilité d'une telle «histoire du référent», mais son but est tout autre: se passer des «choses» afin que son discours ne devienne pas le «signe d'autre chose».

A ce stade de son enquête, Foucault n'a pas encore déterminé ce qui lie les différents types d'énoncés qui constituent un discours comme celui de la médecine au dix-neuvième siècle. Avant de s'atteler à cette tâche, il abandonne l'énoncé pour se consacrer à l'énonciation dans une section intitulée «la formation des modalités énonciatives». Il fait remarquer que ces trois mots clés ont une racine commune et que l'adjectif se situe à la charnière des deux autres. Par énoncé, Foucault entend quelque chose qui n'est ni la «proposition» (trop liée à la logique et suggérant un sens sous-jacent), ni la «phrase» (concept trop lié à la grammaire et à la linguistique). Le premier sacrifie la forme, le second le contenu. Cependant, lorsqu'il tente de définir l'énoncé, il insiste sur les différences cruciales qui le distinguent de ces deux autres concepts. Quant au terme «énonciation», il l'emploie non pas pour désigner les mots, dits ou écrits, mais l'acte même de les dire ou de les écrire, leur contexte d'apparition, le statut, la position de leur auteur. Par «modalité énonciative», Foucault entend les lois qui sont sous-jacentes à la formation des choses. Ces lois concernent le statut de celui qui parle («la parole médicale ne peut pas venir de n'importe qui; sa valeur, son efficacité, ses pouvoirs thérapeutiques eux-mêmes... ne sont pas dissociables du personnage statutairement défini qui a le droit de l'articuler»); les *emplacements* où le discours est tenu (l'hôpital, le laboratoire, la bibliothèque); les *positions* des sujets du discours médical (en rapport avec le champ perceptif: les nouveaux systèmes d'enregistrement, de description, de classement; les nouvelles formes d'enseignement; les autres institutions). Loin de renvoyer à la synthèse effectuée par un sujet unificateur, ces différents statuts, emplacements et positions du discours manifestent sa dispersion. L'unité d'une pratique discursive n'est pas donnée par les subjectivités conscientes, mais par un système de relations préalables et externes à l'activité consciente de l'individu.

Qu'est-ce alors qu'un «énoncé»? Ce n'est ni une proposition, ni une phrase, ni même l'unité ou l'atome du discours. Ce n'est pas tant un élément parmi d'autres qu'une fonction qui opère verticalement, coupant au travers des séries horizontales de signes qui l'incarnent. Une phrase appartient à un texte et est définie par les lois de la langue. Une proposition fait partie d'un argument plus étendu et est gouvernée par les lois de la logique. Un énoncé appartient à une formation discursive, et est défini par elle. Les rapports qu'il entretient avec son sujet sont tout à fait différents de ceux qui existent entre un sujet et une proposition ou une phrase.

> Il ne faut donc pas concevoir le sujet de l'énoncé comme identique à l'auteur de la formulation. Ni substantiellement, ni fonctionnellement. Il n'est pas en effet cause, origine ou point de départ de ce phénomène qu'est l'articulation écrite ou orale d'une phrase; il n'est point non plus cette visée significative qui, anticipant silencieusement sur les mots, les ordonne comme le corps visible de son intuition... Il est une place déterminée et vide qui peut être effectivement remplie par des individus différents; mais cette place, au lieu d'être définie une fois pour toutes et de se maintenir telle quelle tout au long d'un texte, d'un livre ou d'une œuvre, varie — ou plutôt elle est assez variable pour pouvoir soit persévérer, identique à elle-même, à travers plusieurs phrases, soit pour se modifier avec chacune... Décrire une formulation en tant qu'énoncé ne consiste pas à analyser les rapports entre l'auteur et ce qu'il a dit (ou voulu dire, ou dit sans le vouloir), mais à déterminer quelle est la position que peut et doit occuper tout individu pour en être le sujet. (AS, 125-6).

Un énoncé, dans la mesure où il ne peut fonctionner isolément, diffère aussi d'une phrase ou d'une proposition. Celles-ci ne peuvent en effet constituer un énoncé qu'au sein d'un domaine associé, d'un tout complexe formé de toutes les autres formulations parmi lesquelles cet énoncé apparaît et dont il est un élément («le jeu de répliques formant une conversation, l'architecture d'une démonstration, bornée par ses prémisses d'une part, sa conclusion de l'autre, la suite des affirmations qui consituent un récit»). Cette trame ne comprend pas seulement ces contextes immédiats et apparents, mais d'autres encore: les formulations passées auxquelles l'énoncé renvoie, même implicitement; celles qu'il rend possible dans le futur. Enfin, un énoncé doit exister matériellement. Mais cette matérialité ne lui est pas ajoutée après sa formation: elle fait partie de sa constitution même. Une phrase composée des mêmes mots n'induit pas le même énoncé selon qu'elle est dite dans une conversation ou imprimée dans un roman. Une énonciation se produit dès le moment où un ensemble de signes est émis. Par définition elle ne peut être répétée. Un énoncé, par contre, peut être répété dans certaines conditions. Mais dans d'autres la répétition d'une formulation identique constitue un nouvel énoncé.

> Cette matérialité répétable qui caractérise la fonction énonciative fait apparaître l'énoncé comme un objet spécifique et paradoxal, mais comme un objet tout de même parmi tous ceux que les hommes produisent, manipulent, utilisent, transforment, échan-

> gent, combinent, décomposent et recomposent, éventuellement détruisent. Au lieu d'être une chose dite une fois pour toutes — et perdue dans le passé comme la décision d'une bataille, une catastrophe géologique ou la mort d'un roi — l'énoncé, en même temps qu'il surgit dans sa matérialité, apparaît avec un statut, entre dans des réseaux, se place dans des champs d'utilisation, s'offre à des transferts et à des modifications possibles, s'intègre à des opérations et à des stratégies où son identité se maintient ou s'efface. Ainsi l'énoncé circule, sert, se dérobe, permet ou empêche de réaliser un désir, est docile ou rebelle à des intérêts, entre dans l'ordre des contestations et des luttes, devient thème d'appropriation ou de rivalité. (AS, 138).

Les énoncés sont soumis aux conditions de *rareté*, d'*extériorité* et de *cumul*. En général, le discours est analysé de telle sorte que les différents textes s'organisent en une seule figure, en accord avec les institutions et les pratiques de l'époque, et exprimant une période entière. Par conséquent, sous la diversité du dit, l'on découvre « une sorte de grand texte uniforme » qui révèle pour la première fois ce que les hommes avaient vraiment « voulu dire ». Puisque ce sens implicite est le résultat d'un acte individuel d'interprétation, une seule formulation manifeste peut donner lieu à une pléthore de sens caché. Entre ces pôles opposés de l'analyse interprétative, par lesquelles la pluralité est réduite au singulier et inversement, l'analyse de Foucault se tient au niveau du dit, au niveau des quelques énoncés possibles par rapport au nombre illimité des phrases et propositions potentielles. Foucault appelle cette condition de l'énoncé la « rareté ».

> Ainsi conçu, le discours cesse d'être ce qu'il est pour l'attitude exégétique: trésor inépuisable d'où on peut toujours tirer de nouvelles richesses, et chaque fois imprévisibles... il apparaît comme un bien — fini, limité, désirable, utile — qui a ses règles d'apparition, mais aussi ses conditions d'appropriation et de mise en œuvre. (AS, 158).

Foucault ajoute ensuite que ce « bien » se présente d'emblée et par sa nature même comme un enjeu de pouvoir, de lutte politique. Plutôt que de poser une intériorité dont on pourrait déduire, par intuition, l'intention ou l'expression d'une subjectivité fondatrice et transcendantale, Foucault, dans son analyse du discours, situe les énoncés dans la dispersion d'une *extériorité*. De même, il ne considère pas la survivance des énoncés comme une forme de mémoire, ou comme les traces d'une origine perdue, mais comme un *cumul*, soumis en permanence à la réactivation, l'oubli, et même la destruction.

Dans l'examen, auquel se livre Foucault, des conditions qui gouvernent la production des énoncés, apparaissent trois termes étroitement apparentés qui nécessitent une définition: la *positivité*, l'*a priori historique* et l'*archive*. La *positivité* d'un discours ou d'une discipline, c'est ce qui en caractérise l'unité pendant un laps de temps spécifique. C'est ce qui nous permet de dire, par exemple, que Buffon et Linné parlaient de «la même chose», ou s'opposaient «sur le même champ de bataille». De même, c'est ce qui nous empêche de dire que Darwin traitait du même sujet que Diderot. Il s'agit d'un «espace limité de communication», moins étendu qu'une «science», avec son long développement historique, mais plus important qu'un simple jeu «d'influences». Ce qui produit cette positivité, ce qui la rend possible, Foucault l'appelle l'*a priori historique*. Il admet que la juxtaposition de ces deux termes est «criante». L'adjectif est nécessaire parce que l'expression décrit non pas «une condition de validité pour des jugements mais une condition de réalité pour des énoncés». On peut la définir comme le groupe de règles qui caractérisent une pratique discursive — règles qui ne sont pas imposées de l'extérieur, mais qui sont inhérentes à son fonctionnement. Foucault appelle *archive* les systèmes d'énoncés produits par les différentes positivités en accord avec les a priori historiques. Celle-ci n'est pas, comme pourrait le suggérer son nom, un dépôt inerte d'énoncés passés, conservés en vue d'un emploi futur, mais le système même qui permet l'émergence des énoncés. L'archive d'une société ne peut être décrite exhaustivement, ni même celle d'une époque. De plus, il nous est tout à fait impossible de décrire l'archive de notre propre temps, puisque ce sont ses règles mêmes qui nous permettent de parler, qui délimitent le champ de ce que nous pouvons dire.

Foucault dresse alors un bilan provisoire. En tentant de replacer les unités anciennes du discours — œuvre, auteur, livre, thème — il a mis en place une «machinerie bizarre», dont il admet lui-même qu'elle est «embarrassante». Quelle est finalement cette nouvelle forme d'analyse que, «par un jeu peut-être bien solennel», il a baptisé «archéologie»? Est-elle suffisamment différente de l'histoire des idées pour justifier un nouveau nom et un «arsenal» d'armes nouvelles? Foucault le croit certainement. Cependant, ses travaux postérieurs montrent que tous ces termes nouveaux, quoi qu'ils restent implicites dans ses méthodes d'analyse, n'apparaissent qu'à peine à la surface du texte. Quant à l'histoire des idées, cet «objet incertain aux frontières mal dessinées», elle fonctionne de deux façons.

> Elle raconte l'histoire des à-côtés et des marges. Non point l'histoire des sciences, mais celle de ces connaissances imparfaites, mal fondées, qui n'ont jamais pu atteindre tout au long d'une vie obstinée la forme de la scientificité (histoire de l'alchimie plutôt que de la chimie, des esprits animaux ou de la phrénologie plutôt que de la physiologie, histoire des thèmes atomistiques et non de la physique). Histoire de ces philosophies d'ombre qui hantent les littératures, l'art, les sciences, le droit, la morale et jusqu'à la vie quotidienne des hommes; histoire de ces thématismes séculaires qui ne se sont jamais cristallisés dans un système rigoureux et individuel, mais qui ont formé la philosophie spontanée de ceux qui ne philosophaient pas... Analyse des opinions plus que du savoir, des erreurs plus que de la vérité, non des formes de pensée mais des types de mentalité. (AS, 179).

Mais elle se donne aussi pour but de franchir les frontières des disciplines existantes, d'établir des liens entre elles, de les réinterpréter de l'extérieur. Elle montre comment les systèmes et les œuvres de la science, de la philosophie et de la littérature émergent de l'expérience immédiate, non réfléchie d'une époque; comment ces systèmes éclatent, disparaissent ou se recomposent selon des schémas nouveaux; comment les thèmes et les idées se transmettent entre les différents domaines d'une époque à une autre. Elle décrit le cheminement de notions vaguement formulées qui deviennent philosophie, science ou littérature. Elle est dominée par trois grands thèmes: la genèse, la continuité et la totalisation. L'archéologie, par contre, est «l'abandon de l'histoire des idées, le refus systématique de ses postulats et de ses procédures, une tentative pour faire une tout autre histoire de ce que les hommes ont dit».

Foucault propose alors quatre principes méthodologiques distinctifs de l'entreprise archéologique. Ils concernent respectivement l'assignation de nouveauté, l'analyse des contradictions, les descriptions comparatives et le repérage des transformations.

L'histoire des idées envisage le discours en termes binaires: ancien ou nouveau, traditionnel ou original, ordinaire ou exceptionnel. Il y a des formulations valorisées par leur rareté, qui servent de modèles, et d'autres qui sont ordinaires, quotidiennes, dérivées. Pour décrire les premières, l'histoire des idées parle d'inventions, de changements, de transformations, de l'émergence de la vérité qui s'arrache à l'erreur. Pour les secondes elle considère ce que les énoncés ont en commun, elle étudie leur contribution à la « lente accumulation du passé », à la « sédimentation silencieuse des choses dites ». Cependant, cette approche pose deux problèmes méthodologiques. Elle présuppose la possibilité d'établir une seule série homogène dans laquelle chaque formulation recevrait une position unique et datée, alors que l'apparition d'une formulation avant une autre ne permet pas de distinguer l'originale de sa répétition. De même, les ressemblances existant entre différentes formulations ne sont ni un indice d'originalité, ni de banalité.

> Il n'est donc pas légitime de demander, à brûle-pourpoint, aux textes qu'on étudie leur titre à l'originalité, et s'ils ont bien ces quartiers de noblesse qui se mesurent ici à l'absence d'ancêtres... Mais chercher dans le grand amoncellement du déjà-dit le texte qui ressemble « par avance » à un texte ultérieur, fureter pour retrouver, à travers l'histoire, le jeu des anticipations ou des échos, remonter jusqu'aux germes premiers ou redescendre jusqu'aux dernières traces, faire ressortir tour à tour à propos d'une œuvre sa fidélité aux traditions ou sa part d'irréductible singularité, faire remonter ou descendre sa cote d'originalité, dire que les grammairiens de Port-Royal n'ont rien inventé du tout, ou découvrir que Cuvier avait plus de prédécesseurs qu'on ne croyait, ce sont là des amusements sympathiques, mais tardifs, d'historiens en culottes courtes... L'archéologie n'est pas à la quête des inventions... Ce qu'elle cherche dans les textes de Linné ou de Buffon, de Petty ou de Ricardo, de Pinel ou de Bichat, ce n'est pas à établir la liste des saints fondateurs; c'est à mettre au jour la régularité d'une pratique discursive. Pratique qui est à l'œuvre, de la même façon, chez tous leurs successeurs les moins originaux, ou chez tels de leurs prédécesseurs; et pratique qui rend compte dans leur œuvre elle-même non seulement des affirmations les plus originales (et auxquelles nul n'avait songé avant eux) mais de celles qu'ils avaient reprises, recopiées même chez leurs prédécesseurs. Une découverte n'est pas moins régulière, du point de vue énonciatif, que le texte qui la répète et la diffuse; la régularité n'est pas moins

opérante, n'est pas moins efficace et active, dans une banalité que dans une formation insolite. (AS, 187-9).

L'histoire des idées attribue généralement une certaine cohérence aux discours qu'elle analyse. Si celle-ci n'apparaît pas à un niveau manifeste, elle invoquera une unité cachée à un niveau plus profond, que ce soit dans l'organisation interne d'un texte, dans le développement d'une œuvre, ou dans l'esprit d'une période, d'une société ou d'une civilisation. D'autre part, il se peut que l'histoire des idées découvre une contradiction unique et fondamentale à l'origine du système. Une telle contradiction ne sera pas considérée comme une apparence ou un accident du discours. Elle constituera au contraire la loi même de son existence, le principe de son historicité. Pour l'analyse archéologique, par contre, les contradictions ne sont pas des apparences qu'il faut vaincre, ni des principes secrets à démasquer. Ce sont des objets qui méritent en tant que tels une description. Foucault donne un exemple : la « contradiction » entre le principe « fixiste » de Linné et les formulations « évolutionnistes » de Buffon, Diderot, Bordeu, Maillet, etc. Pour ces deux positions, la théorie de la structure ne constitue pas un postulat commun, qui réduit à un rang secondaire le conflit entre évolutionnisme et fixisme, mais bien le principe même de leur incompatibilité, la loi qui gouverne leur coexistence.

L'analyse archéologique fait intervenir la comparaison des formations discursives entre elles et avec les pratiques non discursives qui les entourent (les institutions, les événements politiques, les processus sociaux et économiques). *Les mots et les choses* constitue un exemple du premier type, une comparaison de différentes formations discursives à une certaine époque. Pourtant, il ne s'agit pas de reconstruire sur cette base une image complète de la science ou de l'esprit classique, ni de montrer que l'homme du dix-huitième siècle s'intéressait plus à l'ordre, à la classification et aux signes qu'à l'histoire, au développement et à la causalité. Le seul but visé est la mise à jour d'un certain nombre de relations spécifiques existant entre un ensemble limité de formations discursives. Elles ne sont d'ailleurs valables que pour les trois positivités étudiées, qui forment une « configuration interdiscursive ». Celle-ci est à son tour liée d'une part à l'analyse de la représentation, de la théorie générale des signes et de « l'idéologie », et d'autre part aux mathématiques et à la tentative d'établir une *mathésis*. Par conséquent, une critique du travail de Foucault, basée sur le fait que les données tirées de telle ou telle discipline en aurait invalidé les conclusions, n'a aucune portée. C'est par choix que Foucault limite son analyse, et exclut délibérément toute *analyse totale*. Ce qu'il décrit, c'est une interpositivité existant entre trois formations discursives spécifiques. Si l'on avait substitué une autre discipline (la critique biblique ou la théorie des beaux-arts, par exemple) à l'une des trois, ou si l'on en avait ajouté une quatrième, l'on aurait obtenu une configuration interdiscursive plus ou moins différente.

L'archéologie analyse aussi les relations entre pratiques discursives et ce que Foucault appelle les pratiques non discursives. Cependant, de même qu'il ne s'agissait pas, en comparant les différentes formations discursives, d'établir une unité culturelle pour une époque entière, il ne s'agit pas non plus ici de découvrir de grandes continuités culturelles ni des mécanismes de causalité. Et Foucault prend des exemples en se référant à *La naissance de la clinique*. Ceux-ci sont en eux-mêmes d'une importance particulière, dans la mesure où ils touchent à l'une des contributions les plus fondamentales de sa théorie du discours, à savoir la tentative de mettre à jour un système qui établisse une articulation entre les pratiques discursives et non discursives, tout en évitant l'échec que serait la simple mention d'homologies ou de coïncidences, et le succès fallacieux de certaines analyses d'inspiration marxiste, selon lesquelles les formations discursives résultent des non discursives dont elles sont l'expression. Foucault connaît évidemment la tentative d'Althusser, son ancien professeur et collègue, qui essaya de sauver la théorie de la détermination en remplaçant le modèle à deux niveaux (base et superstructure) par un certain nombre d'instances semi-autonomes liées par une réciprocité causale. Mais Althusser ne travaille jamais qu'à un niveau abstrait, et les études concrète des marxistes, comme ils sont eux-mêmes les premiers à le dire, restent tout aussi réductionnistes qu'auparavant. En tout cas, la reprise par Althusser de la célèbre « détermination en dernière instance » (dont Engels fit remarquer malicieusement qu'étant dernière, on ne l'atteignait presque jamais) s'est avéré être pour beaucoup la dernière étape de l'abandon de cette notion et non sa grâce. Foucault s'était d'ailleurs fait attaquer par certains marxistes qui avaient lu *Les mots et les choses*, pour avoir ignoré les pratiques sociales et économiques de l'époque (comme s'il s'agissait d'une négligence et non d'un choix explicite et délibéré). Pourtant, dès *La naissance de la clinique*, il avait montré comment on pouvait lier les pratiques discursives et non discursives d'une même époque. De plus, toute l'œuvre postérieure de Foucault sera une exploration plus approfondie de cette relation. Confrontée aux changements qui ont opéré dans la médecine aux environs de 1800, une analyse de type causal consisterait

> à chercher dans quelle mesure les changements politiques, ou les processus économiques, ont pu déterminer la conscience des hommes de science — l'horizon et la direction de leur intérêt, leur système de valeurs, leur manière de percevoir les choses, le style de leur rationalité; ainsi, à une époque où le capitalisme industriel commençait à recenser ses besoins de main-d'œuvre, la maladie a pris une dimension sociale : le maintien de la santé, la guérison, l'assistance aux malades pauvres, la recherche des causes et des foyers pathogènes, sont devenus une charge collective que l'Etat doit, pour une part, prendre à son compte et, pour une autre, surveiller. De là suivent la valorisation du corps comme instrument de travail, le souci de rationaliser la médecine sur le modèle des autres sciences, les efforts pour maintenir le niveau de santé d'une population, le soin apporté à la thérapeutique, au maintien de ses effets, à l'enregistrement des phénomènes de longue durée. (AS, 212-3).

Une analyse archéologique situerait le problème d'une façon plutôt différente.

> Si l'archéologie rapproche le discours médical d'un certain nombre de pratiques, c'est pour découvrir des rapports beaucoup moins «immédiats» que l'expression, mais beaucoup plus directs que ceux d'une causalité relayée par la conscience des sujets parlants. Elle veut montrer non pas comment la pratique politique a déterminé le sens et la forme du discours médical, mais comment et à quel titre elle fait partie de ses conditions d'émergence, d'insertion et de fonctionnement. Ce rapport peut être assigné à plusieurs niveaux. A celui d'abord de la découpe et de la délimitation de l'objet médical : non pas, bien sûr, que ce soit la pratique politique qui depuis le début du XIX<sup>e</sup> siècle ait imposé à la médecine de nouveaux objets comme les lésions tissulaires ou les corrélations anatomo-physiologiques; mais elle a ouvert de nouveaux champs de repérage des objets médicaux (ces champs sont constitués par

la masse de la population administrativement encadrée et surveillée, jaugée selon certaines normes de vie et de santé, analysée selon des formes d'enregistrement documentaire et statistique; ils sont constitués aussi par les grandes armées populaires de l'époque révolutionnaire et napoléonienne, avec leur forme spécifique de contrôle médical; ils sont constitués encore par les institutions d'assistance hospitalière qui ont été définies, à la fin du XVIII$^e$ siècle et au début du XIX$^e$ siècle, en fonction des besoins économiques de l'époque, et de la position réciproque des classes sociales). Ce rapport de la pratique politique au discours médical, on le voit apparaître également dans le statut donné au médecin qui devient le titulaire non seulement privilégié mais quasi exclusif de ce discours, dans la forme de rapport institutionnel que le médecin peut avoir au malade hospitalisé ou à sa clientèle privée, dans les modalités d'enseignement et de diffusion qui sont prescrites ou autorisées pour ce savoir. Enfin on peut saisir ce rapport dans la fonction qui est accordée au discours médical, ou dans le rôle qu'on requiert de lui, lorsqu'il s'agit de juger des individus, de prendre des décisions administratives, de poser les normes d'une société... Il ne s'agit donc pas de montrer comment la pratique politique d'une société donnée a constitué ou modifié les concepts médicaux et la structure théorique de la pathologie; mais comment le discours médical comme pratique s'adressant à un certain champ d'objets, se trouvant entre les mains d'un certain nombre d'individus statutairement désignés, ayant enfin à exercer certaines fonctions dans la société, s'articule sur des pratiques qui lui sont extérieures et qui ne sont pas elles-mêmes de nature discursive... Si dans cette analyse, l'archéologie suspend une pareille analyse causale, si elle veut éviter le relais nécessaire par le sujet parlant, ce n'est pas pour assurer l'indépendance souveraine et solitaire du discours; c'est pour découvrir le domaine d'existence et de fonctionnement d'une pratique discursive. En d'autres termes, la description archéologique des discours se déploie dans la dimension d'une histoire générale; elle cherche à découvrir tout ce domaine des institutions, des processus économiques, des rapports sociaux sur lesquels peut s'articuler une formation discursive; elle essaie de montrer comment l'autonomie du discours et sa spécificité ne lui donnent pas pour autant un statut de pure idéalité et de totale indépendance historique; ce qu'elle veut mettre au jour, c'est ce niveau singulier où l'histoire peut donner lieu à des types définis de discours, qui ont eux-mêmes leur type propre d'historicité, et qui sont en relation avec tout un ensemble d'historicités diverses. (AS, 213-5).

**Enfin, l'analyse archéologique est une description du changement. Mais il ne suffit pas simplement de constater celui-ci et de le mettre en rapport avec un modèle esthétique ou théologique**

de création (transcendance, originalité, invention), ou avec un modèle psychologique de la prise de conscience, ou encore avec le modèle biologique de l'évolution. Le concept indifférencié de changement, qu'il soit conçu comme contenant général de tous les événements ou comme principe abstrait de leur succession, doit être remplacé par une analyse des différents types de *transformations*. Cependant, établir des discontinuités n'est pas une fin en soi. Pour l'histoire des idées, la différence est signe d'échec: elle est un résidu que l'historien n'a pas pu réduire. L'archéologie, par contre, s'assigne comme objet de description ce que l'on considère généralement comme un obstacle; son but n'est pas de surmonter les différences, mais de les analyser. Selon Foucault, ceux qui disent que ces différences sont inventées de toutes pièces n'ont jamais ouvert *La nosographie philosophique* de Pinel ni *Le traité des membranes* de Bichat. L'archéologie essaie donc simplement d'examiner ces différences. Elle ne tente pas de découper le flot continu de l'histoire en systèmes synchroniques figés entre deux transformations. Elle respecte ce qu'elle trouve: l'existences de règles de formation communes à un certain nombre de positivités au cours d'une certaine période. Dans tous les cas, Foucault rapporte dans les moindres détails tous les glissements mineurs et les changements qui se produisent au sein de l'interdiscursivité mise à jour. L'archéologie n'affirme pas non plus qu'il y a renouvellement complet des objets, des concepts et des choix théoriques chaque fois qu'une formation discursive se substitue à une autre. Certains éléments discursifs peuvent en effet rester inchangés dans la nouvelle formation.

Dans le chapitre final, Foucault examine la portée et les limitations possibles de l'entreprise archéologique. Celle-ci n'a pas à tenir compte de la distinction entre science et non-science. Elle n'occupe pas un domaine antérieur et extérieur au scientifique: ni celui des pseudo-sciences (comme la psychopathologie), ni celui des sciences à leur stade préhistorique (comme l'histoire naturelle), ni celui des sciences imprégnées d'idéologie (comme l'économie politique). Ses critères ne sont ni ceux de la scientificité, ni ceux de la vérité. Elle établit des distinctions non pas de valeur, mais de fonction, entre les disciplines «scientifiques» et «non scientifiques». En effet, les pratiques discursives donnent lieu à un «savoir», qu'elles aspirent ou non au statut de science.

Le territoire de l'archéologie s'étend aussi bien aux textes littéraires ou philosophiques que scientifiques. Mais il ne faut pas juger les connaissances non scientifiques selon les critères de la science, ni les considérer comme erronées, trompeuses et intéressées (comme le fait Althusser avec son concept « d'idéologie »). Les sciences, par contre, sont totalement imprégnées d'idéologie et elles ne réduisent pas leurs relations avec celle-ci en rectifiant leurs erreurs.

Dans le « dialogue » sur lequel s'achève l'ouvrage, Foucault interroge un adversaire imaginaire.

> Quelle est donc cette peur qui vous fait répondre en termes de conscience quand on vous parle d'une pratique, de ses conditions, de ses règles, de ses transformations historiques ? Quelle est donc cette peur qui vous fait rechercher, par-delà toutes les limites, les ruptures, les secousses, les scansions, la grande destinée historico-transcendantale de l'Occident ?

Il répond à sa propre question par ces mots plutôt énigmatiques :

> A cette question, je pense bien qu'il n'y a guère de réponse que politique. Tenons-la, pour aujourd'hui, en suspens. Peut-être faudra-t-il bientôt la reprendre et sur un autre mode. (AS, 273).

Il est significatif que *L'archéologie du savoir*, qui est, d'une certaine façon, le point culminant de la première partie de l'œuvre de Foucault, se termine sur un ton aussi prophétiquement politique.

# DEUXIEME PARTIE
# LA GENEALOGIE DU POUVOIR

# 1. Discours, pouvoir, savoir

*L'archéologie du savoir* fut achevé avant les événements de mai 1968 auxquels Foucault ne participa pas, et dont il ne fut même pas témoin. Mais, comme beaucoup d'intellectuels français, il fut profondément affecté par l'intensité et la généralité des remises en question qui s'ensuivirent. Ces événements ne furent sans doute pas aussi étonnants pour Foucault que pour la plupart. En effet, s'il y eut un choc, ce fut pour lui un choc de reconnaissance. De plus, il ne s'était pas attendu à un «succès», et ne fut donc pas désillusionné par «l'échec». Aux yeux d'un grand nombre de participants et d'ennemis du mouvement, le succès aurait signifié que le «peuple» s'empare du pouvoir. Sur ce point, l'échec était assuré, comme le virent clairement les communistes qui ne tentèrent pas de contrôler les événements. Dans la mesure où ceux qui participaient croyaient à un succès de ce genre, ils étaient prisonniers d'une rhétorique démodée de «révolution». Par contre, ce qui était véritablement révolutionnaire, c'était de constater que le pouvoir de l'Etat n'était pas suffisamment centralisé pour qu'on puisse s'en emparer, que l'Etat était partout et que, conséquemment, la révolution devait être permanente et partout présente. Quant à l'aspect positif des événements de mai, ce fut la découverte, par de petits groupes de gens, d'une créativité insoupçonnée, d'un potentiel d'invention de nouvelles formes sociales, d'un désir et d'une possibilité de mener leurs propres affaires. Par contre, un succès limité, comme le réclamait la rhétorique du moment, aurait constitué un véritable échec. Il aurait été détourné par les communistes, ou, ce qui revient à peu près au même, arrêté par une répression sanglante. C'est à Pétrograd en 1917 qu'il y eut échec, et non à Paris en 68. Foucault avait déjà tiré ces leçons, comme le montre une conversation remarquable avec Gilles Deleuze publiée dans *L'Arc* en 1972. «Vous avez été le premier, dit Deleuze, à nous apprendre quelque chose de fondamental: l'indignité de parler pour les autres. On se moquait de la représentation, on disait que c'était fini, mais on ne tirait pas la conséquence de cette conversion «théorique» — à savoir que la théorie exigeait que les gens concernés parlent enfin pratiquement pour leur compte» (B5, 5).

Lorsqu'à la suite de mai 68, le gouvernement décida de disperser les facultés du Quartier latin, et d'établir un certain nombre de campus autonomes à la périphérie de la ville, Foucault fut invité à diriger le département de philosophie à Vincennes. Là, dans un ghetto de liberté interne presque totale, on laissa libre cours aux gauchistes, en espérant qu'ils se tiendraient tranquilles et seraient inoffensifs — c'était du moins le but officiel. Mais en fait la vérité était moins simple. Le gouvernement s'était assuré qu'en plus d'un nombre important d'intellectuels de gauche, il y ait beaucoup de communistes. Rapidement, Vincennes devint le lieu d'affrontement des forces «anarchistes» (les gauchistes) et des forces de «l'ordre» (le PC). Ainsi les communistes, qui n'avaient rien compris en mai, purent assumer le rôle qu'ils avaient le mieux appris, en se désignant eux-mêmes comme avant-garde d'un peuple fantôme. Les ressemblances entre l'ordre du PC et celui de l'état gaulliste n'échappaient pas aux gauchistes. Ce qu'ils ne percevaient pas, par contre, c'est à quel point leur prtatique était en avance sur leur théorie. Pendant plus d'une génération, en effet, le discours révolutionnaire avait été à tel point imprégné par le stalinisme du PC que le langage des gauchistes se distinguait à peine de celui des communistes. A cet égard, Foucault était une exception: tout en ayant le plus grand respect pour Marx lui-même, il refusait d'employer, pour la forme, le vocabulaire du parfait marxiste, et n'avait jamais cessé de remettre en question l'utilité du matérialisme historique pour une analyse des formes sociales, économiques et politiques du vingtième siècle. Alors qu'on était, en théorie, libre de dire ce que l'on voulait, mais qu'en pratique tout le monde disait presque la même chose, ne serait-ce que parce que le conformisme était indispensable si l'on voulait avoir la moindre audience, il fallait un esprit courageux pour oser dire du bien de Nietzsche, et encore plus pour lui consacrer tout un cours de philosophie. Ce n'est qu'aujourd'hui qu'une grande partie de la génération de 68 commence à comprendre le message que Foucault avait voulu faire passer. Il n'en est pas moins triste que les soi-disant *nouveaux philosophes*, qui ont découvert le marxisme-léninisme après 1968 — certains ayant glissé en cours de route de Moscou vers Pékin — en arrivent en 1978 à découvrir le christianisme. Les Russes, contraints à vivre leur marxisme-léninisme, ont le droit à l'extrême-onction. Par contre, lorsque des intellectuels parisiens emboîtent le pas, cela ressemble fort à une toquade.

L'essentiel du cours donné à Vincennes allait paraître sous le titre « Nietzsche, la généalogie, l'histoire » dans un recueil collectif d'essais en hommage à Jean Hyppolite. Jusqu'alors, le nom de Nietzsche était plutôt invoqué dans l'œuvre de Foucault comme un signe, comme une référence rapide dans un argument où sa présence était nécessaire, mais non sa voix. Cette présence domine *L'histoire de la folie* et *Les mots et les choses;* elle apparaît même, à un moment crucial, dans les dernières pages de *La naissance clinique*. Pourtant, dans *L'archéologie du savoir*, où Foucault se lance dans une analyse théorique de sa méthode, Nietzsche n'apparaît que dans deux passages, et encore de façon tout à fait auxiliaire. Il est vrai que les rôles principaux, dans cette œuvre, ne sont pas tenus par des noms propres, mais par un appareil conceptuel de noms abstraits. Pourtant, un simple coup d'œil sur l'index révèle plus de cent noms apparaissant plus souvent que celui de Nietzsche. Mais l'on peut soutenir que la présence de Nietzsche imprègne *L'archéologie du savoir*, qu'elle est toujours sous-jacente, rendant inutile toute indication apparente.

Ce qui frappe certainement le lecteur de « Nietzsche, la généalogie, l'histoire », c'est de constater que la description que fait Foucault de la généalogie nietzschéenne, s'applique étroitement à sa propre archéologie. Cependant, l'élément le plus fondamental de la généalogie reste au niveau de l'implicite dans l'archéologie. En effet, dans un entretien de 1977, M. Fontana soulevait la question du pouvoir, et suggérait que Foucault avait été le premier à l'introduire dans l'analyse du discours. Foucault refusa le compliment et ajouta :

> je suis frappé au contraire du mal que j'ai eu à la formuler. Quand j'y repense maintenant, je me dis de quoi ai-je pu parler, par exemple dans l'*Histoire de la Folie* ou dans la *Naissance de la Clinique*, sinon du pouvoir ? Or, j'ai parfaitement conscience de n'avoir pratiquement pas employé le mot et de n'avoir pas eu ce champ d'analyses à ma disposition. Je peux dire qu'il y a eu certainement une incapacité qui était liée à coup sûr à la situation politique dans laquelle nous nous trouvions. (B9, 19).

Un peu avant, dans le même entretien, Foucault admet que cette tendance à ignorer les relations de pouvoir dans le discours l'avait conduit à confondre le « régime discursif » avec « la systématicité, la forme théorique ou quelque chose comme un paradigme ». Il s'agit évidemment ici d'une critique voilée de *L'archéologie du savoir*. En effet, si le fonctionnement du pouvoir est aussi fondamental dans la production du discours, il aurait dû apparaître clairement dans cette œuvre consacrée spécifiquement à l'élaboration de la théorie discursive. En revanche, dans les livres où le discours est décrit en conjonction avec les institutions contemporaines (les études de la folie et de la médecine), l'absence explicite de ce concept est compensée par sa forte présence implicite. Ceci explique clairement pourquoi Foucault n'emploiera plus le terme « archéologie », ni aucun autre de la « panoplie » si péniblement élaborée dans *L'archéologie du savoir*. Cette découverte du rôle du pouvoir dans le discours parut si importante à Foucault qu'il se sentit obligé d'abandonner les termes qu'il avait lui-même forgés pour adopter sans honte le terme nietzschéen de « généalogie ». Deux ans plus tard, dans un autre entretien, on demanda à Foucault de commenter la montée de l'influence de Nietzsche au cours des dix années précédentes, et la mise en question de l'hégémonie de Marx dans l'esprit des intellectiels français. Foucault répondit :

> Nietzsche est celui qui a donné comme cible essentielle, disons au discours philosophique, le rapport de pouvoir. Alors que pour Marx, c'était le rapport de production. Nietzsche est le philosophe du pouvoir, mais qui est arrivé à penser le pouvoir sans s'enfermer à l'intérieur d'une théorie politique pour le faire. Si j'étais prétentieux, je donnerais comme titre général à ce que je fais : généalogie de la morale.

Cependant, dès 1975, Foucault sent les rouages du conformisme entrer en action et n'hésite pas à faire marche arrière.

> Mais me fatigue l'attention qu'on lui prête pour faire sur lui les mêmes commentaires qu'on a fait ou qu'on ferait sur Hegel ou Mallarmé. Moi, les gens que j'aime, je les utilise. La seule marque de reconnaissance qu'on puisse témoigner à une pensée comme celle de Nietzsche, c'est précisément de l'utiliser, de la déformer, de la faire grincer, crier. Alors, que les commentateurs disent si l'on est ou non fidèle, cela n'a aucun intérêt. Maintenant, je reste muet quand il s'agit de Nietzsche. Du temps où j'étais prof, j'ai souvent fait des cours sur lui, mais je ne le ferais plus aujourd'hui. (B8, 33).

Pourtant, même s'il était possible de substituer Foucault à Nietzsche dans le titre « Nietzsche, la généalogie, l'histoire », l'essai n'en demeure pas moins rigoureusement proche du texte de Nietzsche. Il n'y a presque aucune phrase sans citation ni référence.

> La généalogie est grise; elle est méticuleuse et patiemment documentaire. Elle travaille sur des parchemins embrouillés, grattés, plusieurs fois récrits... La généalogie exige donc la minutie du savoir, un grand nombre de matériaux entassés, de la patience. Ses « monuments cyclopéens », elle ne doit pas les bâtir à coup de « grandes erreurs bienfaisantes », mais de « petites vérités sans apparence, établies par une méthode sévère ». Bref, un certain acharnement dans l'érudition. La généalogie ne s'oppose pas à l'histoire comme la vue altière et profonde du philosophe au regard de taupe du savant; elle s'oppose au contraire au déploiement métahistorique des significations idéales et des indéfinies téléologies. Elle s'oppose à la recherche de l'« origine ». (HJH, 145-6).

Cette dernière phrase peut surprendre. Mais, si « tout Nietzsche n'est que l'exégèse de quelques mots grecs » (MC, 311), le Nietzsche de Foucault n'est que l'exégèse de quelques mots allemands. Les guillemets autour du mot « origine » ne sont pas là par hasard. En effet, Foucault met à jour deux significations fort différentes d'un certain nombre de mots allemands qui sont tous traduits par le mot « origine ». Mais il ne s'agit pas seulement d'une confusion de traducteurs entre *Herkunft* (et *Enstehung, Abkunft, Geburt*) d'une part et *Ursprung* de l'autre; ils n'ont pas oublié de les distinguer. C'est plutôt Nietzsche lui-même qui emploie le terme *Ursprung* dans les deux sens, montrant par là son attitude ambivalente face à la notion d'origine. Foucault établit les relations entre ces termes dans sa préface à *La généalogie de la morale*. Nietzsche définit d'abord l'entreprise généalogique comme un examen de l'origine (*Herkunft*) des préjugés moraux. Ensuite, il retrace l'importance qu'a eu pour lui cette question. Il se souvient de s'être posé des questions comme « Dieu doit-il être tenu responsable de l'origine du mal ? ». Aujourd'hui cette question l'amuse, et il la classe comme une quête de l'*Ursprung*.

> Puis il évoque les analyses proprement nietzschéennes qui ont commencé avec *Humain, trop humain*; pour les caractériser, il parle de *Herkunfthypothesen*. Or ici l'emploi du mot *Herkunft* n'est sans doute pas arbitraire : il sert à désigner plusieurs textes de *Humain, trop humain* consacrés à l'origine de la moralité, de l'ascèse, de la justice et du châtiment. Et pourtant, dans tous ces développements, le mot qui avait été utilisé alors était *Ursprung*. Comme si à l'époque de la *Généalogie*, et en ce point du texte, Nietzsche voulait faire valoir une opposition entre *Herkunft* et *Ursprung*, qu'il n'avait pas fait jouer quelque dix ans auparavant. (HJH, 147).

Foucault continue en analysant les raisons qui ont obligé Nietzsche à établir cette distinction. Dans la quête de l'origine, de l'*Ursprung*,

> on s'efforce d'y recueillir l'essence exacte de la chose, sa possibilité la plus pure, son identité soigneusement repliée sur elle-même, sa forme immobile et antérieure à tout ce qui est externe, accidentel et successif. Rechercher une telle origine, c'est essayer de retrouver « ce qui était déjà », le « cela même » d'une image exactement adéquate à soi; c'est tenir pour adventices toutes les péripéties qui ont pu avoir lieu, toutes les ruses et tous les déguisements; c'est entreprendre de lever tous les masques, pour dévoiler enfin une identité première. Or si le généalogiste prend soin d'écouter l'histoire plutôt que d'ajouter foi à la métaphysique, qu'apprend-il ? Que derrière les choses il y a « tout autre chose » : non point leur secret essentiel et sans date, mais le secret qu'elles sont sans essence, ou que leur essence fut construite pièce à pièce à partir de figures qui lui étaient étrangères. La raison ? Mais elle est née

> d'une façon tout à fait « raisonnable », — du hasard. L'attachement à la vérité et la rigueur des méthodes scientifiques ? De la passion des savants, de leur haine réciproque, de leurs discussions fanatiques et toujours reprises, du besoin de l'emporter, — armes lentement forgées au long des luttes personnelles. Et la liberté, serait-elle, à la racine de l'homme, ce qui le lie à l'être et à la vérité ? En fait, elle n'est qu'une « invention des classes dirigeantes ». Ce qu'on trouve, au commencement historique des choses, ce n'est pas l'identité encore préservée de leur origine, — c'est la discorde des autres choses, c'est le disparate. (HJH, 148).

Puis, avec une très grande finesse, Foucault élucide chacun des mots allemands en question. Il constate une attitude ambivalente chez Nietzsche, non seulement envers le concept d'origine, mais aussi en ce qui concerne la notion d'histoire elle-même. Il établit ici un parallèle avec sa propre démarche. Il oppose la *wirkliche Historie* de la généalogie avec une histoire imprégnée des notions métaphysiques suivantes : totalité, identité, commencement, développement et fin (il faut remarquer que *wirkliche* signifie réel ou vrai, mais que *Wirk* a la même source étymologique que *Werk*, le travail). Il montre comment la *wirkliche Historie* déracine toutes les illusions de l'homme sur son immortalité et son immutabilité. Non seulement ses sentiments les plus nobles, mais même son corps, ont une histoire moins qu'honorable. L'on voit aisément le rapport entre ce résumé d'un passage du *Gai savoir* et la prochaine grande œuvre de Foucault, *Surveiller et punir*. De même, cet essai sur Nietzsche se termine sur les mots « la volonté de savoir », titre d'une de ses œuvres suivantes. Ce concept nietzschéen est à la base de toute la pensée future de Foucault.

> En apparence, ou plutôt selon le masque qu'elle porte, la conscience historique est neutre, dépouillée de toute passion, acharnée seulement à la vérité. Mais si elle s'interroge elle-même et si d'une façon plus générale elle interroge toute conscience scientifique dans son histoire, elle découvre alors les formes et transformations de la volonté de savoir qui est instinct, passion, acharnement inquisiteur, raffinement cruel, méchanceté... L'analyse historique de ce grand vouloir-savoir qui parcourt l'humanité fait donc apparaître à la fois qu'il n'y a pas de connaissance qui ne repose sur l'injustice (qu'il n'y a donc pas, dans la connaissance même, un droit à la vérité ou un fondement du vrai) et que l'instinct de connaissance est mauvais (qu'il y a en lui quelque chose de meurtrier, et qu'il ne peut, qu'il ne veut rien pour le bonheur des

hommes). En prenant, comme il le fait aujourd'hui, ses dimensions les plus larges, le vouloir-savoir n'approche pas d'une vérité universelle; il ne donne pas à l'homme une exacte et sereine maîtrise de la nature; au contraire, il ne cesse de multiplier les risques; partout il fait croître les dangers; il abat les protections illusoires; il défait l'unité du sujet; il libère en lui tout ce qui s'acharne à le dissocier et à le détruire. Au lieu que le savoir se détache peu à peu de ses racines empiriques, ou des premiers besoins qui l'ont fait naître, pour devenir pure spéculation soumise aux seules exigences de la raison, au lieu qu'il soit lié dans son développement à la constitution et à l'affirmation d'un sujet libre, il emporte avec soi un acharnement toujours plus grand; la violence instinctive s'accélère en lui et s'accroît; les religions jadis demandaient le sacrifice du corps humain; le savoir appelle aujourd'hui à faire des expériences sur nous-mêmes, au sacrifice du sujet de connaissance. «La connaissance s'est transformée chez nous en une passion qui ne s'effraye d'aucun sacrifice, et n'a au fond qu'une seule crainte, celle de s'éteindre elle-même... La passion de la connaissance fera peut-être même périr l'humanité... (HJH, 170-1).

Il me paraît difficile de refuser cette réévaluation de Nietzsche, mais là n'est pas la question. Comme le dit Foucault, il n'y a aucun intérêt à savoir si les commentateurs considèrent son interprétation de Nietzsche comme fidèle. De même, il est inutile de spéculer sur le rôle de Nietzsche dans sa conception de l'histoire et sur le rôle de celle-ci dans son interprétation de Nietzsche. Il suffit sans doute de constater que la renaissance de Nietzsche dans la pensée française contemporaine doit beaucoup à son rôle actif dans la genèse de la pensée de Foucault.

En 1970, Foucault quitte Vincennes, devenu un champ de bataille dévasté, pour le calme olympien du Collège de France. A quarante-quatre ans il est élu à l'une des positions académiques les plus prestigieuses, à laquelle on n'arrive généralement qu'au terme d'une carrière brillante. Vingt ans auparavant, il avait quitté Paris sans l'intention de revenir ni d'enseigner jamais la philosophie. Deux ans avant, il enseignait à l'Université de Tunis. Son seul poste académique en France avait été Clermont-Ferrand, dont on ne peut pas dire que l'université soit célèbre. Son retour à Paris n'avait été possible qu'à la suite des circonstances exceptionnelles de la création de Vincennes. Le voilà au Collège de France avec dix conférences par an pour seule obligation. *L'ordre du discours*, sa leçon inaugurale, fut publié un an plus tard. Il s'agit d'un chef-d'œuvre d'ironie et de distance vis-à-vis de soi-même : un discours sur le discours, une leçon inaugurale sur les commencements; dans une des institutions les plus vénérables de France, cet écolier qui avait étudié la philosophie parce qu'elle lui promettait le savoir ultime, et qui était aujourd'hui supposé révéler celui-ci, présentait une critique des contraintes institutionnelles qui pèsent sur le discours, non pas du dehors, mais du dedans. Ce maître de tous les débuts choisissait non pas le choc initial, mais la difficulté de commencer.

> Dans le discours qu'aujourd'hui je dois tenir, et dans ceux qu'il me faudra tenir ici, pendant des années peut-être, j'aurais voulu pouvoir me glisser subrepticement. Plutôt que de prendre la parole, j'aurais voulu être enveloppé par elle, et porté bien au-delà de tout commencement possible. J'aurais aimé m'apercevoir qu'au moment de parler une voix sans nom me précédait depuis longtemps : il m'aurait suffi alors d'enchaîner, de poursuivre la phrase, de me loger, sans qu'on y prenne bien garde, dans ses interstices, comme si elle m'avait fait signe en se tenant, un instant, en suspens. (OD, 7).

Plutôt que d'être «celui dont vient le discours», il aurait préféré être «une mince lacune» dans celui-ci, «le point de sa disparition possible». Mais il y a «l'institution», prête à l'aider, à lui montrer comment tenir son rôle, à lui indiquer ce qu'il peut et ce qu'il ne peut pas dire, à lui rappeler que s'il est investi d'un certain pouvoir, ce n'est que par elle seule. Foucault avance alors une hypothèse initiale.

> Dans toute société la production du discours est à la fois contrôlée, sélectionnée, organisée et redistribuée par un certain nombre de procédures qui ont pour rôle d'en conjurer les pouvoirs et les dangers, d'en maîtriser l'événement aléatoire. (OD, 10-11).

Il y a en effet tout un ensemble de «procédures d'exclusion» qui fonctionnent vis-à-vis du discours, la plus évidente étant l'*interdit*.

> On sait bien qu'on n'a pas le droit de tout dire, qu'on ne peut pas parler de tout dans n'importe quelle circonstance, que n'importe qui, enfin, ne peut pas parler de n'importe quoi. (OD, 11).

Ces trois types d'interdit — le tabou de l'objet, le rituel de circonstance, le droit privilégié ou exclusif du sujet qui parle — se croisent et se renforcent, formant une grille complexe qui ne cesse de se modifier. Foucault note que les deux régions où les mailles de cette grille sont les plus resserrées sont la sexualité et la politique,

> comme si le discours, loin d'être cet élément transparent ou neutre dans lequel la sexualité se désarme et la politique se pacifie, était un des lieux où elles exercent, de manière privilégiée, quelques-unes de leurs plus redoutables puissances. Le discours, en apparence, a beau être bien peu de chose, les interdits qui le frappent révèlent très tôt, très vite, son lien avec le désir et avec le pouvoir. (OD, 11-12).

Le second principe d'exclusion de Foucault est celui du partage et du rejet. Or, c'est ce principe qui fonctionnait dans l'opposition entre raison et folie. Le discours du fou n'était pas traité de la même façon que celui de l'homme raisonnable. D'une part, il était considéré comme insignifiant, faux, impuissant : un fou ne pouvait ni signer un contrat, ni permettre la transsubstantiation pendant la messe. D'un autre côté, on lui attribuait des pouvoirs étranges ou des vérités cachées. Ou bien on le rejetait comme déraisonnable, ou bien on lui attribuait une raison spéciale, plus raisonnable que celle des autres. De toute façon, avant la fin du dix-huitième siècle, il n'y eut aucun effort pour recueillir ce discours, même si c'était lui qui permettait de reconnaître le fou. Celui-ci n'était écouté sérieusement que sous une forme symbolique, au théâtre, où le rôle du fou était tenu par un homme raisonnable. Aussi, avant d'ajouter que les choses ont changé, et qu'aujourd'hui une attention immense est portée sur les mots des fous, Foucault nous rappelle que

> tant d'attention ne prouve pas que le vieux partage ne joue plus ; il suffit de songer à toute l'armature de savoir à travers laquelle nous déchiffrons cette parole ; il suffit de songer à tout le réseau d'institutions qui permet à quelqu'un — médecin, psychanalyste — d'écouter cette parole et qui permet en même temps au patient de venir apporter, ou désespérément retenir, ses pauvres mots. (OD, 14-15).

L'opposition du vrai et du faux constitue un troisième système d'exclusion, sans doute un peu curieux. On peut en effet se demander comment les contraintes pesant sur la vérité peuvent être comparées à celles qui sont arbitraires, ou dont la contingence est historique. Au niveau de la proposition, dans un discours particulier, la division entre le vrai et le faux n'est ni arbitraire, ni modifiable, ni institutionnelle, ni violente. Mais, si l'on quitte le domaine de la logique, et que l'on se demande pourquoi, à un niveau généalogique, nous désirons savoir, et sur quel type de division notre savoir se fonde, il émerge alors une sorte de système d'exclusion. En Grèce, au sixième siècle encore, la vérité et le pouvoir d'un discours ne tenaient pas à *ce qui* était dit, mais à *celui qui* le prononçait et à la manière dont il le faisait.

> Le discours vrai pour lequel on avait respect et terreur, celui auquel il fallait bien se soumettre, parce qu'il régnait, c'était le discours prononcé par qui de droit et selon le rituel requis; c'était le discours qui disait la justice... qui, prophétisant l'avenir, non seulement annonçait ce qui allait se passer, mais contribuait à sa réalisation, emportait avec soi l'adhésion des hommes et se tramait ainsi avec le destin. (OD, 17).

Cependant, un siècle plus tard, la vérité la plus haute ne résidait plus dans ce qu'*était* le discours, ni dans ce qu'il *faisait*, mais en ce qu'il *disait*. Pour Foucault, la vérité s'est déplacée de l'acte ritualisé de l'énonciation vers l'énoncé, son sens, et son rapport référentiel au monde. Cette nouvelle division entre le discours du vrai et du faux, signifiait que la vérité n'était plus liée à l'exercice du pouvoir. Notre propre volonté de vérité, malgré toutes les transformations qu'elle a subies, dérive donc en dernière analyse de cette division. La vérité ne s'impose pas à un esprit humain qui serait une entité pure et réceptrice. Elle doit être cherchée. Chacune des grandes mutations du savoir scientifique, celles du début du dix-septième et du dix-neuvième siècle, par exemple, peut être envisagée comme la mise en place d'une forme nouvelle de cette volonté de vérité: nouvelles dispositions des objets d'étude, nouvelles fonctions et positions du sujet connaissant, nouveaux investissements matériels dans la poursuite du savoir. Il y a aussi toute une base institutionnelle sur laquelle fonctionne cette volonté de vérité: ce sont les systèmes éducatifs, les processus de distribution de l'information — bibliothèques, sociétés savantes, laboratoires — de même que les valeurs assignées par les divers systèmes sociaux aux différentes formes de savoir. De plus, la volonté de savoir tend aussi à influencer d'autres discours. Depuis des siècles, la littérature occidentale essaie de se fonder sur les notions de nature, de vraisemblance de sincérité, et même sur la science elle-même —

en bref sur le discours vrai. De même, les pratiques économiques, codifiées sous la forme d'une masse de préceptes, et même d'une morale, cherchent depuis le dix-septième siècle à justifier d'une façon scientifique et rationnelle une théorie des richesses et de la production. Même le système pénal a progressivement relâché ses liens avec la morale religieuse et s'est tourné vers les sciences sociales naissantes à la recherche d'une justification. «Comme si la parole même de la loi ne pouvait plus être autorisée, dans notre société, que par un discours de vérité». De ces trois systèmes d'exclusion analysés par Foucault, c'est le troisième, la volonté de vérité, qui s'est avéré être dominant, incontournable. Pourtant — et peut-être pour cela même — c'est le moins apparent, le moins étudié, comme s'il ne pouvait fonctionner que voilé. Il semblerait donc que le discours vrai ne puisse reconnaître la volonté de vérité qui l'informe, et que cette volonté, qui a dominé la pensée occidentale, est telle qu'elle ne pouvait exister que cachée par la vérité qu'elle poursuit. Ceux qui cherchent à déchirer ce masque — Foucault cite Nietzsche, Artaud, Bataille — sont en général engagés dans une lutte contre les interdits et les définitions de la folie dont ils finissent souvent par devenir les victimes.

Foucault se tourne ensuite vers un nouvel ensemble de procédures de délimitation et de contrôle du discours. A l'opposé des systèmes d'exclusion, qui agissaient de l'extérieur sur le discours, celles-ci fonctionnent en son sein même; elles classifient, ordonnent, distribuent comme pour en maîtriser aussi les dimensions événementielles, imprédictibles. La première de ces procédures, c'est le *commentaire*. En effet, dans la plupart des sociétés, il y a des récits ou textes, de quelques types qu'ils soient, qui font l'objet de variations, de transformations et de commentaires. Dans notre propre culture, ces œuvres «premières» sont de nature religieuse, juridique, littéraire, et, dans une certaine mesure, scientifique. Mais il n'y a aucune distinction stable, absolue, entre ces textes premiers et la masse des textes seconds auxquels ils donnent naissance: ceux-ci ne sont d'ailleurs pas d'un type homogène. Le commentaire juridique est très différent de celui des théologiens ou des scientifiques. En ce qui concerne la littérature, la distinction est presque intenable. Ainsi, une œuvre comme l'*Odyssée* donne lieu à une série de traductions en différentes langues et à diverses époques, ainsi qu'à l'*Ulysse* de Joyce. Tout cet ensemble est prétexte à une masse proliférante de commentaires, qui ont un double rôle : en se basant sur les sens multiples ou cachés attribués aux textes premiers, ils permettent de reconstruire un discours nouveau; parallèlement, ils disent enfin ce qui était articulé silencieusement dans le texte premier. Paradoxalement, le commentaire dit donc «pour la première fois ce qui cependant avait déjà été dit et répète inlassablement ce qui pourtant n'avait jamais été dit».

> Le moutonnement indéfini des commentaires est travaillé de l'intérieur par le rêve d'une répétition masquée : à son horizon, il n'y a peut-être rien d'autre que ce qui était à son point de départ, la simple récitation. Le commentaire conjure le hasard du discours en lui faisant la part : il permet bien de dire autre chose que le texte même, mais à condition que ce soit ce texte même qui soit dit et en quelque sorte accompli. La multiplicité ouverte, l'aléa sont transférés, par le principe du commentaire, de ce qui risquerait d'être dit, sur le nombre, la forme, le masque, la circonstance de la répétition. Le nouveau n'est pas dans ce qui est dit, mais dans l'événement de son retour. (OD, 27-8).

Foucault introduit un deuxième «principe de raréfaction» du discours : la notion «d'auteur», non pas, bien sûr, l'individu qui écrit un texte, mais le «principe de groupement du discours, comme unité et origine de leurs significations, comme foyer de leur cohérence». Dans la majorité des énoncés habituels, le principe d'auteur ne joue pas : même un texte comme un contrat, qui exige une signature, n'a pas d'auteur. Mais dans les domaines où l'attribution à un auteur est de règle — littérature, philosophie, science — celle-ci n'a pas toujours joué le même rôle. Au Moyen Age, elle était indispensable dans le discours scientifique, car elle constituait un critère de vérité et d'authenticité. Mais depuis le dix-septième siècle, cette fonction n'a cessé de s'effacer dans le discours scientifique : le nom propre ne sert qu'à donner un nom commode à une théorie ou à un syndrome. En littérature, en revanche, l'inverse s'est produit. Non seulement nous attachons bien plus d'importance aux questions d'attribution dans les travaux récents, mais nous cherchons les individus cachés sous la masse des travaux anonymes qui circulaient librement au Moyen Age.

> Depuis une certaine époque au moins l'individu qui se met à écrire un texte à l'horizon duquel rôde une œuvre possible reprend à son compte la fonction de l'auteur : ce qu'il écrit et ce qu'il n'écrit pas, ce qu'il dessine, même à titre de brouillon provisoire, comme esquisse de l'œuvre, et ce qu'il laisse va tomber comme propos quotidiens, tout ce jeu de différences est prescrit par la fonction auteur, telle qu'il la reçoit de son époque, ou telle qu'à son tour il la modifie... Le commentaire limitait le hasard du discours par le jeu d'une *identité* qui aurait la forme de la *répétition* et du *même*. Le principe de l'auteur limite ce même hasard par le jeu d'une *identité* qui a la forme de l'*individualité* et du *moi*. (OD, 30-1).

La notion de « discipline » constitue un troisième principe interne de limitation. Celui-ci s'oppose au principe d'auteur, car il forme un système anonyme à la disposition de quiconque veut s'en servir : un ensemble de propositions tenues pour vraies, de règles, de définitions, de techniques et d'instruments. Cependant, le principe de discipline s'oppose aussi à celui du commentaire. Dans une discipline, il n'y a ni identité à répéter, ni sens caché, présupposé dès le départ, et qu'il faut redécouvrir. Pour qu'il y ait discipline, il faut qu'il soit possible de formuler de nouveaux énoncés, de nouvelles propositions. Cependant, une discipline n'est pas simplement la somme de tout ce qui peut être dit de vrai sur un sujet. En effet, chaque discipline comporte aussi des erreurs, qui ne sont pas simplement des corps étrangers destinés à être éliminés de son organisation avec le temps. Au contraire, elles jouent souvent un rôle actif et nécessaire dans son histoire. Pour qu'une proposition appartienne à une discipline particulière, elle doit renvoyer à un domaine spécifique d'objets, qui d'ailleurs peut varier d'une époque à l'autre. Ainsi, dès la fin du dix-huitième siècle, une proposition concernant les propriétés symboliques ou médicinales d'une plante n'était plus considérée comme appartenant à la botanique. De même, pour faire partie d'une discipline, une proposition doit se référer à un certain type d'horizon théorique. Ainsi, la recherche de la langue primitive, qui était une préoccupation théorique normale au dix-huitième siècle, devint inadmissible dans la philologie de la fin du dix-neuvième. La discipline est donc un principe qui gouverne la production du discours.

> Elle lui fixe des limites par le jeu d'une identité qui a la forme d'une réactualisation permanente des règles. On a l'habitude de

voir dans la fécondité d'un auteur, dans la multiplicité des commentaires, dans le développement d'une discipline, comme autant de ressources infinies pour la création des discours. Peut-être, mais ce ne sont pas moins des principes de contrainte; et il est probable qu'on ne peut pas rendre compte de leur rôle positif et multiplicateur, si on ne prend pas en considération leur fonction restrictive et contraignante. (OD, 37-8).

Foucault se tourne alors vers un troisième groupe de procédures qui permettent le contrôle du discours. Celles-ci concernent les conditions de sa mise en jeu et les règles auxquelles sont soumis ceux qui les tiennent, qui permettent d'en restreindre l'accès; il s'agit en bref d'une «raréfaction des sujets parlants». Les plus évidents de ces systèmes de restriction pourraient être appelés «rituels»: il s'agit des qualifications requises du sujet parlant, des gestes, du comportement, des circonstances, et de tout l'ensemble de signes qui doivent accompagner le discours. Les discours religieux, judiciaire, médical, et même politique ne sont pas dissociables de ce cadre rituel. Il y a aussi les «sociétés de discours» dont la fonction est de préserver celui-ci en le maintenant dans un groupe limité. Les groupes de rhapsodes qui détenaient la connaissance des poèmes à réciter nous en donnent un exemple archaïque. Il fallait une longue initiation pour y entrer. Si de telles sociétés sont rares aujourd'hui, le discours est toujours communiqué dans une structure qui, quoi qu'elle soit plus diffuse, n'en demeure pas moins contraignante — qu'on songe aux formes de circulation du discours médical. De même, le simple fait d'écrire implique que l'on fasse partie d'une structure aux contours lâches, dont le système de l'édition n'est que l'aspect le plus évident. Les doctrines, qu'elles soient religieuses, politiques ou philosophiques, constituent elles aussi une procédure de raréfaction. Elles lient l'individu à certains types d'énonciations — qui eux-mêmes le lient à d'autres individus — et en interdisent d'autres. Enfin, à une échelle plus large, l'on trouve les grands clivages de «l'appropriation sociale» du discours.

L'éducation a beau être, de droit, l'instrument grâce auquel tout individu, dans une société comme la nôtre, peut avoir accès à n'importe quel type de discours, on sait bien qu'elle suit dans sa distribution, dans ce qu'elle permet et dans ce qu'elle empêche, les lignes qui sont marquées par les distances, les oppositions et les luttes sociales. Tout système d'éducation est une manière politique

> de maintenir ou de modifier l'appropriation des discours, avec les savoirs et les pouvoirs qu'ils emportent avec eux. (OD, 45-6).

Ces procédures d'assujettissement du discours n'existent évidemment pas isolément. Un système éducatif constitue une ritualisation de la parole, un moyen de qualifier des sujets parlants; c'est la construction d'un goupe doctrinal, aussi diffus soit-il, et enfin une distribution et une appropriation du discours. A ce stade, Foucault suggère que certains thèmes philosophiques renforcent ces procédures d'assujettissement en niant la réalité spécifique du discours. Ils proposent en effet une rationalité immanente comme principe de l'expression de ceux-ci et une vérité idéale comme loi du discours. Ainsi, le thème du sujet fondateur permet d'éviter la réalité matérielle du discours. Le sujet y apparaît comme la source vivante qui anime, en s'exprimant, les formes vides, mortes de la langue.

Il semblerait donc que le respect apparent de notre civilisation pour le discours cache, en réalité, une peur profonde, et que tous les interdits et les limitations auxquels il est assujetti soient destinés à conjurer une menace. Si nous voulons comprendre cette peur, dit Foucault, notre tâche sera triple : il nous faut remettre en question notre volonté de vérité, restituer au discours son caractère d'événement, et abolir la souveraineté du signifiant. Pour arriver à ces fins, il nous faut respecter un certain nombre d'exigences méthodologiques. Foucault propose d'abord un principe de *renversement*. Ce que l'on a traditionnellement considéré comme les sources du discours — l'auteur, la discipline, la volonté de vérité — doit en fait être conçu comme des actes négatifs de découpage et de raréfaction du discours. Cependant, l'existence de ces principes de raréfaction ne signifie pas qu'un grand discours illimité, qu'il nous suffirait de délivrer, leur soit sous-jacent. Ensuite, il faut faire intervenir un principe de *discontinuité* : les discours doivent être considérés comme des pratiques discontinues qui se croisent, se jouxtent ou s'excluent selon les cas. Il suggère aussi un principe de *spécificité* : le discours n'est pas un système de signification qui préexiste à nos interventions et qu'il nous suffit de déchiffrer. Il faut concevoir le discours comme une violence que nous faisons aux choses, en tout cas comme une pratique que nous leur imposons, dans laquelle les événements du discours trouvent leur régularité. Enfin, entre en jeu un principe d'*extériorité* : ne pas aller du discours vers un noyau intérieur de significations qui y seraient cachées, mais à partir du discours, de son apparition et de sa régularité spécifique, aller vers ses conditions externes de possibilité, vers ce qui donne lieu à la série aléatoire des événements qui le composent et qui en fixent les bornes. Ces quatre principes peuvent se résumer en quatre couples de termes opposés : événement et création, série et unité, régularité et originalité, condition de possibilité et signification. C'est chaque fois le second terme qui a dominé l'histoire des idées, dans la mesure où l'on cherchait le point de création et l'unité d'une œuvre, d'une période ou d'un thème, la marque de l'originalité individuelle, et un trésor insondable de significations enfouies.

Foucault se tourne ensuite vers les problèmes de la méthode historique, et se penche à nouveau sur ce qu'il avait dit au début de *L'archéologie du savoir*. Les méthodes qu'utilisent Le Roy Ladurie et l'école des Annales — l'analyse méticuleuse des sources premières comme les mercuriales, les actes notariés, les registres de paroisse, année par année et même semaine par semaine — ne doivent plus être considérées comme une fuite face aux événements eux-mêmes. Ces historiens ne considèrent plus ceux-ci — surtout les grands événements de l'histoire, la Révolution par exemple — comme des faits unitaires, indiscutables. Et, s'ils aboutissent souvent à une série de structures à long terme, plutôt qu'à des événements isolés, c'est à cause de la nature même du travail effectué sur les suites sans fin de micro-événements qui constituent leurs données.

> L'histoire depuis longtemps ne cherche plus à comprendre les événements par un jeu de causes et d'effets dans l'unité informe d'un grand devenir, vaguement homogène ou durement hiérarchisé ; mais ce n'est pas pour retrouver des structures antérieures, étrangères, hostiles à l'événement. C'est pour établir les séries diverses, entrecroisées, divergentes souvent mais non autonomes, qui permettent de circonscrire le « lieu » de l'événement, les marges de son aléa, les conditions de son apparition. (OD, 58).

Les notions-clés, indispensables à la recherche historique, ne sont plus celles de conscience et de continuité (accompagnées des problèmes corrélatifs de la liberté et de la causalité), ni celles de signe et de structure, mais les concepts d'événement et de série auxquels sont liées les notions de régularité, d'imprévisibilité, de discontinuité, de dépendance et de transformation.

Cependant, si le discours doit être traité comme un «ensemble d'événements discursifs», quel est le statut philosophique et théorique du concept «d'événement»? Il n'est en effet ni substance, ni accident, ni qualité, ni processus; il n'appartient pas à l'ordre des substances corporelles. Cependant, il n'apparaît qu'au travers des éléments matériels et est constitué des relations de coexistence, de dispersion, d'accumulation, et de sélection qui existent entre eux. Paradoxalement, l'évenement doit donc être envisagé en termes d'un «matérialisme de l'incorporel». D'autre part, quel est le statut de la «série discontinue» dans laquelle les événements discursifs sont ordonnés? Il ne s'agit pas d'une suite d'instants, ni d'une pluralité de sujets pensants, mais de discontinuités qui font éclater le moment en une série d'échelles temporelles et dispersent le sujet parlant en lui permettant d'occuper une série de positions et de fonctions différentes. De plus, si nous voulons abandonner les notions de causalité mécanique et de nécessité idéale, il nous faut introduire dans la production des événements la catégorie de l'imprévisible, du hasard. Ces trois concepts, la matérialité, la discontinuité et le hasard, devront faire l'objet d'une élaboration théorique plus détaillée.

Il serait faux de soutenir que le concept de discours en tant qu'instrument et objet de pouvoir était absolument absent de *L'archéologie du savoir*. Il n'y a rien dans ce dernier ouvrage qui soit en contradiction avec le contenu de *L'ordre du discours*. Cependant, ce thème y reste plus ou moins implicite et tend à y être associé à la notion d'institution. Dans *L'ordre du discours*, Foucault introduit pour la première fois une théorie du pouvoir dans celle du discours. Cependant, il reste beaucoup à faire et, en un certain sens, il s'agit d'une œuvre de transition. Le pouvoir y apparaît encore de façon négative, en tant que limitation imposée au discours. Ce qui n'apparaît pas, par contre, c'est la façon dont le pouvoir produit effectivement celui-ci; or c'est ce concept, qui sera élaboré dans les deux grandes œuvres suivantes, qui est le plus radical et qui a la plus grande portée.

Pourtant, le discours de Foucault allait le conduire non seulement à une théorie du pouvoir, mais aussi à l'action, et cela plus vite, sans doute, qu'il ne le pensait. Quelques semaines après sa leçon inaugurale, des grèves de la faim éclatèrent parmi les prisonniers politiques gauchistes. Non seulement ils réclamaient les conditions spéciales prévues par la loi à leur égard, mais ils lançaient un mouvement de solidarité avec les autres détenus. Pour la première fois, des prisonniers politiques ne se contentaient pas de réclamer une amélioration de leurs conditions personnelles, mais dénonçaient le système pénitentiaire tout entier. Ils firent cause commune avec les détenus de droit commun qu'ils considéraient comme de simples victimes de l'ordre social, ne différant pas de façon marquée des autres individus exploités. A la suite de ces événements, un petit groupe d'intellectuels, dont Foucault, créèrent le Groupe d'Information sur les Prisons (GIP). Aidé d'anciens détenus, le groupe établit un questionnaire qui fut envoyé à environ mille personnes: prisonniers, anciens prisonniers, familles de détenus, anciens membres des services pénitentiaires, avocats, étudiants et sympathisants. Le but du GIP n'était pas de prendre la parole en faveur des détenus, mais de leur permettre de s'exprimer sur ce qui se passait dans les prisons. Les manifestations spectaculaires qui eurent lieu dans un certain nombre de prisons françaises en 1972 sont la preuve de leur efficacité. A la fin de cette année, le groupe choisit de se dissoudre et fut remplacé par deux nouvelles organisations: l'Association pour la Défense des Droits des Détenus et le Groupe d'Action des Détenus. Il est certain que la participation de Foucault au GIP entraîna une plus grande attention de la part des media. Cependant, pour de nombreux Français, s'il paraissait normal qu'un intellectuel ait une activité politique, qu'il se batte pour les pauvres, il semblait choquant qu'un professeur du Collège de France se fasse le champion des droits des criminels. Le choc fut encore plus violent lorsque les fondateurs se retirèrent, laissant la direction des luttes aux détenus eux-mêmes. Pour les Français, il s'agissait d'un type nouveau de politique, qui leur était venu des Etats-Unis en 1968. Elle n'était ni basée sur les découpages administratifs, ni sur les urnes, mais sur les situations concrètes, qui liaient les gens: leur lieu de résidence, de travail, d'étude, ou de détention, leur couleur, leur sexe ou leur sexualité.

Entre-temps, pendant l'année académique 1971-72, Foucault avait consacré son cours au Collège de France aux « Théories et institutions pénales ». Il réume ainsi ses intentions :

> l'hypothèse de travail est celle-ci : les rapports de pouvoir (avec les luttes qui les traversent ou les institutions qui les maintiennent) ne jouent pas seulement à l'égard du savoir un rôle de facilitation ou d'obstacle; ils ne se contentent pas de favoriser ou de stimuler, de fausser ou de limiter; pouvoir et savoir ne sont pas liés l'un à l'autre par le seul jeu des intérêts ou des idéologies; le problème n'est donc pas seulement de déterminer comment le pouvoir se subordonne le savoir et le fait servir à ses fins ou comment il se surimprime à lui et lui impose des contenus et des limitations idéologiques. Aucun savoir ne se forme sans un système de communication, d'enregistrement, d'accumulation, de déplacement qui est en lui-même une forme de pouvoir et qui est lié, dans son existence et son fonctionnement, aux autres formes de pouvoir. Aucun pouvoir, en revanche, ne s'exerce sans l'extraction, l'appropriation, la distribution ou la retenue d'un savoir. A ce niveau, il n'y a pas la connaissance d'un côté, et la société de l'autre, ou la science et l'Etat, mais les formes fondamentales du « pouvoir-savoir ». (B3, 283).

Au cours de ses recherches, alors qu'il étudiait systématiquement des documents médicaux et légaux, Foucault tomba sur le cas de Pierre Rivière, un paysan normand de vingt ans, qui, en 1836, avait été reconnu coupable du meurtre de sa mère enceinte, de sa sœur et de son frère, qui avaient respectivement dix-huit et sept ans. Le cas était peu commun, mais ce qui intéressa particulièrement Foucault, c'est qu'en attendant son procès, le meurtrier avait écrit un rapport de quarante pages sur sa vie, ses relations avec ses parents, les raisons qui l'avaient poussé au meurtre, le déroulement du crime et son errance dans les campagnes normandes avant son arrestation. Foucault organisa un séminaire pour étudier ce cas, dont le résultat fut *Moi, Pierre Rivière, ayant égorgé ma mère, ma sœur et mon frère...* écrit en 1973 avec la collaboration de dix autres personnes. Le livre est composé d'une introduction et d'un bref essai de Foucault, de six essais écrits par ses divers collaborateurs, ainsi que d'un grand nombre de documents contemporains — déclarations de médecins et de psychiatres, comptes rendus du procès parus dans la presse, lettres, minutes du procès. Il s'agissait d'un cas exceptionnellement bien documenté, surtout pour l'époque. Mais, nous avoue Foucault, «ce n'est peut-être pas cela qui nous a arrêté plus d'un an sur ces documents. Mais simplement la beauté du mémoire de Rivière» (PR, 11). Ainsi, le cœur du livre, sa raison d'être, c'est la transcription telle quelle de l'histoire manuscrite de Pierre Rivière. Ni Foucault, ni ses collaborateurs n'avaient l'intention de produire une interprétation de ses actes. Cela les aurait en effet conduit à participer à l'un de ces discours — médical, légal, psychologique ou criminologique — dont ils voulaient justement démontrer l'effort réducteur. Le GIP avait été constitué afin de permettre aux détenus de communiquer entre eux; de même, ce livre avait pour but de nous rendre accessible le texte original de Pierre Rivière. En le lisant aujourd'hui, l'on est étonné que son nom ne soit pas devenu légendaire, et qu'il soit oublié de l'histoire criminelle. Le processus d'effacement commença en effet tout de suite. Même la transcription contemporaine de son mémoire n'est qu'un simulacre. Quant à son avocat, dont les écrits sont devenus célèbres, il ne mentionne jamais le cas. Sur les réactions «professionnelles» aux déclarations de Rivière, Foucault dit au cours d'un entretien: «ce qui est étonnant, c'est que ce texte, qui les avait laissés sans voix à l'époque, les a laissés dans le même mutisme aujourd'hui» (B8, 32). Ce qui nous dérange, ne serait-ce pas plutôt ce que Rivière dit que ce qu'il a fait?

> J'oubliai complètement les principes qui devaient me faire respecter ma mère et ma sœur et mon frère, je regarde (sic) mon père comme étant entre les mains de chiens enragés ou de barbares, contre lesquels je devais employer les armes, la religion défendait de telles choses mais j'en oubliai les règles, il me sembla que même dieu m'avait destiné pour cela, et que j'exercerais sa justice, je connaissais les lois humaines, les lois de la police, mais je prétendit (sic) être plus sage qu'elles, je les regardait (sic) comme ignobles et honteuses. (PR, 128-9).

Rivière était déterminé à sauver son père, qu'il chérissait, de la tyrannie d'une femme cruelle et dominatrice. Son frère et sa sœur devaient partager son destin parce qu'ils l'aidaient et l'encourageaient. Il se répand en injures contre son époque soi-disant éclairée où les femmes commandent, et contre cette nation, qui avide de liberté et de gloire, obéit aux femmes. Selon lui, les

Romains, les Hurons et les Hottentots ont une vision plus réaliste de leur rôle. Rivière cite une liste impressionnante de figures historiques, culminant avec «notre Seigneur Jésus Christ», qui étaient prêts à se sacrifier pour les autres. Il considère en effet son action comme un sacrifice qui le mènera à la mort. Avec une logique inattaquable, Rivière fait remarquer qu'il n'était pas nécessaire à Dieu de subir la crucifixion, puisqu'il aurait pu punir ou pardonner ceux qui l'avaient offensé. Lui, par contre, ne pouvait libérer son père qu'en mourant pour lui.

> Je pensais que ce serait une grande gloire pour moi d'avoir des pensées opposées à tous les juges, de disputer contre le monde entier, je me représentais Bonaparte en 1815. Je me disais aussi: cet homme a fait mourir des milliers de personnes pour satisfaire de vains caprices, il n'est donc pas juste que je laisse vivre une femme qui trouble la tranquillité et le bonheur de mon père. Je pensai de (sic) l'occasion était venue de m'élever, que mon nom allait faire du bruit dans le monde, que par ma mort je me couvrirais de gloire, et que dans les temps à venir, mes idées seraient adoptées et qu'on ferait l'apologie de moi. (PR, 132).

Par son mémoire, Rivière voulait démontrer la logique de son action et ainsi se voir condamner à la peine capitale. L'ironie du sort a voulu que ce soit justement ce texte qui servît de base aux psychiatres parisiens pour prouver sa folie (il était «monomane») et le priver de la mort qu'il souhaitait. Il se suicida d'ailleurs quatre ans après que sa condamnation à mort eut été commuée en emprisonnement à vie. Foucault analyse longuement les rapports entre l'écrit et l'acte. Quoi qu'il fût écrit après le meurtre, le mémoire avait été conçu avant celui-ci, ou plutôt, ils étaient consubstantiels, inextricablement liés, discours comme acte, acte comme discours.

> Pierre Rivière fut le sujet de cette mémoire en un double sens: il est celui qui se souvient, qui se souvient impitoyablement de tout; et il est celui dont la mémoire appelle le crime impitoyable et glorieux, à côté de tant d'autres crimes. Il fait de la machinerie du récit-meurtre à la fois le projectile et la cible; il fut lancé, par le jeu du mécanisme, dans le meurtre réel; ce qui l'a placé dans la position fatale du condamné. Il fut enfin en un double sens l'auteur de tout cela: auteur du crime et auteur du texte. (PR, 274).

Le texte n'exprimait pas un désir réalisé *a posteriori*. Le désir, l'acte et le texte étaient indissolublement liés parce qu'ils avaient été formés, rendus possibles, et donc, dans une certaine mesure produits par une «pratique particulière». Celle-ci était composée de récits bibliques, de meurtres célèbres commémorés dans les manuels d'histoire et, bien sûr, de cette confession autobiographique, écrite à la demande du magistrat, mais — ce qui est significatif — conçue auparavant. Cependant, ce n'est pas seulement le discours de Rivière qui est conçu en termes de lutte. Tous ceux qui contribuèrent à la constitution du «dossier» Rivière participèrent à un affrontement, une bataille où les discours fonctionnent «comme armes, comme instruments d'attaque et de défense dans les relations de pouvoir et de savoir». Ces discours

> permettent de déchiffrer les relations de pouvoir, de domination et de lutte, à l'intérieur desquels les discours s'établissent et fonctionnent; ils permettent donc une analyse des discours (et même des discours scientifiques) qui soit à la fois événementielle et politique, donc stratégique. (PR, 12-13).

En 1975, on tourna un film sur Pierre Rivière, basé sur le livre de Foucault. Ce dernier y joue le rôle d'un des juges.

## 2. Société, pouvoir, savoir

Au cours des années suivantes, Foucault continua son étude des «théories et institutions pénales» et fit paraître en 1975 *Surveiller et punir: naissance de la prison*. Après les analyses «interdiscursives réalisées dans *Les mots et les choses* et *L'archéologie du savoir*, Foucault revient, en un certain sens, à l'étude d'un seul couple discours/institution, retrouvant le modèle de *L'histoire de la folie* et de *La naissance de la clinique*. Comme l'étude consacrée à la médecine, *Surveiller et punir* retrace la naissance d'une institution. Elle couvre à peu près la même période: l'enseignement hospitalier et la médecine ont été créés au début du dix-neuvième siècle; il en fut de même pour la prison et la pénologie telles que nous les concevons aujourd'hui. Foucault montre comment la théorie et la pratique pénale de l'ancien régime, qui étaient essentiellement d'inspiration médiévale, ont cédé la place, après la révolution, à une détention institutionalisée fondée sur des prémisses théoriques tout à fait différentes. La transition s'effectue à la période des Lumières, où les réformateurs tentaient de discréditer la barbarie de certaines peines et de créer une pénologie nouvelle basée non pas sur la punition, mais sur l'effet dissuasif de l'exposition publique. Mais ce livre ne se limite pas à la «naissance de la prison»: les conséquences que tire Foucault s'étendent loin au-delà de la pénologie. Les techniques de discipline et d'observation introduites dans cette nouvelle conception de la prison sont le fruit de trois siècles de pratiques dans d'autres secteurs, notamment la pédagogie et l'armée. De plus, il y a une coïncidence extraordinaire entre la nouvelle prison et les autres institutions de la même époque : hôpitaux, usines, écoles et casernes. Ce n'est pas par hasard que le fameux « panopticon » de Jeremy Bentham, bâtiment circulaire avec une tour centrale d'inspection, fut recommandé et utilisé dans toutes ces institutions. Enfin, Foucault soutient que l'ordre de notre propre société ne se fonde pas sur l'armée, la police, et un appareil étatique visible et centralisé, mais sur les techniques de dressage, de discipline et de pouvoir diffus qui sont à l'œuvre dans les institutions carcérales. *Surveiller et punir* s'ouvre de façon spectaculaire, sur une description détaillée d'un *supplice*, exécution publique réservée au plus grand des crimes sous l'ancien régime, le régicide. Les conditions de la mort de Damiens ne furent en rien adoucies par le fait qu'il avait échoué dans sa tentative d'assassinat de Louis XV.

> Il sera tenaillé aux mamelles, bras, cuisses et gras des jambes, sa main droite tenant en icelle le couteau dont il a commis le dit parricide, brûlée de feu de soufre, et sur les endroits où il sera tenaillé, jeté du plomb fondu, de l'huile bouillante, de la poix résine brûlante, de la cire et soufre fondus ensemble et ensuite son corps tiré et démembré à quatre chevaux et ses membres et corps consumés au feu. (SP, 9).

Voilà la sentence. Quant à l'exécution, racontée par un témoin, elle est de loin plus atroce, à cause de son inefficacité et de sa durée. Foucault continue en nous présentant des extraits du règlement établi « pour la Maison des jeunes détenus à Paris », par exemple :

> Au premier roulement de tambour, les détenus doivent se lever et s'habiller en silence, pendant que le surveillant ouvre les portes des cellules. Au second roulement, ils doivent être debout et faire leur lit. Au troisième, ils se rangent par ordre pour aller à la chapelle où se fait la prière du matin. Il y a cinq minutes d'intervalle entre chaque roulement. (SP, 12).

Ces deux régimes de punition ne s'appliquent pas aux mêmes crimes. Mais le fait important, c'est qu'ils n'ont jamais coexisté. Bien avant 1840 la torture comme spectacle public avait disparu, et les méthodes disciplinaires comme celles de « la Maison des jeunes détenus » s'étendaient à un large éventail d'institutions. L'exécution publique subsistait pour punir le parricide et le régicide, mais pour l'exécution de Fieschi, qui avait tenté d'assassiner Louis-Philippe en 1836, les tortures subies par Damiens avaient disparu, laissant place au simple port d'un voile noir. Longtemps avant que ces pratiques ne changent, certaines personnes soutenaient qu'une punition, dépassant le crime par sa sauvagerie, en était en quelque sorte la répétition; ce sentiment n'avait fait que croître au cours des années. Il y eut aussi des cas où la colère de la populace se tournait du criminel vers le bourreau, donnant lieu à un désordre civil. Il semblerait, en fait, que le sentiment de honte se soit étendu au-delà du criminel pour atteindre tous ceux qui intervenaient dans le processus pénal; ceci eut pour conséquence que le châtiment en devint la partie la plus cachée. L'attention se déplaçait vers le procès et la sentence. L'exécution était voilée. Ceux qui se chargeaient de celle-ci furent relégués en un secteur autonome, travaillant en secret une fois que le tribunal avait établi la sentence. L'intérêt de la justice s'éloigne donc de plus en plus du châtiment pour se concentrer sur la correction, l'amendement, la « guérison ». Avec la croissance de la honte de punir, « le psychologue pullule, et le petit fonctionnaire de l'orthopédie morale » (SP, 16).

La disparition du châtiment publique ne marque pas seulement le déclin du spectacle, mais encore le relâchement de l'emprise de la justice sur le corps. La souffrance physique avait cessé d'être une partie nécessaire de la punition : on ne s'occupait plus du corps qu'afin d'atteindre « l'âme » par son intermédiaire. L'expiation infligée auparavant au corps est remplacée par une punition qui doit agir sur le cœur, l'esprit, la volonté. Il ne s'agit pas tant d'un changement d'attitude — moins de cruauté et de douleur, plus de douceur et « d'humanité » — que d'un nouveau but. Au cours des deux derniers siècles, l'Europe a mis au point un système pénal nouveau dans lequel le jugement du délit est peu à peu remplacé par la connaissance du délinquant.

> Tout un ensemble de jugements appréciatifs, diagnostiques, pronostiques, normatifs, concernant l'individu criminel sont venus se loger dans l'armature du jugement pénal... Le long de la procédure pénale, et de l'exécution de la peine, fourmillent toute une série

> d'instances annexes. De petites justices et des juges parallèles se sont multipliés autour du jugement principal : experts psychiatres ou psychologues, magistrats de l'application des peines, éducateurs, fonctionnaires de l'administration pénitentiaire morcellent le pouvoir légal de punir. (SP, 24, 26).

De plus, la connaissance du prisonnier ne se limite plus à la détermination de la responsabilité; elle joue aussi un rôle actif dans l'exécution de la peine. On fait appel au psychiatre pour savoir si le sujet est «dangereux», et comment le rendre inoffensif. C'est lui aussi qui fera le choix entre la punition et le traitement. Pour Foucault, l'objectif de ce livre est

> une histoire corrélative de l'âme moderne et d'un nouveau pouvoir de juger; une généalogie de l'actuel complexe scientifico-judiciaire où le pouvoir de punir prend ses appuis, reçoit ses justifications et ses règles, étend ses effets et masque son exorbitante singularité. (SP, 27).

Foucault entreprend donc d'examiner les mécanismes punitifs non pas comme simple partie des structures judiciaires, mais comme tactique politique et technique d'exercice du pouvoir. Ces mécanismes ne doivent pas seulement être envisagés en termes négatifs de répression, mais aussi en termes de leurs effets positifs possibles, de leur fonction sociale complexe. Le passage du châtiment corporel direct au jugement de l'âme du criminel ne peut être compris que lorsque l'on perçoit l'origine commune des nouvelles techniques pénales et des sciences sociales, les secondes fournissant les bases sur lesquelles se fondent les premières. Les sciences humaines ne font pas l'objet au départ d'une recherche pure et désintéressée dont les fruits auraient permis «l'humanisation» postérieure des institutions carcérales. En réalité, ces institutions et recherches ont une origine commune. Les formes de pouvoir qui fonctionnent en elles — et qui sont aussi à l'œuvre, de plus en plus, dans la société en général — sont imprégnées de connaissances sociales et psychologiques, mais ces formes de savoir sont elles aussi parcourues par des relations de pouvoir.

> Peut-être faut-il aussi renoncer à toute une tradition qui laisse imaginer qu'il ne peut y avoir de savoir que là où sont suspendues les relations de pouvoir et que le savoir ne peut se développer que hors de ses injonctions, de ses exigences et de ses intérêts. Peut-être faut-il renoncer à croire que le pouvoir rend fou et qu'en

> retour la renonciation au pouvoir est une des conditions auxquelles on peut devenir savant. Il faut plutôt admettre que le pouvoir produit du savoir (et pas simplement en le favorisant parce qu'il le sert ou en l'appliquant parce qu'il est utile); que pouvoir et savoir s'impliquent directement l'un l'autre; qu'il n'y a pas de relation de pouvoir sans constitution corrélative d'un champ de savoir, ni de savoir qui ne suppose et ne constitue en même temps des relations de pouvoir. (SP, 32).

De plus, l'arrivée de «l'âme» dans le cadre de la justice pénale ne fut possible que dans la mesure où le corps était investi par des relations de pouvoir. La violence extrême infligée au corps a diminué ou même disparu, mais elle a été remplacée par des formes de correction et de dressage plus complexes et subtiles, qui sont encore tournées vers le corps.

> Mais le corps est aussi directement plongé dans un champ politique; les rapports de pouvoir opèrent sur lui une prise immédiate; ils l'investissent, le marquent, le dressent, le supplicient, l'astreignent à des travaux, l'obligent à des cérémonies, exigent de lui des signes. Cet investissement politique du corps est lié, selon des relations complexes et réciproques, à son utilisation économique; c'est, pour une bonne part, comme force de production que le corps est investi de rapports de pouvoir et de domination; mais en retour sa constitution comme force de travail n'est possible que s'il est pris dans un système d'assujettissement (où le besoin est aussi un instrument politique soigneusement aménagé, calculé et utilisé); le corps ne devient force utile que s'il est à la fois corps productif et corps assujetti. Cet assujettissement n'est pas obtenu par les seuls instruments soit de la violence soit de l'idéologie; il peut très bien être direct, physique, jouer de la force contre la force, porter sur des éléments matériels, et pourtant ne pas être violent; il peut être calculé, organisé, techniquement réfléchi, il peut être subtil, ne faire usage ni des armes ni de la terreur, et pourtant rester de l'ordre physique. C'est-à-dire qu'il peut y avoir un «savoir» du corps qui n'est pas exactement la science de son fonctionnement, et une maîtrise de ses forces qui est plus que la capacité de les vaincre: ce savoir et cette maîtrise constituent ce qu'on pourrait appeler la technologie politique du corps. (SP, 30-31).

Mais ce pouvoir s'exerce plutôt qu'il ne se possède. Il n'est pas le «privilège» d'une classe dominante, et n'est pas imposé à une classe passive, dominée. C'est plutôt au sein même d'une telle classe qu'il s'exerce. En effet, il est sans doute inutile de penser ainsi en termes de «classes», car le pouvoir n'est pas unitaire et son application n'est pas binaire. En réalité il s'agit d'un réseau extrêmement complexe de «micropouvoirs» qui pénètrent tous les aspects de la vie sociale. Conséquemment, il est impossible de renverser le pouvoir et de le prendre une fois pour toutes en détruisant les institutions et en se saisissant des appareils étatiques. A cause de sa multiplicité et de son ubiquité, on ne peut lutter contre le pouvoir que de façon localisée. Cependant, dans la mesure où il s'agit d'un réseau, et non d'un ensemble de points isolés, chaque combat spécifique affecte le pouvoir tout entier. Il ne peut y avoir de victoire totale d'une seule organisation hiérarchisée sur une autre. Mais il peut y avoir un combat sériel, qui comporte des liaisons horizontales entre les différents points de lutte.

Cette «microphysique du pouvoir» opère donc sur le corps au travers de l'âme. Ce dernier terme doit être compris ici non pas au sens chrétien (né dans le péché et éventuellement destiné au châtiment), mais comme une entité créée par des méthodes de punition, de surveillance et de contrainte.

> Elle est l'élément où s'articulent les effets d'un certain type de pouvoir et la référence d'un savoir, l'engrenage par lequel les relations de pouvoir donnent lieu à un savoir possible, et le savoir reconduit et renforce les effets de pouvoir. Sur cette réalité-référence, on a bâti des concepts divers et on a découpé des domaines d'analyse: psyché, subjectivité, personnalité, conscience, etc.; sur elle on a édifié des techniques et des discours scientifiques; à partir d'elle, on a fait valoir les revendications morales de l'humanisme... L'âme, effet et instrument d'une anatomie politique; l'âme, prison du corps. (SP, 34).

Dans le système pénal de l'ancien régime — pour cette période, l'analyse de Foucault se centre sur la France, représentative de l'Europe à l'exception de l'Angleterre — la torture n'était pas l'expression d'une colère incontrôlée, mais une technique permettant de faire subir au corps du criminel des doses de douleur minutieusement calibrées, un rituel au cours duquel le corps était marqué par le pouvoir du souverain. Le spectacle public du châtiment et son résultat doivent montrer au grand jour la vérité du crime. Avant cela, la procédure criminelle restait secrète, cachée non seulement au public mais à l'accusé lui-même, qui ne connaissait ni les charges ni les preuves. Le savoir était le privilège absolu de la poursuite. Les juges ne voyaient l'accusé qu'une seule fois, afin de le questionner avant de rendre leur sentence. Tout pouvoir, y compris celui de punir, émanait du souverain; il ne pouvait donc être partagé avec ses sujets. Ainsi, le seul but de la procédure judiciaire était de démontrer la culpabilité de l'accusé. La preuve parfaite, c'était la confession, et la seule méthode sûre pour l'obtenir, c'était la torture. L'application de celle-ci dans le cadre légal constituait la « question » (opposée au « supplice », torture publique qui précédait l'exécution). Foucault pense que les motivations et les techniques de l'enquête scientifique ont plus qu'un simple rapport étymologique avec la question. Non seulement la torture était menée avec une rigueur scientifique, mais la science elle-même n'a pas tant pour but de découvrir objectivement la vérité que de l'extraire par une forme de torture. Dans le droit pénal de l'ancien régime, il y avait différents degrés de preuves : les preuves pleines, les indices prochains ou preuves semi-pleines et les indices éloignés ou « adminicules ». Celles-ci étaient intégrées dans un système de règles précises. Ainsi une preuve pleine pouvait conduire à n'importe quelle sentence; une preuve semi-pleine à toute peine excepté la mort; tandis que les indices éloignés ne pouvaient mener qu'à «.décréter » le suspect, à lui imposer une amende ou à prendre contre lui des mesures de plus ample informé. De plus, il y avait toute une arithmétique de peines : deux preuves semi-pleines valaient une preuve pleine; plusieurs indices éloignés pouvaient constituer une preuve semi-pleine, mais jamais une preuve pleine, etc. Cependant, un système pénal basé sur l'extraction de la preuve par la question avait une conséquence curieuse : si, à la suite de l'application des procédures de torture idoines l'accusé n'avouait pas, le magistrat devait arrêter les poursuites. Ceci signifiait que la question n'était utilisée que lorsque les autorités étaient raisonnablement sûres d'obtenir des aveux.

Si la fonction de la question était d'extraire la vérité, celle du supplice était de la produire au grand jour. « Elle apporte à la condamnation la signature de celui qui la subit. Un supplice bien réussi justifie la justice, dans la mesure où il publie la vérité du crime, dans le corps même du supplicié » (SP, 48). L'exécution avait souvent lieu dans l'endroit même où le crime avait été commis. Le meurtrier portait l'instrument de son crime. Les punitions étaient symboliques : on perçait la langue du blasphémateur, on brûlait l'impur. Mais l'exécution publique était un rituel politique en même temps que judiciaire. Un crime n'atteignait pas seulement sa victime immédiate, mais la personne même du souverain, car la loi émanait de sa volonté. Son intervention ne constituait donc pas un arbitrage entre deux sujets, mais une réponse directe à l'injure qui lui était faite. Tout crime était trahison. Cependant, l'exécution publique était un spectacle politique en un autre sens encore : le personnage principal en était le peuple, dont la présence réelle et immédiate était nécessaire. Il n'était pas seulement témoin, il participait en insultant et parfois même en attaquant le condamné. Cette participation avait aussi un second rôle :

> si la foule se presse autour de l'échafaud, ce n'est pas simplement pour assister aux souffrances du condamné ou exciter la rage du bourreau : c'est aussi pour entendre celui qui n'a plus rien à perdre maudire les juges, les lois, le pouvoir, la religion. Le supplice permet au condamné ces saturnales d'un instant, où plus rien n'est défendu ni punissable. A l'abri de la mort qui va arriver, le criminel peut tout dire, et les assistants l'acclamer... Il y a dans ces exécutions, qui ne devraient montrer que le pouvoir terrorisant du prince, tout un aspect de Carnaval où les rôles sont inversés, les puissances bafouées, et les criminels transformés en héros. (SP, 64).

Au fur et à mesure que l'on approche de la révolution, le peuple tend de plus en plus à sympathiser avec le criminel, surtout s'il était coupable d'atteinte à la propriété. La transformation du criminel en héros continuait après l'exécution, dans toute une littérature populaire de placards et de chansons où le criminel était à la fois exécré et exalté dans les termes les plus ambigus. Tout ceci disparut presque entièrement à la fin de l'ancien régime.

> Et elles ont disparu à mesure que se développait une tout autre littérature du crime : une littérature où le crime est glorifié, mais parce qu'il est un des beaux-arts, parce qu'il ne peut être l'œuvre que de natures d'exception, parce qu'il révèle la monstruosité des forts et des puissants, parce que la scélératesse est encore une façon d'être un privilégié : du roman noir à Quincey, ou du *Château d'Otrante* à Baudelaire, il y a toute une réécriture esthétique du crime, qui est aussi l'appropriation de la criminalité sous des formes recevables... Par ses ruses, ses subtilités, l'acuité extrême de son intelligence, le criminel qu'elle représente s'est rendu insoupçonnable ; et la lutte entre deux purs esprits — celui de meurtrier,

> celui de détective — constituera la forme essentielle de l'affrontement. On est au plus loin de ces récits qui détaillaient la vie et les méfaits du criminel, qui lui faisaient avouer lui-même ses crimes, et qui racontaient par le menu le supplice enduré : on est passé de l'exposé des faits ou de l'aveu au lent processus de la découverte; du moment du supplice à la phase de l'enquête; de l'affrontement physique avec le pouvoir à la lutte intellectuelle entre le criminel et l'enquêteur. Ce ne sont pas simplement les feuilles volantes qui disparaissent quand naît la littérature policière; c'est la gloire du malfaiteur rustique, et c'est la sombre héroïsation par le supplice. L'homme du peuple est trop simple maintenant pour être le protagoniste des vérités subtiles. Dans ce genre nouveau, il n'y a plus ni héros populaires ni grandes exécutions; on y est méchant, mais intelligent; et si on est puni, on n'a pas à souffrir. La littérature policière transpose à une autre classe sociale cet éclat dont le criminel avait été entouré. Les journaux, eux, reprendront dans leurs faits divers quotidiens la grisaille sans épopée des délits et de leurs punitions. Le partage est fait; que le peuple se dépouille de l'ancien orgueil de ses crimes; les grands assassinats sont devenus le jeu silencieux des sages. (SP, 72).

Pendant la deuxième moitié du dix-huitième siècle, des protestations contre le système légal en général et contre les exécutions publiques en particulier, s'élèvent non seulement chez les philosophes des Lumières, mais aussi chez les avocats et les politiciens. Il y eut même des pétitions populaires. Le spectacle de l'échafaud apparaissait de plus en plus comme une occasion de confrontation entre la violence du roi et celle du peuple : la tyrannie et la rébellion se nourrissaient l'une l'autre. Cet appel en faveur d'un châtiment plus doux avait son origine dans une philosophie optimiste de la « nature ». Aucun criminel n'était mauvais au point de ne participer en rien à la nature humaine.

> Un jour viendra, au XIX$^e$ siècle, où cet « homme », découvert dans le criminel, deviendra la cible de l'intervention pénale, l'objet qu'elle prétend corriger et transformer, le domaine de toute une série de sciences et de pratiques étranges — « pénitentiaires », « criminologiques ». (SP, 76).

A cette époque, cependant, cet élément humain du criminel n'apparaît pas comme un objet d'investigations, mais comme une entité sacrée qu'on ne peut outrager. Le châtiment doit avoir un effet essentiellement dissuasif : il doit donc être légèrement supérieur au crime. Les excès du supplice tiraient leur justification du pouvoir illimité du roi et étaient par conséquent tyranniques.

Certes, il y eut des appels en faveur de méthodes plus «humaines», provenant surtout d'hommes de lettres célèbres. Mais c'est au sein de la profession légale que se développèrent les critiques les plus importantes, ainsi que les réformes mises en place après la révolution. Ces réformateurs ne recherchaient pas tant un système plus humanitaire que plus efficace. La justice de l'ancien régime fonctionnait mal à cause de tout un ensemble de facteurs: les offices de juge se vendaient et on en héritait; leurs revenus étaient proportionnels au poids des peines; de nombreuses personnes étaient «au-dessus des lois». De plus, il y avait différentes juridictions qui se chevauchaient — cours ecclésiastiques, cours seigneuriales, diverses cours royales (dont les rapports étaient d'ailleurs conflictuels), ainsi que le pouvoir semi-juridique des représentants du roi. Il fallait une rationalisation et une simplification de toute cette structure, et ceci pour prévenir le crime. Ceci représentait

> peut-être, mais plus certainement et plus immédiatement, un effort pour ajuster les mécanismes de pouvoir qui encadrent l'existence des individus; une adaptation et un affinement des appareils qui prennent en charge et mettent sous surveillance leur conduite quotidienne, leur identité, leur activité, leurs gestes apparemment sans importance; une autre politique à propos de cette multiplicité de corps et de forces que constitue une population. Ce qui se dessine, c'est dans doute moins un respect nouveau pour l'humanité des condamnés — les supplices sont encore fréquents même pour les crimes légers — qu'une tendance vers une justice plus déliée et plus fine, vers un quadrillage pénal plus serré du corps social. (SP, 80).

Mais l'appel des réformateurs en faveur d'une prise plus systématique et plus fine sur l'illégalité avait aussi des raisons plus matérielles et moins idéologiques. Pendant le dix-huitième siècle, l'on était passé d'une «criminalité de sang» à une «criminalité de la fraude». La croissance de la population et de l'importance attachée à la propriété, l'augmentation des richesses, l'expansion du commerce et de l'industrie, les capitaux énormes investis en machines et en stocks, tous ces facteurs avait conduit à une vague sans précédent de crimes contre la propriété. Les pertes que causaient ces derniers ne pouvaient être limitées que par un système plus efficace de prévention et de condamnation.

> C'est cette rationalité «économique» qui doit mesurer la peine et en prescrire les techniques ajustées. «Humanité» est le nom respectueux donné à cette économie et à ses calculs minutieux. «En fait de peine le minimum est ordonné par l'humanité et conseillé par la politique.» (SP, 94).

Ce qui distingue le crime contre la propriété des autres, c'est sa grande fréquence. Il faut en conséquence prévoir des sanctions qui ne sont pas liées au crime lui-même, mais à sa répétition possible. Comme avant, l'exemple doit jouer un rôle, mais de façon différente. Dans le supplice, l'exemple était la réponse donnée au crime, il montrait l'offense en même temps qu'il manifestait le pouvoir souverain qui la maîtrisait. Dans un système pénal où les sanctions sont calculées en fonction de leurs effets, l'exemple doit renvoyer au crime, mais le plus discrètement possible; il ne doit indiquer l'intervention du pouvoir qu'avec la plus grande parcimonie. «L'exemple n'est plus un rituel qui manifeste; c'est un signe qui fait obstacle». La philosophie pénale des réformateurs peut être résumée comme suit: 1. La peine doit être telle qu'il est plus intéressant de l'éviter que de prendre le risque de commettre le crime. 2. La dissuasion doit agir sur l'esprit du criminel — il doit avoir une conception claire des résultats de son acte. 3. L'action du châtiment doit être la plus forte parmi ceux qui n'ont pas commis le crime. 4. Le criminel potentiel doit avoir la conviction que le crime sera découvert et puni – d'où la nécessité d'une société parfaitement policée. 5. La vérification de la culpabilité doit obéir aux critères généraux de la vérité, elle ne sera acceptée que si la preuve est parfaite. 6. Les crimes doivent être clairement spécifiés dans un code accessible à tous et, comme la peine n'a pas le même effet sur chaque individu, il faut tenir compte, lors du choix de celle-ci de la nature du criminel, de ses intentions, des circonstances, de la qualité intrinsèque de sa volonté. C'est dans le cadre de ce dernier point qu'une masse croissante de sciences sociales et psychologiques interviendront dans la pratique pénale. Cet ensemble de principes trouve sa cohérence dans la théorie des intérêts, des représentations et des signes, développée par les Idéologues. Ils constituent

> une sorte de recette générale pour l'exercice du pouvoir sur les hommes: l'«esprit» comme surface d'inscription pour le pouvoir, avec la sémiologie pour instrument; la soumission des corps par

le contrôle des idées; l'analyse des représentations, comme principe dans une politique des corps bien plus efficace que l'anatomie rituelle des supplices. La pensée des idéologues n'a pas été seulement une théorie de l'individu et de la société; elle s'est développée comme une technologie des pouvoirs subtils, efficaces et économiques, en opposition aux dépenses somptuaires du pouvoir des souverains. Ecoutons encore une fois Servan : il faut que les idées de crime et de châtiment soient fortement liées et «se succèdent sans intervalle... Quand vous aurez ainsi formé la chaîne des idées dans la tête de vos citoyens, vous pourrez alors vous vanter de les conduire et d'être leurs maîtres. Un despote imbécile peut contraindre des esclaves avec des chaînes de fer; mais un vrai politique les lie bien plus fortement par la chaîne de leurs propres idées; c'est au plan fixe de la raison qu'il en attache le premier bout; lien d'autant plus fort que nous en ignorons la texture et que nous le croyons notre ouvrage; le désespoir et le temps rongent les liens de fer et d'acier, mais il ne peut rien contre l'union habituelle des idées, il ne fait que la resserrer davantage; et sur les molles fibres du cerveau est fondée la base inébranlable des plus fermes Empires». (SP, 105).

L'art de punir doit se baser sur toute une technologie de la représentation. Le châtiment doit correspondre au crime non seulement en ampleur, mais en espèce : il doit être le plus proche possible de l'offense. Le simple fait de penser à un crime devrait susciter l'image de la peine qui le punit. Vermeil suggère que ceux qui abusent des libertés soient privés de la leur; que le crime financier soit puni par une amende, le vol par la confiscation, le meurtre par la mort, etc. D'autres soutenaient que la société, ayant pris le statut de partie offensée qu'avait le roi auparavant, devait recevoir une compensation pour les crimes commis contre elle. D'où l'idée des travaux forcés : le criminel payait sa dette et en même temps, sa présence sur la voie publique rappelait à tous les conséquences du crime. L'on proposa aussi que les lieux où travaillaient les détenus soient ouverts au public, et qu'ils soient montrés aux enfants, afin qu'ils apprennent où menait le crime. L'idée d'une peine uniforme, modulée selon la gravité du crime fut bannie. L'emprisonnement n'était plus qu'une peine parmi d'autres, il ne fallait y recourir que lorsqu'il était approprié. En réalité, la prison n'était guère appréciée par les réformateurs : dans l'esprit populaire elle restait associée aux abus de l'ancien régime. De plus, elle était coûteuse, elle apprenait l'oisiveté, et servait de lieu d'initiation à d'autres formes de criminalité. Cependant, en quelques années seulement, la détention se généralisa, et dans le code de 1810, entre la peine de mort et l'amende, elle occupe presque tout le champ pénitentiaire.

> Un grand édifice carcéral est programmé, dont les différents niveaux doivent s'ajuster exactement aux étages de la centralisation administrative. A l'échafaud où le corps du supplicié était exposé à la forme rituellement manifestée du souverain, au théâtre punitif où la représentation du châtiment aurait été donnée en permanence au corps social, s'est substituée une grande architecture fermée, complexe et hiérarchisée qui s'intègre au corps même de l'appareil étatique. Une tout autre matérialité, une tout autre physique du pouvoir, une tout autre manière d'investir le corps des hommes. A partir de la Restauration et sous la monarchie de Juillet, c'est, à quelques écarts près, entre 40 et 43.000 détenus qu'on trouvera dans les prisons françaises (un prisonnier à peu près pour 600 habitants). Le haut mur, non plus celui qui entoure et protège, non plus celui qui manifeste, par son prestige, la puissance et la richesse, mais le mur soigneusement clos, infranchissable dans un sens et dans l'autre, et refermé sur le travail maintenant mystérieux de la punition, sera, tout près et parfois même au milieu des villes du XIX$^e$ siècle, la figure monotone, à la fois matérielle et symbolique, du pouvoir de punir... La diversité, si solennellement promise, se réduit finalement à cette pénalité uniforme et grise. Il y eut d'ailleurs, sur le moment, des députés pour s'étonner qu'au lieu d'avoir établi un rapport de nature entre délits et peines, on ait suivi un tout autre plan: «De manière que si j'ai trahi mon pays, on m'enferme; si j'ai tué mon père, on m'enferme; tous les délits imaginables sont punis de la manière la plus uniforme. Il me semble voir un médecin qui pour tous les maux a le même remède.» (SP, 117-9).

Comment cette conversion à la prison a-t-elle pu s'effectuer de façon aussi rapide et complète? D'abord, un certain nombre de prisons modèles avaient été créées pendant le dix-huitième siècle aux Pays-Bas, en Angleterre et en Amérique. Or, ces pays étaient réputés pour leur efficacité et leurs institutions humanitaires. Ceci permit de détruire, dans une large mesure, l'association entre la détention et l'ordre passé. Et de fait, il n'y avait jamais eu d'institutions de ce type en France. De plus, il y avait des parallèles entre les méthodes qu'on y employait et celles qui étaient préconisées par les réformateurs français. Elles étaient tournées vers l'avenir; leur but n'était pas d'effacer le crime, mais de transformer le criminel. La punition devait comporter une technique corrective, et conséquemment être individualisée.

Les prisonniers étaient soumis à un horaire régulier et chargé. Ils étaient sous surveillance constante. Chacun avait son dossier, où ses progrès étaient notés et récompensés. Les méthodes utilisées ne différaient de ce que proposaient les Idéologues que dans leur approche de l'individu, la façon dont le châtiment servait à le contrôler et les techniques employées pour le transformer. La différence se situait donc au niveau de la technologie de la peine et non dans des buts: elle opérait sur l'âme par le corps plutôt que l'inverse.

> Quant aux instruments utilisés, ce ne sont plus des jeux de représentation qu'on renforce et qu'on fait circuler; mais des formes de coercition, des schémas de contrainte appliqués et répétés. Des exercices, non des signes: horaires, emplois du temps, mouvements obligatoires, activités régulières, méditation solitaire, travail en commun, silence, application, respect, bonnes habitudes. Et finalement, ce qu'on essaie de reconstituer dans cette technique de correction, ce n'est pas tellement le sujet de droit, qui se trouve pris dans les intérêts fondamentaux du pacte social; c'est le sujet obéissant, l'individu assujetti à des habitudes, des règles, des ordres, une autorité qui s'exerce continûment autour de lui et sur lui, et qu'il doit laisser fonctionner automatiquement en lui. (SP, 131-2).

Il y avait donc, à la fin du dix-huitième siècle, trois façons d'organiser le pouvoir punitif. La première, basée sur l'autorité monarchique était toujours en vigueur. La seconde, fondée sur les théories des Idéologues, semblait, avec la révolution, sur le point d'être appliquée. Mais finalement, c'est la troisième, la prison, qui allait prévaloir.

> Le souverain et sa force, le corps social, l'appareil administratif. La marque, le signe, la trace. La cérémonie, la représentation, l'exercice. L'ennemi vaincu, le sujet de droit en voie de requalification, l'individu assujetti à une coercition immédiate. Le corps qu'on supplicie, l'âme dont on manipule les représentations, le corps qu'on dresse. (SP, 134).

Le corps reçoit donc au dix-huitième siècle une attention croissante. Il devient objet et cible du pouvoir, instrument que l'on peut dresser, et dont on peut extraire les forces, et même les augmenter.

> Le grand livre de l'Homme-machine a été écrit simultanément sur deux registres: celui anatomo-métaphysique, dont Descartes avait

écrit les premières pages et que les médecins, les philosophes ont continué; celui, technico-politique, qui fut constitué par tout un ensemble de règlements militaires, scolaires, hospitaliers et par des procédés empiriques et réfléchis pour contrôler ou corriger les opérations du corps. (SP, 138).

Ces registres étaient parfaitement distincts: un corps intelligible et un corps utile. Cependant, en pratique, il se produisait souvent des chevauchements. Il n'y avait après tout qu'un petit pas entre le corps compris comme machine et l'emploi de celle-ci. Les automates n'étaient pas seulement une illustration du fonctionnement de l'organisme; ils montraient comment celui-ci devait être employé. Pour arriver à cette automatisation, il fallait des méthodes détaillées de dressage, auxquelles soumettre ce corps docile. Ce concept de docilité n'est évidemment pas neuf: il était familier dans la tradition chrétienne de l'ascétisme, surtout telle qu'elle était appliquée dans les monastères. Ce qui était nouveau, c'était l'échelle à laquelle on employait ces techniques disciplinaires: le corps n'était pas considéré comme une entité unique, mais comme un mécanisme dont les parties pouvaient être utilisées séparément. De plus, le but n'était pas la renonciation comme dans la tradition ascétique, mais une augmentation des capacités. Le corps humain était donc soumis à une puissance qui le brisait puis en réorganisait les parties. Cette «anatomie politique» constitue un mécanisme de pouvoir». Sur le plan économique de l'utilité, elle augmente les forces du corps, cependant, elle les diminue sur le plan politique de l'obéissance. «La discipline, dit Foucault, est une anatomie politique du détail». Ceci nécessite évidemment une démonstration approfondie, qui comme toujours nous est fournie avec précision: elle se base sur les écrits de l'époque, qui sont on ne peut plus clairs. Napoléon parle du «monde des détails... le plus important de tous ceux que je m'étais flatté de découvrir». Selon le Maréchal de Saxe, «Quoique ceux qui s'occupent de détails passent pour des gens bornés, il me paraît pourtant que cette partie est essentielle... Il ne suffit pas d'avoir l'amour de l'architecture. Il faut savoir la coupe des pierres». La Salle fait un «grand hymne aux petites choses»: «Oui, petites choses, mais grands mobiles, grands sentiments, grande ferveur, grande ardeur, et en conséquence grands mérites, grands trésors, grandes récompenses».

> La minutie des règlements, le regard vétilleux des inspections, la mise sous contrôle des moindres parcelles de la vie et du corps donneront bientôt, dans le cadre de l'école, de la caserne, de l'hôpital ou de l'atelier, un contenu laïcisé, une rationalité économique ou technique à ce calcul mystique de l'infime et de l'infini... Une observation minutieuse du détail, et en même temps une prise en compte politique de ces petites choses, pour le contrôle et l'utilisation des hommes, montent à travers l'âge classique, portant avec elles tout un ensemble de techniques, tout un corpus de procédés et de savoir, de descriptions, de recettes et de données. Et de ces vétilles, sans doute, est né l'homme de l'humanisme moderne. (SP, 142-3).

La mise en place de la discipline ne pouvait se faire sans que diverses conditions ne fussent remplies. Foucault classe celles-ci en quatre catégories. D'abord celle du cellulaire : l'espace dans lequel les individus sont soumis à la discipline est divisé et sous-divisé en entités plus ou moins autonomes. Le modèle original du monastère et de la cellule monacale s'étend rapidement aux institutions éducatives, aux casernes, aux usines et aux prisons. Dans les écoles, non seulement les pensionnaires dormaient dans des cellules, où ils étaient soumis à une surveillance constante, mais leurs occupations diurnes étaient aussi structurées par un système cellulaire de groupements basé sur l'âge et les capacités. Celui-ci remplaçait l'ancien système, où le maître unique s'occupait de chaque élève à son tour. Il permettait en même temps de surveiller chacun et de faire travailler tous simultanément. L'espace éducationnel fonctionnait comme une machine à apprendre, qui en même temps surveillait, hiérarchisait, récompensait et punissait. Les casernes aussi évoluèrent vers une structure cellulaire : ce qui n'était auparavant qu'une masse désordonnée de soldats, menace constante de vol, de violence et de désertion, devint une entité contrôlée et disciplinée, surveillée de près. Curieusement, les hôpitaux aussi calquèrent leur nouvelle organisation sur celle de l'armée. C'est à l'hôpital naval de Rochefort que furent mises au point les nouvelles méthodes de ségrégation, de réglementation et de supervision. Le contrôle strict du matériel, des médicaments et des dépenses en général conduisit aux techniques de l'observation médicale : les malades étaient enregistrés, l'évolution de leur état était suivie de près. Ensuite apparut la séparation des malades contagieux sur des lits isolés. La discipline permit donc la mise en place d'un espace médicalement utile. De même, les premières usines étaient explicitement fondées sur le modèle monastique, au point que la journée de travail commençait par des prières. Le but était un rendement maximal et une réduction du vol, des interruptions et des dérangements. Il fallait aussi éviter la formation de sociétés secrètes. Avec les progrès de l'industrialisation, les machines, plus productives, amenaient elles aussi de nouvelles exigences.

En deuxième lieu, la discipline permettait le contrôle des activités. L'outil fondamental utilisé à cette fin, c'est l'horaire. Celui-ci aussi a une origine monastique; il provient évidemment de la division régulière de la journée du moine en tâches fixes effectuées à un rythme constant. Il s'étendit rapidement aux usines, aux écoles et aux hôpitaux. Cependant, la régularité et le rythme ne s'appliquaient pas seulement aux activités générales de l'individu, mais aux mouvements même de son corps. La Salle décrit en détail la position exacte que doit prendre chaque partie du corps de l'élève par rapport aux autres pendant qu'il écrit. De même, les manuels militaires décomposent l'activité apparemment simple de chargement d'un fusil en une série d'actions élémentaires effectuées par diverses parties du corps. Il fallait que l'organisme de l'ouvrier devienne une extension articulée de la machine avec laquelle il travaillait.

Troisièmement, la discipline imposait au corps le sens du temps. L'apprentissage pouvait être décomposé en étapes en vue de développer des capacités toujours plus grandes. Pour ce faire, l'outil de base était l'*exercice*. Celui-ci aussi avait son origine dans la tradition des «exercices spirituels»; c'est d'ailleurs un ordre religieux qui l'applique en premier à l'éducation des enfants.

> Sous sa forme mystique ou ascétique, l'exercice était une manière d'ordonner le temps d'ici-bas à la conquête du salut. Il va peu à peu, dans l'histoire de l'Occident, inverser son sens en gardant certaines de ses caractéristiques: il sert à économiser le temps de la vie, à le cumuler sous une forme utile, et à exercer le pouvoir sur les hommes par l'intermédiaire du temps ainsi aménagé. L'exercice, devenu élément dans une technologie politique du corps et de la durée, ne culmine pas vers un au-delà; mais il tend vers un assujettissement qui n'a jamais fini de s'achever. (SP, 164).

Enfin, en quatrième lieu, la discipline met au point des tactiques qui permettent d'unir les forces. L'individu devient un élément qui peut être mis en place, bougé et combiné à d'autres. Le courage ou la force d'un soldat ne sont plus d'un intérêt primordial. Ce qui importe c'est qu'il exécute avec précision le rôle qui lui a été assigné dans la stratégie globale. Cette combinaison des forces, soigneusement mise au point, nécessite un système rigoureux de commandement. Le soldat ne reçoit que des signaux dont il comprend parfaitement le sens. L'éducation de l'enfant doit elle aussi fonctionner de cette façon, dans un silence qui n'est brisé que pas les sonneries, les claquements de mains, ou encore, par cet ingénieux appareil en bois dont se servaient les Frères des Ecoles Chrétiennes pour réduire les paroles du maître au strict minimum.

Ces quatre processus disciplinaires se combinaient et constituaient le rêve, et partiellement la réalité, d'une société parfaitement rationnelle, efficace et contrôlée.

> Le songe d'une société parfaite, les historiens des idées le prêtent volontiers aux philosophes et aux juristes du XVIII siècle; mais il y a eu aussi un rêve militaire de la société; sa référence fondamentale était non pas à l'état de nature, mais aux rouages soigneusement subordonnés d'une machine, non pas au contrat primitif, mais aux coercitions permanentes, non pas aux droits fondamentaux, mais aux dressages indéfiniment progressifs, non pas à la volonté générale mais à la docilité automatique. «Il faudrait rendre la discipline nationale», disait Guibert. «L'Etat que je peins aura une administration simple, solide, facile à gouverner. Il ressemblera à ces vastes machines, qui par des ressorts peu compliqués produisent de grands effets; la force de cet Etat naîtra de sa force, sa prospérité de sa prospérité. Le temps qui détruit tout augmentera sa puissance. Il démentira ce préjugé vulgaire qui fait imaginer que les empires sont soumis à une loi impérieuse de décadence et de ruine.» (SP, 171).

La discipline «individualise»; elle constitue la technique de base d'un pouvoir qui considère l'homme comme objet et instrument de son fonctionnement. Ce pouvoir n'est pas triomphant, excessif, omnipotent, mais modeste, soupçonneux, calculateur. Il s'exerce par l'intermédiaire d'une vision hiérarchique, d'un jugement normalisateur, et par l'*examen*, qui combine les deux précédents. La technologie du télescope, de la lentille, et du faisceau lumineux permit des développements décisifs en physique et en cosmologie. De même, «les petites techniques des surveillances multiples et entrecroisées» effectuées par des yeux qui devaient voir sans être vus, permirent d'établir une nouvelle connaissance de l'homme. L'un des sites les plus précoces de ces observations fut le campement militaire. Cependant, les mêmes principes sont à l'œuvre dans les plans des hôpitaux, asiles, prisons, écoles et cités ouvrières. Il fallait une architecture nouvelle qui permette l'observation continue des personnes qui étaient à l'intérieur. Le dispositif disciplinaire parfait permettait de voir tout en un seul coup d'œil. C'est dans ce but que Bentham créa le *Panopticon*. Ce bâtiment est conçu de telle sorte que l'occupant de chaque cellule puisse être observé par le vigile central qui lui est invisible. Conséquemment, le détenu, qui ne sait jamais s'il est observé, se comporte à tout moment comme s'il l'était. Cet état de visibilité constante et permanente assure le fonctionnement automatique du pouvoir. L'architecture massive des prisons anciennes, où les détenus étaient rassemblés dans des cellules étroites et sombres, pouvait donc être remplacée par une structure légère où ceux-ci sont séparés et toujours visibles. Mais le Panopticon n'était pas destiné à se limiter aux prisons: il était facile de l'adapter à n'importe quelle institution fermée.

> Il permet d'établir les différences: chez les malades, observer les symptômes de chacun, sans que la proximité des lits, la circulation des miasmes, les effets de contagion mêlent les tableaux cliniques; chez les enfants noter les performances (sans qu'il y ait imitation ou copiage), repérer les aptitudes, apprécier les caractères, établir des classements rigoureux, et par rapport à une évolution normale, distinguer ce qui est «paresse et entêtement» de ce qui est «imbécillité incurable»; chez les ouvriers, noter les aptitudes de chacun, comparer le temps qu'ils mettent à faire un ouvrage, et s'ils sont payés à la journée, calculer leur salaire en conséquence. (SP, 205).

Le Panopticon constitue la structure d'un mécanisme de pouvoir réduit à sa forme idéale. Cependant, le point d'observation unique et central n'était pas toujours le plus pratique. Dans les usines, surtout, il était nécessaire de diviser l'espace de surveillance en éléments plus petits; il en résultait une observation hiérarchisée. Avec l'augmentation du nombre des machines et de leur complexité, le contrôle devenait plus difficile, mais plus nécessaire. Il fallait partager l'autorité, en céder des parties. De même dans les écoles, où certains élèves étaient choisis comme officiers, leur tâche consistant à surveiller les autres et à rapporter les cas de mauvaise conduite. La surveillance continue et hiérarchisée devint ainsi un système intégré, un pouvoir multiple, automatique et anonyme. En effet, bien qu'elle repose sur des individus, elle fonctionne comme un réseau, comme une mécanique.

Ces systèmes disciplinaires recourent à une micropénalité qui fonctionne dans les domaines dont la loi ne dit rien.

> A l'atelier, à l'école, à l'armée sévit toute une micropénalité du temps (retards, absences, interruption des tâches), de l'activité (inattention, négligence, manque de zèle), de la manière d'être (impolitesse, désobéissance), des discours (bavardage, insolence), du corps (attitudes «incorrectes», gestes non conformes, malpropreté), de la sexualité (immodestie, indécence). En même temps est utilisée, à titre de punitions, toute une série de procédés subtils, allant du châtiment physique léger, à des privations mineures et à de petites humiliations. Il s'agit à la fois de rendre pénalisables les fractions les plus ténues de la conduite, et de donner une fonction punitive aux éléments en apparence indifférents de l'appareil disciplinaire: à la limite, que tout puisse servir à punir la moindre chose; que chaque sujet se trouve pris dans une universalité punissable-punissante. (SP, 180-1).

Cependant, le système récompense en même temps qu'il punit. Tout comportement peut donc être jugé en termes de bien et de mal. Une comptabilité pénale, régulièrement mise à jour permet de connaître la situation de chaque individu et rend possible la comparaison. La discipline permet donc un jugement normatif. Ainsi, une normalité coercitive et centralisée est imposée au système éducatif: pensons aux écoles «normales» créées à cette époque. La profession médicale et le système hospitalier s'organisent en vue d'établir des normes de santé. Quant à l'industrie, elle permet la manufacture de produits standardisés. La normalisation fonctionne parfaitement dans ce système où règne l'égalité formelle; elle impose l'homogénéité, mais elle permet aussi l'individualisation en fournissant une mesure des écarts et des différences.

Les techniques de l'observation hiérarchisée et du jugement normatif se combinent dans le cadre de l'*examen*.

> Il est un regard normalisateur, une surveillance qui permet de qualifier, de classer et de punir. Il établit sur les individus une visibilité à travers laquelle on les différencie et on les sanctionne. C'est pourquoi, dans tous les dispositifs de discipline, l'examen est hautement ritualisé. En lui viennent se rejoindre la cérémonie du pouvoir et la forme de l'expérience, le déploiement de la force et l'établissement de la vérité. Au cœur des procédures de discipline, il manifeste l'assujettissement de ceux qui sont perçus comme des objets et l'objectivation de ceux qui sont assujettis. La superposition des rapports de pouvoir et des relations de savoir prend dans l'examen tout son éclat visible. (SP, 186-7).

C'est par l'examen que la profession médicale acquit progressivement la maîtrise des hôpitaux. Au dix-septième siècle, le médecin faisait des visites peu fréquentes à l'hôpital. Il était extérieur à celui-ci et ne participait guère à son administration. Les visites se firent peu à peu plus régulières, plus rigoureuses, plus longues. Finalement, on nomma des médecins permanents, des infirmières qualifiées. Le médical prenait le pas sur le religieux. Cette transformation ouvrait la voie à la médecine anatomo-clinique qui allait se développer à la fin du dix-huitième siècle. De même, l'enseignement se doublait d'un système basé sur l'examen continu. Celui-ci n'était pas une simple vérification des connaissances de l'élève. Il permettait aussi au professeur de connaître ce dernier. De plus, les résultats permettaient la création de fichiers et de rapports. Chaque individu devenait un «cas», un objet de connaissances en même temps qu'un lieu d'exercice du pouvoir. Il est décrit, jugé, mesuré, comparé aux autres et en même temps dressé, corrigé, classifié, normalisé ou exclu. Jusqu'alors, seuls les grands avaient fait l'objet d'écrits. La chronique des actions d'un homme constituait une des parties rituelles de son pouvoir.

> Les procédés disciplinaires retournent ce rapport, abaissent le seuil de l'individualité descriptible et font de cette description un moyen de contrôle et une méthode de domination. Non plus monument pour une mémoire future, mais document pour une utilisation éventuelle. Et cette descriptibilité nouvelle est d'autant plus marquée que l'encadrement disciplinaire est strict : l'enfant, le malade, le fou, le condamné deviendront, de plus en plus facilement à partir du XVIII siècle et selon une pente qui est celle des mécanismes de discipline, l'objet de descriptions individuelles et de récits biographiques. Cette mise en écriture des existences réelles n'est plus une procédure d'héroïsation; elle fonctionne comme procé-

dure d'objectivation et d'assujettissement. La vie soigneusement collationnée des malades mentaux ou des délinquants relève, comme la chronique des rois ou l'épopée des grands bandits populaires, d'une certaine fonction politique de l'écriture; mais dans une tout autre technique du pouvoir... Les disciplines marquent le moment où s'effectue ce qu'on pourrait appeler le renversement de l'axe politique de l'individualisation. Dans des sociétés dont le régime féodal n'est qu'un exemple, on peut dire que l'individualisation est maximale du côté où s'exerce la souveraineté et dans les régions supérieures du pouvoir. Plus on y est détenteur de puissance ou de privilège, plus on y est marqué comme individu, par des rituels, des discours, ou des représentations plastiques. Le «nom» et la généalogie qui situent à l'intérieur d'un ensemble de parenté, l'accomplissement d'exploits qui manifestent la supériorité des forces et que les récits immortalisent, les cérémonies qui marquent, par leur ordonnance, les rapports de puissance, les monuments ou les donations qui donnent survie après la mort, les fastes et les excès de la dépense, les liens multiples d'allégeance et de suzeraineté qui s'entrecroisent, tout cela constitue autant de procédures d'une individualisation «ascendante». Dans un régime disciplinaire, l'individualisation en revanche est «descendante»: à mesure que le pouvoir devient plus anonyme et plus fonctionnel, ceux sur qui il s'exerce tendent à être plus fortement individualisés; et par des surveillances plutôt que par des cérémonies, par des observations plutôt que par des récits commémoratifs, par des mesures comparatives qui ont la «norme» pour référence, et non par des généalogies qui donnent les ancêtres comme points de repère; par des «écarts» plutôt que par des exploits. Dans un système de discipline, l'enfant est plus individualisé que l'adulte, le malade l'est avant l'homme sain, le fou et le délinquant plutôt que le normal et le non-délinquant... Toutes les sciences, analyses ou pratiques à radical «psycho-», ont leur place dans ce retournement historique des procédures d'individualisation. Le moment où on est passé de mécanismes historico-rituels de formation de l'individualité à des mécanismes scientifico-disciplinaires, où le normal a pris la relève de l'ancestral, et la mesure la place du statut, substituant ainsi à l'individualité de l'homme mémorable celle de l'homme calculable, ce moment où les sciences de l'homme sont devenues possibles, c'est celui où furent mises en œuvre une nouvelle technologie du pouvoir et une autre anatomie politique du corps. Et si depuis le fond du Moyen Age jusqu'aujourd'hui «l'aventure» est bien le récit de l'individualité, le passage de l'épique au romanesque, du haut fait à la secrète singularité, des longs exils à la recherche intérieure de l'enfance, des joutes aux fantasmes, s'inscrit lui aussi dans la formation d'une société disciplinaire. (SP, 193-5).

Le démarrage économique de l'Europe occidentale eut pour source les techniques qui rendirent possible l'accumulation du capital. Quant aux méthodes permettant d'accumuler les hommes, elles rendirent possible un démarrage politique. Les formes de pouvoir traditionnelles et rituelles, coûteuses et violentes cédèrent la place à une technologie subtile et calculatrice de l'assujettissement. Ces deux processus dépendent l'un de l'autre. L'expansion économique permettait de subvenir aux besoins de la population croissante, et de l'employer; les techniques disciplinaires accéléraient l'accumulation du capital. L'évolution qui, au dix-huitième siècle, fit de la bourgeoisie la classe politiquement dominante fut masquée par l'adoption d'une constitution formellement égalitaire, soutenue par un système de gouvernement représentatif. Cependant, cette politique des lumières avait une face sombre et voilée : le réseau proliférant des mécanismes disciplinaires. Si la constitution était basée sur le concept du contrat négocié librement, ces mécanismes assuraient la soumission des forces et des corps. Foucault est sans doute le premier théoricien de la politique à montrer toutes les implications de ces techniques. Le Panopticon de Bentham a été classé rétrospectivement sous l'étiquette de « petite utopie bizarre », et même de « rêve pervers ». Les contemporains, eux se faisaient moins d'illusions. Le pénologue allemand Julius dit du Panopticon qu'il est « un événement dans l'histoire de l'esprit humain ». En comparaison avec la machine à vapeur ou le microscope d'Amici, celui-ci semble n'avoir que peu d'importance. Pourtant, d'une certaine manière il en a bien plus. Les sciences empiriques recouraient au modèle inquisitorial pour soutirer les informations du monde et établir des « faits », les sciences de l'homme ont des origines « ignobles » similaires; « dans la minutie tâtillonne et méchante des disciplines ».

> Le supplice achève logiquement une procédure commandée par l'Inquisition. La mise en « observation » prolonge naturellement une justice envahie par les méthodes disciplinaires et les procédures d'examen. Que la prison cellulaire, avec ses chronologies scandées, son travail obligatoire, ses instances de surveillance et de notation, avec ses maîtres en normalité, qui relaient et multiplient les fonctions du juge, soit devenue l'instrument moderne de la pénalité, quoi d'étonnant ? Quoi d'étonnant si la prison ressemble aux usines, aux écoles, aux casernes, aux hôpitaux, qui tous ressemblent aux prisons ? (SP, 228-9).

La dernière partie du livre est exclusivement consacrée à la prison elle-même, à la théorie et à la pratique de cette «institution complète et austère», à son développement depuis le début du dix-huitième siècle. Elle retrace l'histoire de diverses controverses: les détenus doivent-ils ou non être isolés? Dans l'affirmative, lesquels, et pour combien de temps? Doit-on obliger les prisonniers à travailler, et dans ce cas, doit-on les payer? Dans quelle mesure les responsables de la prison doivent-ils pouvoir réduire ou augmenter les peines légales, que ce soit en quantité ou en qualité? Foucault montre que le mécontentement envers l'institution pénitentiaire et les mouvements visant à la réformer ne sont pas récents, mais aussi anciens que la prison elle-même. De plus, ce sont toujours les mêmes questions et les mêmes réponses qui apparaissent, d'une façon ou d'une autre, dès que la prison est mise en cause: elle ne réduit pas le taux de criminalité; la détention provoque la récidive; la prison encourage la création d'un milieu de criminels habitués; elle produit indirectement des criminels en mettant la famille du détenu dans un état de destitution. Les propositions de réforme sont toujours fondées sur les mêmes principes: la détention pénale doit avoir pour but essentiel de modifier le comportement de l'individu; il faut séparer les prisonniers selon la gravité de leurs crimes, leur âge, leur disposition d'esprit, les techniques de correction envisagées et leur évolution; il doit être possible de modifier la peine selon le comportement individuel du détenu et ses réactions à l'emprisonnement; le travail doit être un des éléments essentiels de la transformation et de la socialisation progressive du détenu; l'éducation de celui-ci est dans l'intérêt de la société et est une obligation envers lui; le régime pénitentiaire doit, au moins en partie, être administré par de véritables éducateurs, possédant les qualités morales et la formation spécialisée qui sont indispensables; la détention doit être suivie de mesures de surveillance et d'assistance jusqu'à ce que la réhabilitation du prisonnier soit complète.

Cependant, il ne faut pas concevoir la prison en termes de naissance, d'échec et de réforme.

> Il faut plutôt penser à un système simultané qui historiquement s'est surimposé à la privation juridique de liberté; un système à quatre termes qui comprend: le «supplément» disciplinaire de la prison — élément de surpouvoir; la production d'une objectivité,

> d'une technique, d'une «rationalité» pénitentiaire — élément du savoir connexe; la reconduction de fait, sinon l'accentuation d'une criminalité que la prison devrait détruire — élément de l'efficacité inversée; enfin la répétition d'une «réforme» qui est isomorphe, malgré son «idéalité», au fonctionnement disciplinaire de la prison — élément du dédoublement utopique. C'est cet ensemble complexe qui constitue le «système carcéral» et non pas seulement l'institution de la prison, avec ses murs, son personnel, ses règlements et sa violence. Le système carcéral joint en une même figure des discours et des architectures, des règlements coercitifs et des propositions scientifiques, des effets sociaux réels et des utopies invincibles, des programmes pour corriger les délinquants et des mécanismes qui solidifient la délinquance. (SP, 276).

Foucault se pose alors une question qui peut sembler étonnante: «Le prétendu échec ne fait-il pas partie alors du fonctionnement de la prison?» Il éclaire ce point par une autre question:

> N'est-il pas à inscrire dans ces effets de pouvoir que la discipline et la technologie connexe de l'emprisonnement ont induits dans l'appareil de justice, plus généralement dans la société et qu'on peut regrouper sous le nom de «système carcéral»? Si l'institution-prison a tenu si longtemps, et dans une pareille immobilité, si le principe de la détention pénale n'a jamais sérieusement été mis en question, c'est sans doute parce que ce système carcéral s'enracinait en profondeur et exerçait des fonctions précises. (SP, 276).

La prison et le système juridique en général n'ont pas pour but d'éliminer le crime, mais sont un moyen d'établir des différences entre types de crimes et de criminels. Il s'agit d'opposer une source d'instabilité sociale à une autre, d'employer l'une contre l'autre. Au dix-huitième siècle, et au début du dix-neuvième, il y avait un large éventail d'illégalités populaires où il était difficile de séparer les infractions politiques et non politiques. D'une certaine manière, il y avait des couches entières de la population où couvait en permanence la rébellion. Sans doute ces gens craignaient-ils la loi, mais ils ne la respectaient certainement pas. Elle n'apparaissait plus comme l'expression de la volonté du roi, ni même comme celle de Dieu, mais comme un instrument de la nouvelle classe riche. Dans les campagnes, la liquidation de l'aristocratie avait libéré les terres et permis leur commercialisation au bénéfice de la bourgeoisie post-révolutionnaire. Dans les villes la loi interdisait les associations d'ouvriers mais permettait aux employeurs de former des cartels afin d'introduire plus de machines, de diminuer les salaires, d'alourdir les horaires de travail et de rendre plus stricte les réglementations internes. La plupart des ouvriers qui subissaient ces situations étaient des paysans forcés de quitter leurs terres par les agissements des propriétaires. Les illégalités commencées dans les campagnes se poursuivaient dans les villes, et d'autres encore s'ajoutaient :

> depuis les plus violents comme les bris de machines, ou les plus durables comme la constitution d'associations, jusqu'aux plus quotidiens comme l'absentéisme, l'abandon de travail, le vagabondage, les fraudes sur les matières premières, sur la quantité et qualité du travail achevé. Toute une série d'illégalismes s'inscrivent dans des luttes où on sait qu'on affronte à la fois la loi et la classe qui l'a imposée. (SP, 279).

Dans une partie importante de la population, les atteintes à la propriété n'étaient pas considérées comme des crimes, ni ceux qui les commettaient comme des criminels. Au contraire, il était difficile de séparer ces actes d'une certains attitude politique et de la lutte sociale. Les législateurs, les philanthropes, ceux qui étudiaient le mode de vie des ouvriers, avaient de toute évidence une grande peur du peuple, qu'ils considéraient comme fondamentalement séditieux et criminel. Au cours du siècle, la théorie pénale commença à refléter ces conditions nouvelles : le crime n'était pas le résultat d'un choix individuel vis-à-vis d'une tendance commune à tous les hommes, mais le fait quasi exclusif de la classe sociale la plus basse. Il est donc naïf de croire que la loi a été faite par tous et au nom de tous : en réalité elle a été créée par la minorité afin de soumettre la majorité. Ce qu'ont réussi, au cours des cent cinquante dernières années la prison et les mécanismes disciplinaires qui lui sont liés, c'est la création d'une sous-classe autonome de délinquants, de criminels réguliers tirés en grande partie de la classe ouvrière, mais qui n'appartenaient plus à celle-ci. En concentrant sur un seul groupe relativement petit les illégalités qui menaçaient d'affecter l'ensemble de la population, il était possible de les contenir.

> Au constat que la prison échoue à réduire les crimes il faut peut-être substituer l'hypothèse que la prison a fort bien réussi à produire la délinquance, type spécifié, forme politiquement ou économiquement moins dangereuse — à la limite utilisable — d'illégalisme ; à produire les délinquants, milieu apparemment marginalisé

> mais centralement contrôlé; à produire le délinquant comme sujet pathologisé... Le système carcéral avait substitué à l'infracteur le «délinquant», et épinglé aussi sur la pratique juridique, tout un horizon de connaissance possible. Or ce processus qui constitue la délinquance-objet fait corps avec l'opération politique qui dissocie les illégalismes et en isole la délinquance. La prison est la charnière de ces deux mécanismes; elle leur permet de se renforcer perpétuellement l'un l'autre, d'objectiver la délinquance derrière l'infraction, de solidifier la délinquance dans le mouvement des illégalismes. Réussite telle qu'après un siècle et demi d'«échecs», la prison existe toujours, produisant les mêmes effets et qu'on éprouve à la jeter bas les plus grands scrupules. (SP, 282).

La création d'une classe de délinquants, d'une sorte d'illégalité close sur elle-même, a toute une série d'avantages. Il devient possible de la surveiller (en localisant les individus, en infiltrant les groupes, en recourant à des informateurs). On peut la diriger vers des formes de délinquance sans conséquences politiques ni économiques. Cette illégalité concentrée, surveillée et désarmée est alors directement utile. Les colonies pénitentiaires ont, par exemple, constitué un élément essentiel de l'expansion coloniale. Cette illégalité permet aussi le contrôle des activités semi-clandestines comme la prostitution, le trafic d'armes et, plus récemment, le trafic de drogues. Le danger est contenu, les profits sont tirés et la moralité publique est satisfaite. Au dix-neuvième siècle, on recourait couramment aux délinquants pour infiltrer les partis politiques et les associations ouvrières, pour briser les grèves et étouffer les révoltes. A cette époque, ils semblent former une armée de secours, à la disposition de l'Etat; ils ont notamment joué un rôle important dans la prise du pouvoir par Louis Napoléon. Mais par-dessus tout, la délinquance fournissait une justification et un moyen pour la surveillance générale de la population. Une grande partie de ce travail de police était effectuée, au niveau le plus bas, par un ensemble d'informateurs choisis parmi les criminels. Plus tard cette fonction informatrice fut remplie par les statisticiens, les sociologues, les psychiatres et les assistantes sociales.

Le crime produit donc la prison; la prison, la classe des délinquants; l'existence de celle-ci, un prétexte justifiant la surveillance de la population entière. Ce travail de police conduisait à la recherche et à la mise sur fiches d'informations sur certains groupements et individus, créant ainsi un champ d'action pour les sciences humaines. Le crime devenait un écart vis-à-vis de la norme, une maladie à comprendre, sinon à corriger. Ceci justifiait l'examen de la population toute entière. L'exercice du pouvoir sur la population et l'accumulation d'un savoir qui la concene sont les deux faces d'un même phénomène; il ne s'agit pas d'un pouvoir et d'un savoir, mais bien d'un pouvoir-savoir.

> Les juges de normalité y sont présents partout. Nous sommes dans la société du professeur-juge, du médecin-juge, de l'éducateur-juge, du «travailleur social» - juge; tous font régner l'universalité du normatif; et chacun au point où il se trouve y soumet le corps, les gestes, les comportements, les conduites, les aptitudes, les performances. Le réseau carcéral, sous ses formes compactes ou disséminées, avec ses systèmes d'insertion, de distribution, de surveillance, d'observation, a été le grand support, dans la société moderne, du pouvoir normalisateur. Le tissu carcéral de la société assure à la fois les captations réelles du corps et sa perpétuelle mise en observation; il est, par ses propriétés intrinsèques, l'appareil de punition le plus conforme à la nouvelle économie du pouvoir, et l'instrument pour la formation du savoir dont cette économie même a besoin. Son fonctionnement panoptique lui permet de jouer ce double rôle. Par ses procédés de fixation, de répartition, d'enregistrement, il a été longtemps une des conditions, la plus simple, la plus fruste, la plus matérielle aussi, mais peut-être la plus indispensable, pour que se développe cette immense activité d'examen qui a objectivé le comportement humain. Si nous sommes entrés, après l'âge de la justice «inquisitoire», dans celui de la justice «examinatoire», si d'une façon plus générale encore, la procédure d'examen a pu si largement recouvrir toute la société, et donner lieu pour une part aux sciences de l'homme, un des grands instruments en a été la multiplicité et l'entrecroisement serré des mécanismes divers d'incarcération. Il ne s'agit pas de dire que de la prison sont sorties les sciences humaines. Mais si elles ont pu se former et produire dans l'épistémè tous les effets de bouleversement qu'on connaît, c'est qu'elles ont été portées par une modalité spécifique et nouvelle de pouvoir: une certaine politique du corps, une certaine manière de rendre docile et utile l'accumulation des hommes. Celle-ci exigeait l'implication de relations définies de savoir dans les rapports de pouvoir; elle appelait une technique pour entrecroiser l'assujettissement et l'objectivation; elle comportait des procédures nouvelles d'individualisation. Le réseau carcéral constitue une des armatures de ce pouvoir-savoir qui a rendu historiquement possible les sciences humaines. L'homme connaissable (âme, individualité, conscience, conduite, peu importe ici) est l'effet-objet de cet investissement analytique, de cette domination-observation. (SP, 311-2).

# 3. Sexualité, pouvoir, savoir

Il était évident que Foucault consacrerait un jour un livre entier à la sexualité. Il s'y était engagé quinze ans auparavant dans la préface de la première édition de *L'histoire de la folie*, et avait à nouveau proposé ce sujet comme domaine d'enquête possible dans *L'archéologie du savoir*. En 1963, Foucault avait écrit « Préface à la transgression » pour un numéro spécial de *Critique* consacré à Georges Bataille. Ce texte préfigure les notions dominantes de *La volonté de savoir*.

> On croit volontiers que, dans l'expérience contemporaine, la sexualité a retrouvé une vérité de nature qui aurait longtemps patienté dans l'ombre, et sous divers déguisements, que seule notre perspicacité positive nous permet aujourd'hui de déchiffrer, avant d'avoir le droit d'accéder enfin à la pleine lumière du langage. Jamais pourtant la sexualité n'a eu un sens plus immédiatement naturel et n'a connu sans doute un aussi grand « bonheur d'expression » que dans le monde chrétien des corps déchus et du péché. Toute une mystique, toute une spiritualité le prouvent, qui ne savait point diviser le formes continues du désir, de l'ivresse, de la pénétration, de l'extase et de l'épanchement qui défaille; tous ces mouvements, elle les sentait se poursuivre, sans interruption ni limite, jusqu'au cœur d'un amour divin dont ils étaient le dernier évasement et la source en retour... Nous n'avons pas libéré la sexualité, mais nous l'avons, exactement, portée à la limite: limite

> de notre inconscience, puisqu'elle dicte finalement la seule lecture possible, pour notre conscience, de notre inconscience; limite de la loi, puisqu'elle apparaît comme le seul contenu absolument universel de l'interdit; limite de notre langage : elle dessine la ligne d'écume de ce qu'il peut tout juste atteindre sur le sable du silence. (B1, 751).

Pourtant, lorsque parut *La volonté de savoir*, en 1976, même les habitués de Foucault et de ses renversements de la sagesse reçue furent pris de court. Il ne promettait rien de moins qu'une « histoire de la sexualité », dont ce mince volume n'était qu'une introduction. Evidemment, quiconque connaissait un tant soit peu les œuvres de Foucault ne pouvait pas s'attendre à une sorte d'encyclopédie de l'érotisme. Pourtant, certains titres annoncés auraient pu tenter le flâneur peu attentif : *La chair et le corps*; *La croisade des enfants*; *La femme, la mère et l'hystérique*; *Les pervers*; *Populations et races*. Bien sûr, il n'est pas davantage question ici d'écrire une « histoire » de la sexualité qu'il ne l'était auparavant en ce qui concerne la folie. Quoi qu'il en soit, ce premier titre, tout à fait foucaldien, était un avertissement. En effet, il convient en quelque sorte à tous les livres de Foucault. Quel est donc le rapport spécifique entre « la volonté de savoir » et la sexualité ? Que l'on se rappelle le Jardin d'Eden, l'Arbre du Savoir et des expressions comme « connaître charnellement ». Cependant, Foucault ne désigne pas tant le savoir charnel que celui qui se rapporte au corps et qui permet d'exercer un pouvoir sur lui. Dans *Surveiller et punir*, Foucault montrait par une analyse détaillée que le pouvoir n'est pas seulement répressif et négatif, mais aussi positif, et producteur de savoir.

> Il faut cesser de toujours décrire les effets de pouvoir en termes négatifs : il « exclut », il « réprime », il « refoule », il « censure », il « abstrait », il « masque », il « cache ». En fait le pouvoir produit; il produit du réel; il produit des domaines d'objets et des rituels de vérité. L'individu et la connaissance qu'on peut en prendre relèvent de cette production. (SP, 196).

Il nous demande dans ce nouveau livre de réfléchir à une thèse similaire : les relations entre le pouvoir et le sexe ne sont pas non plus essentiellement répressives. En réalité, elles produisent un discours sur la sexualité qui prolifère sans cesse. Le livre commence cependant par un résumé brillant de la position traditionnelle.

> Longtemps nous aurions supporté, et nous subirions aujourd'hui encore, un régime victorien. L'impériale bégueule figurerait au blason de notre sexualité, retenue, muette, hypocrite. Au début du XVII<sup>e</sup> siècle encore, une certaine franchise avait cours, dit-on. Les pratiques ne cherchaient guère le secret; les mots se disaient sans réticence excessive, et les choses sans trop de déguisement; on avait, avec l'illicite, une familiarité tolérante. Les codes du grossier, de l'obscène, de l'indécent étaient bien lâches, si on les compare à ceux du XIX<sup>e</sup> siècle. Des gestes directs, des discours sans honte, des transgressions visibles, des anatomies montrées et facilement mêlées, des enfants délurés rôdant sans gêne ni scandale parmi les rires des adultes: les corps «faisaient la roue». A ce plein jour, un rapide crépuscule aurait fait suite, jusqu'aux nuits monotones de la bourgeoisie victorienne. La sexualité est alors soigneusement renfermée. Elle emménage. La famille conjugale la confisque. Et l'absorbe toute entière dans le sérieux de la fonction de reproduire. Autour du sexe, on se tait. Le couple, légitime et procréateur, fait la loi. Il s'impose comme modèle, fait valoir la norme, détient la vérité, garde le droit de parler en se réservant le principe du secret. Dans l'espace social, comme au cœur de chaque maison, un seul lieu de sexualité reconnue, mais utilitaire et fécond : la chambre des parents. Le reste n'a plus qu'à s'estomper; la convenance des attitudes esquive les corps, la décence des mots blanchit les discours. (VS, 9-10).

Donc, pour les victoriens — et il faut y inclure les «continentaux»: le brouillard de la pruderie puritaine s'était étendu par-dessus la Manche, et la Reine régnait non seulement sur l'Empire mais, comme ses prédécesseurs, sur la France — l'acte sexuel qui n'avait pas la procréation pour but, qui n'était pas transfiguré par celle-ci, était non seulement interdit, mais aussi refusé, réduit au silence. On ne pouvait, cependant, éviter quelques concessions. A défaut de pouvoir interdire totalement les actes illégaux, il fallait au moins les contenir, les maintenir dans des endroits spécifiques: le bordel et l'asile d'aliénés. Là, la prostituée et son client, l'hystérique et son psychiatre, pouvaient agir, ou du moins parler, d'une façon interdite en dehors de ces murs. C'est seulement au cours du siècle présent, dit-on, que nous avons commencé à nous libérer, avec peine, de nos tabous sexuels. Freud est généralement cité comme l'un des héros de ce processus. Pourtant, une version extrémiste de la thèse répressive mettrait Freud lui-même du côté de la répression, condamnant son conformisme bourgeois, ainsi que la tendance normalisatrice de la psychanalyse. Freud a sans doute apporté des améliorations,

> mais avec quelle circonspection, quelle prudence médicale, quelle garantie scientifique d'innocuité, et combien de précautions pour tout maintenir, sans crainte de «débordement» dans l'espace le plus sûr et le plus discret, entre divan et discours: encore un chuchotement profitable sur un lit. (VS, 11).

La salle de consultation rappelle trop la chambre de la prostituée: ce ne sont que soupapes permettant aux mécanismes répressifs de continuer à fonctionner.

Ce point de vue sur la sexualité, à savoir que depuis le milieu du dix-septième siècle, le pouvoir agit sur elle d'une façon essentiellement répressive, semble impossible à remettre en cause, dit Foucault, parce qu'on le fait coïncider avec la montée de la bourgeoisie et du capitalisme.

> La petite chronique du sexe et de ses brimades se transpose aussitôt dans la cérémonieuse histoire des modes de production; sa futilité s'évanouit. Un principe d'explication se dessine du fait même: si le sexe est réprimé avec tant de rigueur, c'est qu'il est incompatible avec une mise au travail générale et intensive; à l'époque où on exploite systématiquement la force de travail, pouvait-on tolérer qu'elle aille s'égailler dans les plaisirs, sauf dans ceux, réduits au minimum, qui lui permettent de se reproduire? (VS, 12-13).

Il ne s'agit pas ici d'attaquer le marxisme, qui traditionnellement élimine l'individu de ses préoccupations, ni la psychanalyse, qui ignore les rapports sociaux, mais bien le «freudo-marxisme», amalgame incertain dû à la «nouvelle gauche». Pour celle-ci, la liberté sexuelle, la connaissance du sexe et le droit d'en parler, sont devenus une cause, identifiée par certains à celle du peuple, et appartenant conséquemment au futur. Si le sexe est réprimé, interdit, condamné au silence, à la non-existence, le simple fait d'en parler devient un acte délibéré de transgression. C'est un coup porté contre le pouvoir au nom de la liberté future.

> Certaines des vieilles fonctions traditionnelles de la prophétie s'y trouvent réactivées. A demain le bon sexe. C'est parce qu'on affirme cette répression qu'on peut encore faire coexister, discrètement, ce que la peur du ridicule ou l'amertume de l'histoire empêche la plupart d'entre nous de rapprocher: la révolution et le bonheur; ou la révolution et un corps autre, plus neuf, plus beau; ou encore la révolution et le plaisir. Parler contre les pouvoirs, dire la vérité et promettre la jouissance; lier l'un à l'autre

> l'illumination, l'affranchissement et des voluptés multipliées; tenir un discours où se joignent l'ardeur du savoir, la volonté de changer la loi et le jardin espéré des délices — voilà qui soutient sans doute chez nous l'acharnement à parler du sexe en termes de répression; voilà qui explique peut-être aussi la valeur marchande qu'on attribue non seulement à tout ce qui s'en dit, mais au simple fait de prêter une oreille à ceux qui veulent en lever les effets. Nous sommes, après tout, la seule civilisation où des préposés reçoivent rétribution pour écouter chacun faire confidence de son sexe : comme si l'envie d'en parler et l'intérêt qu'on en espère avaient débordé largement les possibilités de l'écoute, certains même ont mis leurs oreilles en location. (VS, 14).

Mais plus importante que de telles implications économiques, il y a l'existence d'un nouvel évangélisme sexuel, dans lequel sont mêlés la révélation de la vérité, la mise à nu des hypocrisies passées, la promesse des désirs comblés et du bonheur futur. Cette religiosité lyrique, qui depuis longtemps accompagne la plus grande partie de la pensée révolutionnaire, semble s'être étendue, au cours des dernières décennies, à la sexualité. Foucault résume ainsi la question qui s'est posée à lui.

> Il s'agit en somme d'interroger le cas d'une société qui depuis plus d'un siècle se fustige bruyamment de son hypocrisie, parle avec prolixité de son propre silence, s'acharne à détailler ce qu'elle ne dit pas, dénonce les pouvoirs qu'elle exerce et promet de se libérer des lois qui l'ont fait fonctionner. Je voudrais faire le tour non seulement de ces discours, mais de la volonté qui les porte et de l'intention stratégique qui les soutient. La question que je voudrais poser n'est pas : pourquoi sommes-nous réprimés, mais pourquoi disons-nous, avec tant de passion, tant de rancœur contre notre passé le plus proche, contre notre présent et contre nous-mêmes, que nous sommes réprimés ? Par quelle spirale en sommes-nous arrivés à affirmer que le sexe est nié, à montrer ostensiblement que nous le cachons, à dire que nous le taisons —, et ceci en le formulant en mots explicites, en cherchant à le faire voir dans sa réalité la plus nue, en l'affirmant dans la positivité de son pouvoir et de ses effets? (VS, 16).

Foucault présente alors l'argument principal contre de tels doutes. L'hypothèse répressive est si largement acceptée qu'elle semble historiquement évidente. Le sexe est au centre de tant de débats parce que sa répression est très profondément enracinés dans notre pensée et dans nos sentiments. Il fallait donc s'attendre à ce que les effets de la libération sexuelle mettent aussi longtemps à se manifester. Foucault répond par trois questions : 1. Est-il bien évident que le sexe ait été réprimé sans commune mesure depuis le dix-septième siècle ? 2. Les mécanismes de pouvoir qui fonctionnent dans les sociétés capitalistes sont-ils essentiellement répressifs ? 3. Le mouvement de libération s'oppose-t-il vraiment aux mécanismes de pouvoir et de répression, ou bien forment-ils au contraire une partie intégrante du réseau historique même qu'il condamne ?

Cependant, le but de Foucault n'est pas de mettre en place une version symétrique inversée, de l'hypothèse répressive. Il n'affirme pas que le sexe, loin d'être réprimé par la société bourgeoise, jouisse au contraire d'une liberté sans précédents, que le pouvoir, dans notre société, soit plus tolérant que répressif et ainsi de suite. Il s'agit moins de montrer que l'hypothèse répressive est erronée que de la situer dans une « économie générale du discours sur le sexe », au sein de la société moderne. De nouvelles questions apparaissent alors : Pourquoi la sexualité est-elle devenue un sujet de débats ? Qu'en a-t-on dit exactement ? Qu'ont été les effets, en termes de pouvoir, de ce discours sur le sexe ? Quel rapport y a-t-il entre ce discours, ces effets de pouvoirs, et le plaisir sur lequel ils opèrent ? Quel savoir en a résulté ? En bref, quel est ce « régime de pouvoir-savoir-plaisir » qui nourrit ce discours sexuel ? Ce qu'il faut examiner, c'est comment le pouvoir se glisse au travers des chemins creusés par le discours pour atteindre, pénétrer et contrôler les individus jusque dans leurs plaisirs les plus intimes et ceci en recourant à des méthodes négatives et positives : le refus et l'interdit, mais aussi l'excitation et l'intensification. C'est ce que Foucault appelle « les techniques polymorphes du pouvoir ». Il ne s'agit pas de décider si ce discours produit par le pouvoir et ce pouvoir produit par le discours tendent à révéler ou à cacher la vérité sur le sexe, mais bien de localiser la « volonté de savoir » qui sert en même temps d'objet et d'instrument à l'action du pouvoir sur le discours. Foucault ne nie pas l'existence de la répression ; cependant, il rejette le point de vue selon lequel le pouvoir serait monolithique, centralisé et répressif. La répression serait plutôt l'un des effets parmi d'autres, d'un ensemble complexe de mécanismes liés à la production du discours (et du silence), du pouvoir (et de l'interdit), du savoir (et de l'erreur). L'examen initial des données selon ces critères suggère que le discours sexuel n'a pas été soumis à un processus de restriction, mais bien à une stimulation croissante; « que les techniques de pouvoir qui s'exercent sur le sexe n'ont pas obéi à un principe de sélection rigoureuse mais au contraire de dissémination et d'implantation des sexualités polymorphes et que la volonté de savoir ne s'est pas arrêtée devant un tabou... mais qu'elle s'est acharnée... à constituer une science de la sexualité » (VS, 21).

Il est certain qu'avec l'arrivée de la période classique, il y eut une purification du vocabulaire autorisé. Un code nouveau et plus strict gouvernait le dicible en fonction du lieu, des circonstances et de l'interlocuteur. Cependant, au niveau du discours lui-même, c'était l'inverse. Il y eut une prolifération du discours sur le sexe, une incitation venant des organes de pouvoir eux-mêmes. Ainsi, la pratique catholique de la confession subit un changement marqué après le concile de Trente. Les questions posées et les réponses attendues devinrent moins explicites, les détails qu'on considérait nécessaires, au Moyen Age, dans une véritable confession, paraissaient inconvenants. Le dialogue entre le pénitent et le confesseur devenait plus voilé, plus circonlocutoire. D'un autre côté, on ne se contentait plus d'une seule confession par an et on accordait, de façon croissante, une plus grande importance aux péchés de chair. Un processus subtil d'examen de soi fut imposé aux chrétiens, destiné à localiser et à catégoriser les péchés: péchés de mot, de pensée, d'acte. La chair devenait la source de tout mal, mais c'était dans l'âme que le péché s'éveillait, dans la moindre pensée ou rêverie, dans le moindre souvenir.

> Sous le couvert d'un langage qu'on prend soin d'épurer de manière qu'il n'y soit plus nommé directement, le sexe est pris en charge, et comme traqué, par un discours qui prétend ne lui laisser ni obscurité ni répit. (VS, 29).

Cette technique de transformation du sexe en discours n'était pas nouvelle. Elle avait longtemps fait partie de la tradition monastique ascétique. Mais au dix-septième siècle, elle devint une règle, ou du moins un idéal pour tous les catholiques. Cependant, la tâche était sans fin, car plus on passe de temps à la recherche de la moindre pensée impure, plus on est assiégé par celle-ci. Ainsi, ce qui se veut mécanisme de restriction est en fait mécanisme de production. Non content de confesser chaque péché, le pénitent doit encore transformer son moindre désir en discours. Pour Foucault, la littérature scandaleuse des siècles postérieurs descend en ligne directe de l'examen de conscience catholique. Lorsque Sade insiste dans *Les 120 journées de Sodome* pour que chacun raconte son histoire avec «les détails les plus grands et les plus étendus», on croit entendre les instructions d'un directeur de conscience: «Tout dire, non seulement les actes consommés, mais les attouchements sexuels, tous les regards impurs, tous les propos obscènes, toutes les pensées consenties». Un désir semblable de transformer en mots l'activité sexuelle d'une vie entière motivait l'auteur anonyme de *My secret life*, à la fin du dix-neuvième siècle. S'il peut nous sembler être l'un de ces «Victoriens autres» de Steven Marcus, en rébellion contre le puritanisme de son temps, et précurseur d'un âge éclairé à venir, il peut aussi être considéré comme la figure représentative d'une tradition longue et ininterrompue du discours sur le sexe.

Pourtant, cette technique ne se limitait pas à la spiritualité chrétienne et à la littérature érotique. Depuis le milieu du dix-huitième siècle, le pouvoir séculier s'occupait, lui aussi, de plus en plus du sexe. Parler de la sexualité n'était pas chose aisée: il fallait développer un langage nouveau, un mode de discours neuf, basé et sur la morale, et sur la raison. Comment parler sérieusement d'un sujet qui ne provoquait que le dégoût ou le ridicule? Comment dire la vérité sur ce sujet en évitant en même temps l'hypocrisie et le scandale? Cependant, cette croissance de l'intérêt scientifique pour le sexe n'était pas le fait d'une volonté de savoir désintéressée. Le sexe pénétrait dans le domaine public en même temps que le problème de la population. Celle-ci était à la fois richesse et main-d'œuvre, en équilibre entre sa propre croissance et les richesses qu'elle pouvait produire. Les gouvernements comprirent qu'ils n'avaient plus affaire à des «sujets», ni même à un «peuple», mais à une «population» caractérisée par des phénomènes qui lui étaient propres: natalité et mortalité, espérance de vie, fertilité, santé, régime alimentaire, etc. Au centre de ce problème économique et politique de la population, il y avait le sexe: il fallait analyser la natalité, l'âge du mariage, les naissances légitimes et illégitimes, la précocité et la fréquence des rapports sexuels, la nature et l'étendue des pratiques contraceptives, etc. La croissance de la population n'était plus *a priori* un bien: cela ne pouvait se décider que par un subtil calcul des besoins.

> Que l'Etat sache ce qu'il en est du sexe des citoyens et de l'usage qu'ils en font, mais que chacun, aussi, soit capable de contrôler l'usage qu'il en fait. Entre l'Etat et l'individu, le sexe est devenu un enjeu, et un enjeu public; toute une trame de discours, de savoirs, d'analyses et d'injonctions l'ont investi. (VS, 37).

Au cours du dix-neuvième siècle, la société développa de plus en plus de mécanismes destinés au contrôle du comportement individuel. L'école était un des lieux les plus importants dans ce jeu du pouvoir-savoir. La sexualité des enfants était une des plus grandes préoccupations de tous ceux qui étaient liés à l'éducation, depuis les architectes qui concevaient les bâtiments, jusqu'aux enseignants eux-mêmes. La répartition des élèves dans la classe, l'aménagement de la récréation, la forme des dortoirs (avec ou sans cloisons, avec ou sans rideaux), les règles de la conduite nocturne — toutes ces dispositions étaient orientées vers la sexualité de l'enfant. Il y eut une prolifération de la littérature savante sur le collégien et son sexe. Rapidement, d'autres types de discours se tournèrent aussi vers le sexe. La médecine, d'abord par l'étude des «désordres nerveux», puis par la psychiatrie, se mit à rechercher l'origine des maladies mentales dans les excès sexuels: onanisme, frustration, «fraudes à la procréation», perversions sexuelles. La loi, qui auparavant ne s'était occupée que des crimes les plus ouvertement «contre nature», étendit le champ de ses intérêts à toutes sortes de petits attentats, outrages mineurs, perversions insignifiantes. Au cours des cent dernières années, toute une série de contrôles sociaux se sont développés, filtrant la sexualité des citoyens de tout âge, sous quelque forme qu'elle se présente. C'est le règne de la prévention, de la protection et de la condamnation; des diagnostics, des rapports et des thérapies organisées. Le sexe est devenu une zone chargée de dangers innombrables, connus et inconnus, dont chacun doit être conscient: tout le monde doit en parler.

> On le débusque et on le contraint à une existence discursive. De l'impératif singulier qui impose à chacun de faire de sa sexualité

> un discours permanent, jusqu'aux mécanismes multiples qui, dans l'ordre de l'économie, de la pédagogie, de la médecine, de la justice, incitent, extraient, aménagent, institutionalisent le discours du sexe, c'est une immense prolixité que notre civilisation a requise et organisée. Peut-être aucun autre type de société n'a jamais accumulé, et dans une histoire relativement si courte, une telle quantité de discours sur le sexe. De lui, il se pourrait bien que nous parlions plus que de toute autre chose... Sur le sexe, la plus intarissable, la plus impatiente des sociétés, il se pourrait que ce soit la nôtre. (VS, 45-46).

Il serait cependant faux de croire qu'il ne s'est produit qu'une simple augmentation quantitative du discours sexuel. Il y a eu, en plus, une dispersion des centres d'où émanait ce discours et une diversification de leur forme. Parallèlement, il s'est produit une dispersion et une diversification des «sexualités», que Foucault appelle une «implantation multiple des 'perversions'». Jusqu'à la fin du dix-huitième siècle, les pratiques sexuelles étaient régies — en dehors des coutumes et croyances — par trois grands codes: le droit canon, la morale sexuelle prônée par le clergé, et la loi civile. Tous trois s'occupaient de la distinction entre licite et illicite. Tous étaient centrés sur les relations matrimoniales: les limites du devoir conjugal, les gestes permis et interdits, les périodes d'interdiction de l'acte sexuel, le degré de violence tolérée. La sexualité conjugale était donc couverte d'interdits et de recommandations. On en discutait bien plus que de toutes les autres formes de sexualité. Celles-ci étaient évidemment condamnées. Elles étaient illicites, contre nature. Cependant, elles ne recevaient pas la même attention que les relations matrimoniales. Mais, avec l'explosion discursive de la fin du dix-huitième siècle, la tendance s'inversa. Les relations hétérosexuelles monogames servaient toujours de référence, mais elles furent de plus en plus discrètes et voilées. La «débauche» (les relations extraconjugales), qui avait été l'une des causes les plus courantes de détention, n'était plus que rarement poursuivie. Par contre, le reste fit l'objet d'un intérêt sans précédent. La conception du contre nature est pour la première fois distinguée de l'illicite (adultère, viol, ...); ce dernier est de moins en moins condamné.

> Tout un petit peuple naît, différent, malgré quelques cousinages, des anciens libertins. De la fin du XVIII$^e$ siècle jusqu'au nôtre, ils

> courent dans les interstices de la société, poursuivis mais pas toujours par les lois, enfermés souvent mais pas toujours dans les prisons, malades peut-être, mais scandaleuses, dangereuses victimes, proies d'un mal étrange qui porte aussi le nom de vice et parfois de délit. Enfants trop éveillés, fillettes précoces, collégiens ambigus, domestiques et éducateurs douteux, maris cruels ou maniaques, collectionneurs solitaires, promeneurs aux impulsions étranges: ils hantent les conseils de discipline, les maisons de redressement, les colonies pénitentiaires, les tribunaux et les asiles; ils portent chez les médecins leur infamie et leur maladie chez les juges. C'est l'innombrable famille des pervers qui voisinent avec les délinquants et s'apparentent aux fous. Ils ont porté successivement au cours du siècle la marque de la «folie morale», de la «névrose génitale», de l'«aberration du sens génésique», de la «dégénérescence», ou du «déséquilibre psychique». (VS, 55-56).

Le fait même que ces sexualités périphériques soient apparues à la lumière du jour pourrait suggérer un relâchement du cadre moral. Certes, pendant le dix-neuvième siècle, les infractions sexuelles furent punies de moins en moins rigoureusement au fur et à mesure que la justice déférait de plus en plus de cas à la médecine. Cependant, la prolifération des mécanismes d'étude et d'observation provenant de la pratique médicale peut être considérée comme un resserrement du contrôle. Cette persécution nouvelle des sexualités périphériques entraînait l'incorporation des pervers dans le discours scientifique, et la classification des individus par des taxinomies déviationnelles modifiées en permanence, recourant à des noms gréco-latins plus extraordinaires les uns que les autres (mixoscopophilie, gynécomastes, invertis sexoesthétiques, ...). Les anciens systèmes légaux, civil et canon, ne s'occupaient que des actes; l'ordre nouveau, envahi par la médecine, classe les pervers en espèces et en sous-espèces. Auparavant, la sodomie était un péché et un crime, mais celui qui la commettait n'était rien de plus qu'un citoyen qui avait commis un crime particulier. Au dix-neuvième siècle, l'homosexuel appartient à une espèce, c'est un cas avec son histoire, son enfance, son mode de vie, et même son anatomie. Il est caractérisé moins par ses pratiques sexuelles que par une certaine sensibilité, une façon d'invertir en lui-même le masculin et le féminin. La sexualité de l'enfant était l'une des cibles préférées: les enseignants, les médecins combattaient la masturbation comme une épidémie. Pourtant, ce vice de l'enfant était plutôt un allié qu'un ennemi. De l'extraordinaire effort fourni pour l'éliminer — tâche sans espoir — l'on ne peut tirer qu'une seule conclusion : il s'agissait en réalité d'en assurer la prolifération, sans fin et non la disparition. En s'appuyant sur la sexualité de l'enfant, le pouvoir pouvait étendre ses tentacules toujours plus loin et plus profondément. Plus tard, la médecine et ses épigones firent leur percée jusque dans les relations conjugales, reprenant le rôle qu'avait joué l'Eglise auparavant. On tira des pratiques sexuelles «incomplètes» toute une pathologie organique, fonctionnelle ou mentale. On élabora une classification soignée de toutes les formes de plaisir et on y incorpora les notions de «développement» et de «perturbation d'instinct». La médecine s'était emparée de la gestion du sexe.

Cette nouvelle forme de pouvoir requérait une relation plus étroite entre l'agent et le patient. Elle procédait par examen, observation et interrogation. Le rapport médical, l'enquête psychiatrique, le bulletin scolaire, les contrôles familiaux semblent tous partager une même attitude négative envers les sexualités anormales ou non productives. En fait, tous ont un fonctionnement double, basé sur le plaisir et le pouvoir.

> Plaisir d'exercer un pouvoir qui questionne, surveille, guette, épie, fouille, palpe, met au jour; et de l'autre côté, plaisir qui s'allume d'avoir à échapper à ce pouvoir, à le fuir, à le tromper ou à le travestir. Pouvoir qui se laisse envahir par le plaisir qu'il pourchasse; et en face de lui, pouvoir s'affirmant dans le plaisir de se montrer, de scandaliser, ou de résister. Captation et séduction; affrontement et renforcement réciproque : les parents et les enfants, l'adulte et l'adolescent, l'éducateur et les élèves, les médecins et les malades, le psychiatre avec son hystérique et ses pervers n'ont pas cessé de jouer ce jeu depuis le XIX$^e$ siècle. Ces appels, ces esquives, ces incitations circulaires ont aménagé autour des sexes et des corps, non pas des frontières à ne pas franchir, mais *les spirales perpétuelles* du pouvoir et du plaisir. (VS, 62).

Ce n'est pas parce qu'elle a essayé de réprimer le sexe tout en ne réussissant qu'à produire des expressions déformées de l'instinct sexuel que la société moderne est perverse. C'est au contraire à cause des types de pouvoir qu'elle a fait peser sur les corps. Loin d'avoir limité la sexualité, elle en a étendu le champ, tout en la pénétrant de son pouvoir. Elle a agi par multiplication. Toutes ces sexualités — qu'elles soient associées à un âge particulier (l'enfance par exemple), qu'elles se fixent à une forme particulière (la gérontophilie, le fétichisme), qu'elles s'instaurent dans un rapport social (médecin et patient, professeur et élève), qu'elles soient identifiées à un lieu (la maison, l'école, la prison) — toutes correspondent à des procédures précises de pouvoir. Elles sont extraites des corps, de leurs possibilités infinies de plaisir, et figées dans une position spécifique et rigide.

> Prolifération des sexualités par l'extension du pouvoir; majoration du pouvoir auquel chacune de ces sexualités régionales donne une surface d'intervention: cet enchaînement, depuis le XIX$^e$ siècle surtout, est assuré et relayé par les innombrables profits économiques qui grâce à l'intermédiaire de la médecine, de la psychiatrie, de la prostitution, de la pornographie, se sont branchés à la fois sur cette démultiplication analytique du plaisir et cette majoration du pouvoir qui le contrôle. Plaisir et pouvoir ne s'annulent pas; ils ne se retournent pas l'un contre l'autre; ils se poursuivent, se chevauchent et se relancent. Ils s'enchaînent selon des mécanismes complexes et positifs d'excitation et d'incitation. (VS, 66-67).

Selon Foucault, il y a deux grandes méthodes pour produire la vérité du sexe: l'*ars erotica*, développée en Chine, au Japon, en Inde, dans le monde musulman... et notre propre *scientia sexualis*. Sans «l'art de l'amour», la vérité est tirée du plaisir lui-même; celui-ci n'est envisagé ni selon une loi absolue qui sépare le permis de l'interdit, ni selon un critère d'identité. On l'étudie pour lui-même en termes d'intensité et de durée, d'effet sur le corps et l'âme. Ce savoir est secret: il est transmis du maître au disciple; ce n'est qu'ainsi que son efficacité peut être préservée. Notre civilisation ne possède pas une telle *ars erotica*. Par contre, elle est la seule à produire une *scientia sexualis*, ensemble de procédures permettant de dire la vérité sur le sexe et basée sur une forme de pouvoir-savoir, l'aveu, qui est opposé à la démarche initiatique. Ces deux procédures sont investies de structures de pouvoir. Dans la tradition initiatique, la révélation de la vérité vient du haut, du maître, qui la transmet au disciple. Dans la tradition confessionnelle occidentale, la vérité monte du bas (le pénitent, l'offenseur, le patient) et est reçue par l'autorité. En Grèce, la vérité et le sexe étaient liés sous la forme de la pédagogie-pédérastie. Celui-ci était le support de celle-là, il permettait la transmission d'un savoir précieux d'un corps à un autre. Dans notre tradition, la vérité sert de support au sexe et à ses manifestations. Depuis le Moyen Age et même plus tôt, les sociétés occidentales ont fait de l'aveu un des rituels principaux d'obtention de la vérité : en 1215, le concile de Latran décida des techniques de confession qui devaient être employées dans le sacrement de la pénitence; par ailleurs, l'aveu gagnait en importance dans les procédures juridiques.

> L'aveu a diffusé loin ses effets : dans la justice, dans la médecine, dans la pédagogie, dans les rapports familiaux, dans les relations amoureuses, dans l'ordre le plus quotidien, et dans les rites les plus solennels; on avoue ses crimes, on avoue ses péchés, on avoue ses pensées et ses désirs, on avoue son passé et ses rêves, on avoue son enfance; on avoue ses maladies et ses misères; on s'emploie avec la plus grande exactitude à dire ce qu'il y a de plus difficile à dire; on avoue en public et en privé, à ses parents, à ses éducateurs, à son médecin, à ceux qu'on aime; on se fait à soi-même, dans le plaisir et la peine, des aveux impossibles à tout autre, et dont on fait des livres. On avoue — ou on est forcé d'avouer. Quand il n'est pas spontané, ou imposé par quelque impératif intérieur, l'aveu est extorqué; on le débusque dans l'âme ou on l'arrache au corps. Depuis le Moyen Age, la torture l'accompagne comme une ombre, et le soutient quand il se dérobe : noirs jumeaux. Comme la tendresse la plus désarmée, les plus sanglants des pouvoirs ont besoin de confession. L'homme, en Occident, est devenu une bête d'aveu. (VS, 79-80).

La littérature ne raconte plus les hauts faits; on y met son âme à nu. L'aveu est partout présent au point qu'on ne le conçoit plus comme l'effet d'un pouvoir qui nous contraint : il nous paraît au contraire libérateur. Sa vérité nous semble venir de notre liberté et non du pouvoir. Pourtant, cet élargissement des techniques de l'aveu est un

> immense ouvrage auquel l'Occident a plié des générations pour produire — pendant que d'autres formes de travail assuraient l'accumulation du capital — l'assujettissement des hommes : je veux dire leur constitution comme « sujets », aux deux sens du mot. (VS, 81).

Cet « immense ouvrage » a culminé sur un réseau toujours plus large de sciences humaines et sociales. Pourtant, l'entrée de la sexualité dans le discours scientifique au dix-neuvième siècle ne fut pas facile. Il fallait faire face à un problème théorique majeur (celui-ci s'était déjà posé à la médecine clinique, empêchant qu'elle ne devienne une science au même titre que la physiologie), à savoir, comment une science pouvait-elle être basée sur des individus ? Pouvait-on constituer une science du sujet ? Quelle était la validité de l'introspection ? Pouvait-on appuyer une thèse sur une expérience vécue ? De plus, on devait faire face à un problème plus pressant, plus immédiat : les savants étaient clairement embarrassés par ce « discours d'en bas ». Foucault donne des exemples de tactiques de stimulation et de censure pratiquées en alternance à la Salpétrière par Charcot lui-même. Pourtant, le sexe finit par devenir un objet du discours et de la pratique scientifique. Le mécanisme de l'aveu fut central dans ce développement. Ceci conduisit rapidement à une sexualisation complète de la maladie. L'on pensait que le moindre défaut, la plus légère déviation sexuelle avaient des conséquences incalculables sur la santé physique et mentale. Inversement, il n'y avait presque aucune maladie du corps ou de l'esprit qui ne fût attribuée à une cause sexuelle. Pourtant, le fonctionnement du sexe restait obscur, non seulement pour le scientifique et le médecin, mais aussi pour le sujet ou le patient. Sa vérité ne pouvait se dégager qu'en deux étapes : d'abord sous la forme, aveugle en elle-même, où le patient la présentait, et ensuite, sous la forme d'une interprétation livrée à celui-ci par le spécialiste. La production de la vérité ne pouvait avoir lieu que dans cette double relation, et ce n'était qu'au terme de celle-ci que le résultat pouvait être considéré comme scientifiquement valide. De plus, cet aveu-interprétation avait un effet thérapeutique : si on la disait suffisamment tôt à un interprète qualifié ou « analyste », la vérité pouvait guérir.

> Nous lui demandons de dire la vérité (mais nous nous réservons, puisqu'il est le secret et qu'il s'échappe à lui-même, de dire nous-mêmes la vérité enfin éclairée, enfin déchiffrée de sa vérité) ; et nous lui demandons de dire notre vérité, ou plutôt, nous lui demandons de dire la vérité profondément enfouie de cette vérité de nous-mêmes que nous croyons posséder en conscience immédiate. Nous lui disons sa vérité, en déchiffrant ce qu'il nous en dit ; il nous dit la nôtre en libérant ce qui s'en enrobe. C'est de ce jeu que s'est constitué, lentement depuis plusieurs siècles, un savoir du sujet ; savoir, non pas tellement de sa forme, mais de ce qui le scinde ; de ce qui le détermine peut-être, mais surtout le fait échapper à lui-même. Cela a pu paraître imprévu, mais ne doit guère étonner quand on songe à la longue histoire de la confession chrétienne et judiciaire, aux déplacements et transformations de cette forme de savoir-pouvoir, si capitale en Occident, qu'est l'aveu : selon des cercles de plus en plus serrés, le projet d'une

> science du sujet s'est mis à graviter autour de la question du sexe. La causalité dans le sujet, l'inconscient du sujet, la vérité du sujet dans l'autre qui sait, le savoir en lui de ce qu'il ne sait pas lui-même, tout cela a trouvé à se déployer dans le discours du sexe. Non point, cependant, en raison de quelque propriété naturelle inhérente au sexe lui-même, mais en fonction des tactiques de pouvoir qui sont immanentes à ce discours. (VS, 93-94).

Cette référence claire sinon explicite à la psychanalyse est un bon exemple de l'approche généalogique de Foucault. Il ne se lance pas dans une confrontation avec la psychanalyse : à ce stade il n'en mentionne même pas le nom. Il n'oppose pas à la vérité qu'elle proclame une autre vérité d'un statut comparable. Il ne base pas sa critique de cette discipline sur son manque de fondements scientifiques, son euro-centrisme, son paternalisme, ses sources patriarchales, sa paranoïa endémique; il n'évoque pas ses fondements de classe, ses scandales financiers. Tout cela lui semble plutôt constituer des caractéristiques peu surprenantes, sinon inévitables, d'une institution et d'une pratique possédant cette généalogie spécifique. La «vérité» de la psychanalyse, son «savoir», ne sont pas enracinés dans la transcendance mais dans l'histoire. Ce sont des outils par lesquels la société se gère, des mécanismes positifs qui agissent, selon les métaphores électroniques de Foucault, comme des «producteurs de savoir, multiplicateurs de discours, inducteurs de plaisir, et générateurs de pouvoir».

Selon Foucault, il s'agira dans cette série d'études de transcrire en histoire la fable des *Bijoux indiscrets*. Dans ce récit, le «sultan curieux» reçoit un anneau dont la pierre a le pouvoir extraordinaire de faire parler les organes sexuels qu'elle rencontre. Foucault s'assigne pour tâche de faire parler à son tour, de son propre mécanisme, cet anneau magique si indiscret quand il s'agit de faire parler les autres. Ce qu'il faut, c'est une histoire de cette volonté de savoir. Pourquoi demandons-nous tant au sexe au-delà du plaisir qu'il nous procure? Assez récemment, les généticiens ont découvert que la vie n'était pas simplement une organisation équipée par hasard d'un moyen de se reproduire, mais que le mécanisme de reproduction était l'essence même de la biologie et de la vie elle-même. Pourtant, des siècles auparavant, les «théoriciens et praticiens de la chair» avaient vu que l'homme était « l'enfant d'un sexe impérieux et intelligible : le sexe raison de tout ». Pourquoi alors la recherche et la découverte de cette vérité ont-elles finalement donné lieu à une tentative d'élimination des interdits et de libération sexuelle ?

> Le travail était-il donc si ardu qu'il fallait l'enchanter de cette promesse? ou ce savoir était-il devenu d'un tel prix — politique, économique, éthique — qu'il a fallu, pour y assujettir chacun, l'assurer non sans paradoxe qu'il y trouverait son affranchissement? (VS, 105).

Plutôt que d'en produire une « théorie », Foucault veut établir une « analytique » du pouvoir. C'est-à-dire qu'il n'est pas prêt à engager un conflit théorique avec des forces adverses sur un terrain de leur choix. Mais, selon l'esprit de la méthode généalogique, il veut se tenir à l'écart du champ de bataille, afin de ramener le conflit à un contexte plus étendu, qui ne peut être que celui d'une *wirkliche Historie*, une histoire sans illusions. Cependant, avant de continuer, Foucault se sent obligé de procéder à une clarification théorique. Il est bien conscient, dit-il, qu'une partie de la pensée psychanalytique — il réfère clairement à Lacan et à ses disciples, quoiqu'ils ne soient pas nommés — a abandonné l'idée d'une énergie naturelle rebelle, jaillissant des profondeurs pour se heurter à une autorité supérieure répressive. Grâce aux mécanismes linguistiques, ils ont pu établir une explication plus subtile et complexe des relations entre désir et pouvoir. Selon ce point de vue, le désir n'est pas réprimé en un second temps, c'est au contraire le pouvoir, sous la forme d'une loi, qui constitue le désir en même temps que le manque d'où jaillit celui-ci. Là où il y a désir, il y a pouvoir entremêlé. Foucault semble vouloir prévenir une objection des lacaniens, qui pourraient l'accuser de mettre en place une théorie périmée de la répression dans le seul but de la démolir, et d'ignorer la véritable menace que lui pose cette nouvelle interprétation plus forte du désir comme loi. Cependant, Foucault montre que ce qui distingue ces deux théories psychanalytiques, ce n'est pas leur théorie du pouvoir, mais leur conception des pulsions. Toutes deux ont recours à une représentation du pouvoir que Foucault qualifie de « juridico-discursive ». Selon l'utilisation que l'on en fait, et la position accordée au désir, cette représentation mène à deux résultats contradictoires : soit à une promesse de « libération », si le pouvoir est considéré comme agissant du dehors sur le désir, soit à la conviction que l'on ne peut jamais être libre, si le pouvoir est considéré comme constitutif du désir lui-même. Cette représentation du pouvoir ne se limite pas au discours sur le sexe. Elle imprègne toute notre pensée politique, et est profondément enracinée dans l'histoire de l'Occident. La façon dont elle s'exerce sur le sexe est cependant exemplaire. Elle rejette toute relation entre celui-ci et le pouvoir qui ne soit pas négative; elle fonctionne uniquement par rejet, exclusion, refus, ou occultation, en bref par limitation et manque. Son but est la disparition du sexe. Pour arriver à cette fin, elle lance des menaces : renonce toi-même sous peine d'être supprimé; n'apparais pas si tu ne veux pas disparaître; ton existence ne sera tolérée qu'aux termes de mes propres conditions qui — selon une logique à la fois paradoxale et circulaire — sont le silence, la non-manifestation, l'inexistence.

> De ce qui est interdit, on ne doit pas parler jusqu'à ce qu'il soit annulé dans le réel; ce qui est inexistant n'a droit à aucune manifestation, même dans l'ordre de la parole qui énonce son inexistence; et ce qu'on doit taire se trouve banni du réel comme ce qui est interdit par excellence. (VS, 111).

Le pouvoir établit les lois du sexe, ainsi que celles qui permettent d'en interpréter le fonctionnement. Il s'exerce sur l'individu et son sexe par l'acquisition même du langage. C'est par celui-ci que l'individu entre en contact avec la société, c'est par lui qu'il rencontre la loi. Celle-ci lui dit ce qu'il désire tout en le lui interdisant. La forme pure du pouvoir est celle du législateur : son rapport au sexe est de type juridico-discursif. Il s'exerce sur le sexe identiquement à tous les niveaux.

> De l'Etat à la famille, du prince au père, du tribunal à la menue monnaie de punitions quotidiennes, des instances de la domination sociale aux structures constitutives du sujet lui-même, on trouverait, à des échelles seulement différentes, une forme générale de pouvoir. (VS, 112).

Dans tous les cas, il y a d'une part le pouvoir législatif et d'autre part le sujet obéissant.

Pourquoi cette conception, unitaire et juridique du pouvoir est-elle si largement acceptée, alors qu'elle semble en ignorer tous les aspects positifs, productifs et différenciés ? Foucault suggère que c'est parce que le pouvoir n'est tolérable que lorsque la plus grande partie de son fonctionnement est cachée. Son efficacité est proportionnelle à sa dissimulation. Pour le pouvoir, le secret n'est pas un abus mais une nécessité, afin d'être plus efficace et mieux accepté. Les gens ne s'y soumettraient pas aussi facilement s'ils ne le concevaient comme une limite externe de leur désir, leur laissant une certaine part de liberté. Dans notre société du moins, c'est parce qu'il est perçu comme une simple frontière de notre liberté qu'il est accepté. Foucault esquisse une explication historique de cette situation. Les monarchies plus ou moins centralisées qui se sont développées pendant le Moyen Age furent à l'origine d'un certain ordre et d'une paix relative. Cet ordre et cette paix furent imposés aux forces guerrières antérieures par un système de délimitation du territoire et de hiérarchisation de l'autorité qui était elle-même incarnée par le souverain et sa loi. Celle-ci imposait la paix aux sujets, celui-là jugeait et punissait en conséquence — *pax et justitia*. La loi était plus qu'un outil dont disposait le monarque : elle était le fondement même de la monarchie, la base de son acceptation. Depuis le Moyen Age, l'exercice du pouvoir a toujours été formulé en termes de lois. Il y eut bien sûr des périodes où l'autorité monarchique était identifiée au règne de l'arbitraire (comme en Angleterre au début du dix-septième siècle et en France à la fin du dix-huitième). Le pouvoir était alors au-dessus des lois. Cependant, malgré des tentatives visant à libérer la loi du monarchique et le politique du juridique, la représentation du pouvoir restait figée dans le même système. Les juristes du dix-huitième siècle critiquaient la monarchie au nom de la loi. Cependant, ils ne mirent jamais en question le principe selon lequel le pouvoir devait être formulé et exercé en termes de légalité. Or, le pouvoir avait été développé par la monarchie. Au dix-neuvième siècle, il y eut une critique plus radicale des institutions politiques. Non seulement le pouvoir réel s'exerçait en dehors de la loi, mais le système juridique lui-même était une forme de violence, un outil destiné à renforcer les inégalités politiques et économiques. Mais cette critique elle-même se fondait sur le postulat que le pouvoir devait s'exercer au travers d'un droit fondamental.

> Au fond, malgré les différences d'époques et d'objectifs, la représentation du pouvoir est restée hantée par la monarchie. Dans la pensée et l'analyse politique, on n'a toujours pas coupé la tête du roi. De là l'importance qui est encore donnée dans la théorie du pouvoir au problème du droit et de la violence, de la loi et de l'illégalité, de la volonté et de la liberté, et surtout de l'Etat et de la souveraineté (même si celle-ci est interrogée non plus dans la personne du souverain mais dans un être collectif). Penser le pouvoir à partir de ces problèmes, c'est les penser à partir d'une forme historique bien particulière à nos sociétés: la monarchie juridique. Bien particulière et malgré tout transitoire. Car si beaucoup de ses formes ont subsisté et subsistent encore, des mécanismes de pouvoir très nouveaux l'ont peu à peu pénétrée, qui sont probablement irréductibles à la représentation du droit. (VS, 117).

Comme Foucault l'a longuement démontré dans *Surveiller et punir*, ce sont ces micromécanismes de pouvoir qui, depuis la fin du dix-huitième siècle, ont joué un rôle croissant dans l'organisation même de la vie de la population, et ceci par une action directe sur les corps. Ils n'agissent pas au travers d'un code de lois et de châtiments, mais par une technologie de normalisation, un contrôle, et ceci à un niveau qui dépasse les mécanismes étatiques. Au fur et à mesure que l'action de ces mécanismes s'est accrue, il s'est produit un déclin correspondant de la capacité du juridique à servir de système de représentation au pouvoir. Paradoxalement, ce déplacement fut accompagné, peu après la Révolution, par une activité sans précédents de rédaction de constitutions et de codes légaux nouveaux. De plus, cette représentation juridique domine encore pour une large part notre pensée sur le pouvoir et ses fonctionnements, y compris ses rapports avec le sexe. Que l'on conçoive le désir comme étranger au pouvoir, comme préexistant aux codes légaux, ou comme constitué par ceux-ci, on le conçoit en termes d'une relation à la fois juridique et discursive à un pouvoir centré sur l'énonciation de la loi. Il faut nous libérer de cette image du pouvoir comme loi et souveraineté, dit Foucault, si nous voulons comprendre comment celui-ci s'exerce réellement dans nos sociétés technologiquement avancées.

Dans cette série d'études qu'il nous propose, Foucault a deux buts: d'abord montrer que la sexualité, domaine par excellence où le pouvoir semble fonctionner en temes d'interdits, n'est en fait pas soumise à des contraintes de ce type; ensuite, formuler une théorie altenative du pouvoir, « une autre grille de déchiffrement historique ». Il s'agit de « penser à la fois le sexe sans loi et le pouvoir sans roi ».

Foucault n'entend pas par le terme « pouvoir » un appareil étatique unifié dont la tâche serait de soumettre les citoyens d'une société déterminée. Il ne désigne pas non plus un système général de domination exercé par un groupe sur un autre, et dont les effets s'étendraient à la société entière. C'est la multiplicité des relations de pouvoir qui sont en jeu dans un domaine particulier qui le constituent. Celles-ci font l'objet d'une lutte incessante au cours de laquelle elles sont transformées, renforcées et parfois même inversées. Les conditions de possibilité et d'intelligibilité du pouvoir ne se situent pas en un point central et principal, en une seule source de souveraineté d'où émaneraient les formes secondaires. Le pouvoir est omniprésent, non parce qu'il rassemble tout sous son unité invincible, mais parce qu'il est produit à tout moment, en tout lieu, ou plutôt dans chaque rapport entre deux points.

> Il faut sans doute être nominaliste : le pouvoir, ce n'est pas une institution, et ce n'est pas une structure, ce n'est pas une certaine puissance dont certains seraient dotés : c'est le nom qu'on prête à une situation stratégique complexe dans une société donnée... Le pouvoir est partout; ce n'est pas qu'il englobe tout, c'est qu'il vient de partout. (VS, 122-3).

Conséquemment, le pouvoir ne peut être acquis, saisi, ni partagé. Il s'exerce à partir de points innombrables sous la forme d'un ensemble de relations inégales et mobiles. Il vient autant d'en bas que d'en haut. Les relations de pouvoir n'existent pas indépendamment des rapports qui s'établissent, par exemple, dans les processus économiques, la diffusion du savoir, les relations sexuelles, mais leur sont immanentes. Elles sont l'effet immédiat des divisions, inégalités et déséquilibres que l'on peut trouver, et, par un effet inverse, elles sont les conditions internes de ces différences. Celles-ci n'appartiennent pas à une superstructure, qui aurait un simple rôle d'interdiction ou de médiation; elles jouent au contraire un rôle directement productif. Elles ne sont pas régies par une opposition binaire et absolue entre dominants et dominés, qui se reproduirait de haut en bas au travers de groupes toujours plus petits. En réalité, ces différences sont formées et s'exercent dans les lieux de travail, les familles, les institutions, les groupements de toutes sortes. Elles servent de support aux grandes divisions qui parcourent la société toute entière. Lesquelles forment une ligne de force générale qui traverse des confrontations locales et établit des liens entre elles. Ces dernières, à leur tour, réverbèrent au travers de toute la série ainsi créée, engendrant de nouveaux alignements, de nouvelles convergences, de nouveaux conflits. L'on ne peut pas comprendre les relations de pouvoir en termes de rapports de causalité ou d'explication entre événements situés à des niveaux différents, mais seulement en termes de fins et d'objectifs. Ceux-ci, cependant, ne peuvent être attribués à un sujet individuel, ni même à une caste régnante : ils apparaissent de façon apparemment anonyme, issus de situations locales. Où il y a pouvoir, il y a résistance, non pas au sens d'une force extérieure et contraire, mais à cause de l'existence même de celui-ci. Les relations de pouvoir dépendent donc d'une multiplicité de points de résistance, qui servent à la fois d'adversaire, de cible, de support. Tout comme le pouvoir n'a pas un siège unique, la révolte n'a pas une seule source d'où dériveraient les rébellions secondaires. Il y a une pluralité de résistances distribuées de façon irrégulière dans le temps et dans l'espace, chacune constituant un cas particulier. Il arrive que toute une série de résistances convergent, amenant un soulèvement général, une «révolution», mais, en général, comme pour le pouvoir, et inextricablement liée à celui-ci, la résistance prend la forme d'un ensemble innombrable de points transitoires et mobiles.

Notre approche du problème des rapports entre sexe et pouvoir ne doit donc pas être dominée par le concept de la structure et des besoins de l'Etat. Il faut au contraire chercher les relations de pouvoir les plus locales, s'exerçant dans un type particulier de discours, par exemple celles qui concernent le corps de l'enfant, la sexualité de la femme, le contrôle des naissances. Il faut se poser les questions suivantes : Comment les relations de pouvoir ont-elles donné naissance à de tels discours? Comment ceux-ci ont-ils été utilisés par elles? A quelles résistances l'exercice de ces relations a-t-il donné lieu et comment cela en altère-t-il la configuration générale? Comment ces relations se sont-elles groupées pour former ce qui paraît être une stratégie globale? Foucault propose quatre principes ou règles destinés à guider le type de recherches qu'il entreprend.

1. *Règle d'immanence.* L'on ne peut séparer le savoir concernant la sexualité du pouvoir qui s'y exerce. La sexualité n'appartient pas à une branche libre et désintéressée de la science à laquelle le pouvoir imposerait des contraintes économiques ou idéologiques. Elle n'est devenue un domaine accessible au savoir qu'au moment où les relations de pouvoir lui ont donné le statut d'objet possible. De même, le pouvoir n'a pu investir la sexualité que parce que certaines techniques de connaissance, certaines procédures de discours ont pu la pénétrer. Il ne s'agit pas tant ici d'un processus dialectique où l'un des termes serait primaire, que de deux aspects d'un même phénomène. Il faut commencer par les «foyers locaux» de pouvoir-savoir.

2. *Règle des variations continues.* Il ne faut pas envisager le pouvoir qui s'exerce dans la sexualité en termes d'une dichotomie entre ceux qui le possèdent (les hommes, les adultes, les parents, les médecins) et ceux qui en sont dépourvus (les femmes, les adolescents, les enfants, les malades). Il ne faut pas non plus analyser le savoir sexuel en termes d'une division entre ceux qui y ont accès et ceux qui sont maintenus dans l'ignorance. Les relations de pouvoir-savoir ne sont pas des formes données de répartition, mais des «matrices de transformation».

3. *Règle du double conditionnement.* Aucun «foyer local» de pouvoir-savoir ne pourrait fonctionner sans une série de liaisons successives basées sur les relations particulières, qui convergent pour former une stratégie globale. Inversement, aucune stratégie ne pourrait garantir des effets globaux si elle n'était basée sur des relations particulières qui lui fournissent des points d'application. Ce processus ne doit pas être vu en termes d'une différence de niveaux (microscopique et macroscopique), ni comme un simple changement d'échelle, mais bien comme le double conditionnement d'une stratégie globale par une tactique spécifique et inversement. Le père n'est donc pas le représentant de l'Etat, ni l'Etat la projection du père à une autre échelle. La famille ne reproduit pas la société; la société n'imite pas la famille. Celle-ci, par sa spécificité même, sert de base à des stratégies globales

comme la politique malthusienne de contrôle des naissances, l'encouragement de la croissance de la population, la médicalisation du sexe et la psychiatrisation de ses formes non génitales.

4. *Règle de la polyvalence tactique des discours.* Le discours suit le même principe de répartition que le pouvoir et le savoir. Il ne s'exerce pas d'une façon stable et uniforme. Il n'y a pas une séparation nette entre discours accepté et exclu, dominant et dominé. Il est composé d'une multitude d'éléments qui se recoupent de façon complexe, instable, comme instruments et effets de pouvoir, mais aussi comme points de résistance. Le discours transmet, produit et renforce le pouvoir; en même temps il le mine, l'expose, et peut même le bloquer. De même, une absence de discours crée à la fois un lieu de pouvoir et de résistance à celui-ci.

En bref, cette nouvelle conception du pouvoir remplace la loi par l'objectif, l'interdit par la tactique, la souveraineté par une multitude mobile de relations de pouvoir dont émergent des stratégies globales mais changeantes. Ce modèle est militaire plutôt que légal.

> Et cela, non point par choix spéculatif ou préférence théorique; mais parce qu'en effet, c'est un des traits fondamentaux des sociétés occidentales que les rapports de force qui longtemps avaient trouvé dans la guerre, dans toutes les formes de guerre, leur expression principale se sont petit à petit investis dans l'ordre du pouvoir politique. (VS, 135).

Il n'y a donc pas une stratégie unique et globale, affectant de façon uniforme toutes les manifestations de la sexualité dans la société. Le point de vue selon lequel celle-ci aurait réduit le sexe à sa fonction reproductrice et à sa forme adulte, hétérosexuelle et familiale ne peut rendre compte de la multiplicité des objectifs et des moyens intervenant dans les politiques sexuelles à l'égard des deux sexes, des divers âges et des différentes classes sociales. Foucault met à jour quatre grandes stratégies qui sont apparues dans la société occidentale depuis la fin du dix-huitième siècle. «L'hystérisation du corps de la femme» est un procssus par lequel ce corps est conçu comme un organisme saturé de sexualité et intégré au champ des pratiques médicales. Il est lié au corps social par l'intermédiaire de la régulation des naissances et du rôle de gardienne biologique et morale des enfants que détient la femme au sein de la famille. La Mère, ainsi que son reflet négatif, la «femme nerveuse», sont les formes les plus visibles de cette «hystérisation». «La pédagogisation du sexe de l'enfant» se base sur le présupposé que tous les enfants se livrent à des activités sexuelles ou sont susceptibles de le faire; que cette activité est indue, à la fois naturelle et contre nature, et qu'elle constitue par conséquent une source de danger physique, moral, individuel et social. Les enfants sont des êtres sexuels «liminaires». Les parents, prêtres, enseignants, médecins, et plus tard, les psychologues, ont pris en charge cette sexualité en même temps dangereuse et en danger. «La socialisation des conduites procréatrices» s'exerce au travers de politiques natalistes ou antinatalistes. Enfin, il y a «la psychiatrisation du plaisir pervers» qui catalogue toutes les déviations par rapport à l'hétérosexualité génitale et les analyse en temes d'une série d'anomalies pour lesquelles furent développées et appliquées autant de technologies correctives. Cependant, ces stratégies ne devraient pas être conçues en des termes négatifs selon lesquels elles feraient partie d'une lutte contre la sexualité ou d'un effort pour la contrôler; il faut au contraire les considérer comme des moyens positifs de production de la sexualité.

> C'est le nom qu'on peut donner à un dispositif historique: non pas réalité d'en dessous sur laquelle on exercerait des prises difficiles, mais grand réseau de surface où la stimulation des corps, l'intensification des plaisirs, l'incitation au discours, la formation des connaissances, le renforcement des contrôles et des résistances, s'enchaînent les uns avec les autres, selon quelques grandes stratégies de savoir et de pouvoir. (VS, 139).

Dans toutes les sociétés connues, les relations sexuelles ont donné lieu à un *dispositif d'alliance*, un système qui régit les mariages et les relations de parenté, la transmission des noms et des biens. Ce dispositif avec toutes ses contraintes a progressivement perdu de l'importance dans la mesure où les processus économiques et les structures politiques réclamaient des instruments plus flexibles. Depuis la fin du dix-huitième siècle, les sociétés occidentales lui ont superposé un mécanisme nouveau, un *dispositif de sexualité*. Les effets de celui-ci portent aussi sur le choix des partenaires sexuels, mais de façon très différente. Il recourt à des techniques de pouvoir mobiles, polymorphes et contingentes, tandis que le dispositif d'alliance s'exerce au travers d'un système de règles séparant le permis de l'interdit. L'une des fonctions de l'alliance est la reproduction d'un ensemble de relations, et le maintien des lois qui le gouvernent. La sexualité, par contre, engendre une extension permanente des domaines et des formes de contrôle. L'alliance s'articule clairement sur l'économie, elle doit son rôle à la circulation des richesses, tandis que la sexualité est liée à l'économie par des relais innombrables et subtils, mais surtout par le corps qui produit et consomme. La première a une fonction homéostatique dans la société, d'où ses liaisons étroites avec le système juridique, ainsi que l'importance accordée à la «reproduction». Par contre, la fonction de la sexualité n'est pas de reproduire, mais de proliférer, inventer et annexer, de pénétrer les corps d'une façon toujours plus profonde et de contrôler les populations d'une façon toujours plus étendue. Le dispositif de sexualité est né du dispositif d'alliance. C'est en effet dans le cadre de la famille, au cœur de ce dernier que les principaux éléments du premier ont été développés (le corps de la femme, la sexualité infantile, le contrôle des naissances, et, à un degré moindre, la spécification des perversions). La famille moderne ne doit pas être considérée comme une structure d'alliance sociale, économique et politique qui exclut ou limite la sexualité. Elle fournit au contraire un support permanent à celle-ci. Elle a permis la production d'une sexualité d'une nature tout à fait différente de celle qui existe dans l'alliance, tout en imprégnant cette dernière d'une tactique de pouvoir entièrement nouvelle.

La superposition du dispositif de sexualité par-dessus le dispositif d'alliance, dans la famille, explique un certain nombre de faits, par exemple : que celle-ci soit devenue, depuis le dix-huitième siècle, le lieu des sentiments d'amour et d'affection les plus puissants. Par conséquent, la sexualité aussi s'exprime d'abord dans la famille : le sexe naît incestueux. Bien entendu, l'interdiction de l'inceste existe dans la plupart des sociétés où domine le dispositif d'alliance; mais dans une société comme la nôtre où la famille est le lieu le plus actif de la sexualité, l'inceste occupe une place centrale, constamment sollicité et refusé à la fois. Si depuis cent ans on attache, en Occident, une telle importance à l'interdiction de l'inceste, et qu'on la considère comme une étape nécessaire et universelle dans le développement d'une culture, c'est, selon Foucault, parce que nous y avons trouvé un moyen de nous défendre, non pas contre nos désirs incestueux, mais bien contre l'extension du dispositif de sexualité, dont les désavantages — et les avantages — résident en ce qu'il ignore les lois d'alliance. En insistant sur l'universalité de cette loi suprême, nous nous sommes assuré que le dispositif de sexualité — dont les effets étranges commençaient à se faire sentir, notamment au travers d'une augmentation de l'intensité émotive dans la vie familiale — était soumis, en dernière analyse, au vieux système de l'alliance. En déclarant que l'interdiction de l'inceste est à la base de toute civilisation, la sexualité est mise sous l'autorité de la loi. Ce développement qui a affecté la société occidentale peut se résumer comme suit: le dispositif de sexualité est né à la limite de la famille (dans le confessionnal et à l'école), ensuite il s'est centré sur la famille elle-même, plus étroite, plus structurée et plus intense qu'auparavant.

> Les parents, les conjoints deviennent dans la famille les principaux agents d'un dispositif de sexualité qui à l'extérieur s'appuie sur les médecins, les pédagogues, plus tard les psychiatres, et qui à l'intérieur vient doubler et bientôt « psychologiser » ou « psychiatriser » les rapports d'alliance. Apparaissent alors ces personnages nouveaux: la femme nerveuse, l'épouse frigide, la mère indifférente ou assiégée d'obsessions meurtrières, le mari impuissant, sadique, pervers, la fille hystérique ou neurasthénique, l'enfant précoce et déjà épuisé, le jeune homosexuel qui refuse le mariage ou néglige sa femme. Ce sont les figures mixtes de l'alliance dévoyée et de la sexualité anormale; ils portent le trouble de celle-ci dans l'ordre de la première; et ils sont l'occasion pour le système de l'alliance de faire valoir ses droits dans l'ordre de la sexualité. (VS, 145-6).

C'est dans cet espace qu'est née la psychanalyse. Une grande partie de l'hostilité initiale envers celle-ci peut être attribuée à ce qu'elle refusait de prendre le parti du conjoint ou de la famille du patient, d'accepter leurs interprétations des événements, de suivre leurs instructions. Au lieu de quoi elle poussait dans ses limites la pratique initiée par des psychiatres comme Charcot, visant à traiter la sexualité du patient en toute confiance, sans rien rapporter à ses proches. De plus, dans son analyse de la sexualité, qu'elle approchait directement, sans l'intermédiaire d'un modèle neurologique, elle mettait en jeu les relations familiales de l'individu. C'est ainsi que la psychanalyse, qui semblait placer l'aveu de la sexualité en dehors de la souveraineté de la famille, redécouvrit au cœur même de cette sexualité, comme principe de sa formation et clé de son interprétation, la vieille loi de l'alliance, du mariage, de la parenté et de l'inceste. Ainsi, au moment précis où le dispositif de sexualité semblait effacer celui d'alliance, il fut soumis d'une façon nouvelle, mais non moins solide, à l'ancienne juridiction. La sexualité ne pouvait être étrangère à la loi, dès le moment où elle était constituée par celle-ci. Si le dispositif de sexualité est issu du dispositf d'alliance, il ne l'a pas remplacé. Au contraire, le second est devenu la principale garantie de survie du premier.

Dans un chapitre consacré à l'histoire du dispositif de sexualité, Foucault revient à son attaque contre la théorie «répressive». Il fait remarquer que si le but de la répression sexuelle était une utilisation plus intensive des forces de travail, le dispositif répressif aurait été surtout dirigé vers la classe ouvrière, et en particulier vers les jeunes adultes mâles. La réalité est tout autre. Les techniques les plus dures, de l'examen de conscience à la psychanalyse, furent réservées aux plus riches et aux plus puissants.

> La bourgeoisie a commencé par considérer que c'était son propre sexe qui était chose importante, fragile trésor, secret indispensable à connaître. Le personnage qui a été d'abord investi par le dispositif de sexualité, un des premiers à avoir été «sexualisé», il ne faut pas oublier que ce fut la femme «oisive», aux limites du «monde» où elle devait toujours figurer comme valeur, et de la famille où on lui assignait un lot nouveau d'obligations conjugales et parentales: ainsi est apparue la femme «nerveuse», la femme atteinte de «vapeurs»; là l'hystérisation de la femme a trouvé son point d'ancrage. Quant à l'adolescent gaspillant dans des plaisirs secrets sa future substance, l'enfant onaniste qui a tant préoccupé les médecins et les éducateurs depuis la fin du XVIII$^e$ jusqu'à la fin du XIX$^e$ siècle, ce n'était pas l'enfant du peuple, le futur ouvrier auquel il aurait fallu enseigner les disciplines du corps; c'était le collégien, l'enfant entouré de domestiques, de précepteurs et de gouvernantes, et qui risquait de compromettre moins une force physique que des capacités intellectuelles, un devoir moral et l'obligation de conserver à sa famille et à sa classe une descendance saine. (VS, 159-60).

Lorsque les autorités religieuses, dans les pays catholiques et surtout dans les pays protestants, avec les Evangélistes et les Méthodistes, étendirent leurs préoccupations moralisatrices à des secteurs plus larges de la population, ce ne fut que sous une forme très simplifiée. En réalité, il s'agissait d'un mécanisme bourgeois qui ne s'appliquait pleinement que dans le cadre de la bourgeoisie elle-même. N'était-ce pas alors une nouvelle forme de cet ascétisme puritain que les historiens ont associé avec la Réforme et la montée du capitalisme ? En réalité, il ne s'agit certainement pas d'un renoncement au plaisir, ni d'un rejet de la chair, mais au contraire d'une mise en valeur du corps, d'une préoccupation pour la santé, d'un désir d'augmenter la vitalité. Cela suggère plutôt une classe qui s'affirme que l'asservissement d'une autre. Il s'agit en fait, selon Foucault, d'une volonté bourgeoise de se distinguer. L'aristocratie était parvenue à cette fin par le concept de « sang » et d'alliance. Le sang de la bourgeoisie, ce fut la sexualité. Le dix-neuvième siècle bourgeois fut obsédé de doctrines biologiques, médicales et eugéniques de toutes sortes. La généalogie devint importante, non pas pour l'ancienneté, le nom ou le titre, mais pour la santé. Il fallait prouver l'absence de toute tare : instabilité mentale, incapacité physique, paralysie, tuberculose, maladies vénériennes ou immoralité. La valeur attachée au corps et à la sexualité était liée à la montée de l'hégémonie bourgeoise. Dès la fin du siècle dernier, ces préoccupations avaient acquis le ton « raciste » que nous reconnaissons si aisément aujourd'hui. Au fur et à mesure que la bourgeoisie put identifier son sort à celui de « l'Etat-nation », son souci de la santé fut étendu aux « races » nationales.

Nous sommes témoins ici de ce que Foucault appelle « l'entrée de la vie dans l'histoire », c'est-à-dire l'introduction de phénomènes propres à la vie de l'espèce humaine dans l'ordre du savoir et du pouvoir. Pour la première fois, la biologie se reflète dans la politique : il n'est plus simplement question d'événements biologiques — épidémies ou famines — affectant la vie sociale : pour la première fois, la vie est partiellement contrôlée par le savoir et le pouvoir.

> L'homme, pendant des millénaires, est resté ce qu'il était pour Aristote : un animal vivant et de plus capable d'une existence

politique; l'homme moderne est un animal dans la politique duquel sa vie d'être vivant est en question. (VS, 188).

Auparavant, les relations entre vie et politique avaient été posées en termes juridiques et non biologiques. Le souverain avait le droit de vie ou de mort sur ses sujets. Dans ce type de société, le pouvoir s'exerce essentiellement par soustraction : le souverain impose à son sujet le droit de s'approprier une part de ses richesses, produits et biens, ainsi que d'une partie de son travail et de son sang. Depuis le dix-septième siècle, les prélèvements de ce type jouent un rôle moins important dans l'exercice du pouvoir. D'autre part, l'incitation, le renforcement, le contrôle, la surveillance et l'organisation ont augmenté en importance.

> La mort, qui se fondait sur le droit du souverain de se défendre ou de demander qu'on le défende, va apparaître comme le simple envers du droit pour le corps social d'assurer sa vie, de la maintenir ou de la développer. Jamais les guerres n'ont été plus sanglantes pourtant que depuis le XIX$^e$ siècle et, même toutes proportions gardées, jamais les régimes n'avaient jusque-là pratiqué sur leurs propres populations de pareils holocaustes. Mais ce formidable pouvoir de mort se donne... maintenant comme le complémentaire d'un pouvoir qui s'exerce positivement sur la vie, qui entreprend de la gérer, de la majorer, de la multiplier, d'exercer sur elle des contrôles précis et des régulations d'ensemble. Les guerres ne se font plus au nom du souverain qu'il faut défendre; elles se font au nom de l'existence de tous; on dresse des populations entières à s'entre-tuer réciproquement au nom de la nécessité pour elles de vivre. Les massacres sont devenus vitaux... mais l'existence en question n'est plus celle, juridique, de la souveraineté, c'est celle, biologique, d'une population. (VS, 179-180).

Depuis le dix-septième siècle, cette nouvelle forme de pouvoir sur la vie s'est exercée principalement de deux façons. D'abord, le corps a été traité comme une machine. Ses capacités ont été étendues, ses performances améliorées et sa puissance mise à profit. Par les techniques décrites longuement dans *Surveiller et punir*, on a augmenté son utilité et sa docilité, son intégration dans des systèmes de contrôle économique efficaces. Il en résulta une anatomie politique du corps humain. Ensuite, vers le milieu du dix-huitième siècle, le corps sera conçu comme représentant de l'espèce, comme un organisme vivant soumis à un environnement et à des facteurs biologiques (les taux de natalité et de mortalité, le niveau de santé, l'espérance moyenne de vie...).

Ces facteurs opèrent par une série de contrôles régulateurs qui constituent une bio-politique de la population. «Les disciplines du corps et les régulations de la population constituent les deux pôles autour desquels s'est déployée l'organisation du pouvoir sur la vie». Cette technologie à deux faces, à la fois anatomique et biologique, caractérise un pouvoir dont la fonction principale n'est ni d'inhiber les fonctions vitales, ni de tuer, mais bien de pénétrer la vie d'une façon toujours plus profonde. La loi, dont l'arme ultime est la mort, recule, cédant la place à la norme, dont la tâche est d'assurer le fonctionnement réglé et continu des mécanismes vitaux. La norme ne sépare pas les sujets loyaux des ennemis du souverain, mais réalise un système de répartition du pouvoir-savoir à la fois gradué, mesuré et hiérarchisé. L'effet historique d'une technologie du pouvoir centrée sur le corps, en tant que mécanisme et organisme, est une société normalisatrice. D'où l'importance politique du sexe. Il constitue en effet une charnière entre les deux axes de la technologie politique de la vie : les disciplines du corps et la régulation de la population. Il donne lieu à une surveillance en profondeur, des contrôles permanents, des arrangements spatiaux méticuleux, des examens médicaux et psychologiques sans fin — à tout un micro-pouvoir sur le corps. Mais le sexe engendre aussi des mesures de masse, des calculs statistiques, des interventions sur la société dans son ensemble. «Le sexe est accès à la fois à la vie du corps et à la vie de l'espèce».

Grâce à ces nouvelles techniques de pouvoir, développées au dix-huitième siècle et étendues au dix-neuvième, nos sociétés sont passées de ce que Foucault appelle une «symbolique du sang» à une «analytique de la sexualité»: de la loi, la mort, la transgression et la souveraineté à la norme, la vie, le savoir, la discipline et la régulation. Les premiers n'ont évidemment pas entièrement remplacé les seconds et Foucault fait une analyse intéressante du racisme et de la psychanalyse qu'il considère comme deux exemples, situés à des extrêmes opposés, de la réapparition de la symbolique du sang dans l'analytique de la sexualité. Sous sa forme moderne, biologisante et étatique, le racisme recourt en même temps aux politiques générales de régulation et aux micro-politiques de discipline corporelle dont dispose la société moderne, mais ceci en vue de justifier le « souci mythique de protéger la pureté du sang et de faire triompher la race. Le nazisme a sans doute été la combinaison la plus naïve et la plus rusée... des fantasmes du sang avec les paroxysmes d'un pouvoir disciplinaire» (VS, 197). A l'autre extrême, mais contemporaine du racisme moderne, la psychanalyse peut être interprétée comme une tentative théorique de ramener la sexualité sous le système de la loi, de la souveraineté et de l'ordre symbolique. Dans la mesure où elle base l'un de ses concepts fondamentaux, le complexe d'Œdipe, sur la loi de l'alliance, l'interdiction de l'inceste et le Père-Souverain, la psychanalyse ne peut paraître que tournée vers le passé. «Il faut penser le dispositif de sexualité à partir des techniques de pouvoir qui lui sont contemporaines» (VS, 198).

Enfin, répondant à une question imaginaire, Foucault pose le problème des positions relatives assignées aux concepts de la sexualité, qu'il a longuement examinée, et du sexe dont il a peu parlé. La raison de ce choix est que le sexe n'existe pas comme tel, en tant qu'entité réelle et unitaire correspondant aux définitions qui en sont données dans le discours. Ce n'est pas le sexe qui est la réalité initiale dont la sexualité ne serait qu'un effet secondaire, mais l'inverse. Le sexe n'est qu'un «point idéal rendu nécessaire par le dispositif de sexualité et par son fonctionnement». C'est ce dispositif qui a produit une théorie du sexe qui exerce un certain nombre de fonctions pour lui. D'abord, elle a permis de regrouper en une unité artificielle des éléments anatomiques, des fonctions biologiques, des comportements, des sensations et des plaisirs. Cette unité fictive a pu fonctionner comme principe causal, sens omniprésent, et secret à découvrir, ou, en termes linguistiques, «comme signifiant unique et signifié universel». En deuxième lieu, en se présentant unitairement comme anatomie et comme manque, comme fonction et comme latence, comme instinct et comme sens, elle a établi un lien entre un savoir de la sexualité humaine et le savoir biologique de la reproduction. Enfin, cette notion unitaire de sexe a réduit la nature réelle, multiple et hétérogène de la sexualité et a ainsi caché la relation réelle — qui ne peut être qu'un rapport de confrontation totale — avec une conception également unique et universelle du pouvoir et de la loi.

Donc, ne pas référer à l'instance du sexe une histoire de la sexualité; mais montrer comment «le sexe» est sous la dépendance historique de la sexualité. Ne pas placer le sexe du côté du réel, et la sexualité du côté des idées confuses et des illusions; la sexualité est une figure historique très réelle, et c'est elle qui a suscité comme élément spéculatif, nécessaire à son fonctionnement, la notion du sexe. Ne pas croire qu'en disant oui au sexe, on dit non au pouvoir; on suit au contraire le fil du dispositif général de sexualité. C'est de l'instance du sexe qu'il faut s'affranchir si, par un retournement tactique des divers mécanismes de la sexualité, on veut faire valoir contre les prises du pouvoir, les corps, les plaisirs, les savoirs, dans leur multiplicité et leur possibilité de résistance. Contre le dispositif de sexualité, le point d'appui de la contre-attaque ne doit pas être le sexe-désir, mais les corps et les plaisirs. (VS, 206-8).

# Conclusion

Le moment n'est pas venu de conclure. Il est déjà curieux d'écrire une étude sur un auteur qui écrira sans doute encore des livres, sans tirer de conclusions sur son œuvre. Peut-être ce livre devrait-il être publié par fascicules. Un chapitre supplémentaire serait envoyé aux abonnés à la parution de chaque nouveau Foucault. Il pourrait ainsi poursuivre sa propre existence, provisoire, parallèle et parasitaire. Mais il y a une autre raison pour laquelle Foucault se prête mal aux conclusions, c'est son imprévisibilité. A chaque livre, il nous étonne. Une conclusion donc pour la seule raison que ce livre doit se terminer ici; et s'il lui faut une fin, elle ne peut qu'être ouverte.

Foucault, comme tous les esprits vraiment originaux, part du présent. De tels esprits ne sont pas en avance sur leur temps; ce sont les autres qui traînent les pieds. Sa passion, c'est la recherche du neuf, de ce qui éclôt dans le présent — développements invisibles pour la plupart d'entre nous, parce que nous voyons avec les yeux du passé, ou avec ceux d'un futur qui n'en est qu'une projection, ce qui revient au même. C'est cette passion qui guide l'intérêt de Foucault pour le passé: il n'a rien d'un antiquaire. Pourquoi écrire l'histoire de la prison? se demande-t-il dans *Surveiller et punir*. « Par un pur anachronisme ? Non, si l'on entend par là faire l'histoire du passé dans les termes du présent. Oui, si on entend par là faire l'histoire du présent» (SP, 35). Voilà donc la clé qui nous révèle la cohérence des travaux de Foucault depuis 1961, *Maladie mentale et personnalité* n'étant qu'un faux départ, du moins par l'approche, sinon par le sujet. Cela explique aussi que Foucault ait rejeté la carrière académique de philosophe, qu'il se soit exilé et tu. Lorsqu'en 1961 parut *L'histoire de la folie*, Foucault avait trente-cinq ans. Plutôt que de devenir l'auteur respecté de trois ou quatre ouvrages de philosophie, il avait choisi le silence jusqu'à ce qu'il entende la voix du présent.

Pendant cette période d'attente, Foucault pressentait que la civilisation occidentale subissait l'une de ses mutations périodiques. Des années plus tard, il écrivait dans la préface de *Les mots et les choses*:

> En essayant de remettre au jour cette profonde dénivellation de la culture occidentale, c'est à notre sol silencieux et naïvement immobile que nous rendons ses ruptures, son instabilité, ses failles; et c'est lui qui s'inquiète à nouveau sous nos pas. (MC, 16).

Peu après, au cours d'un entretien, Foucault alla jusqu'à dater cette mutation. Son interlocuteur, Raymond Bellour, venait de faire remarquer qu'il changeait de ton en passant de la période classique au dix-neuvième siècle. La réponse de Foucault est éclairante.

> De cet âge moderne qui commence vers 1790-1810 et va jusque vers 1950, il s'agit de se déprendre alors qu'il ne s'agit, pour l'âge classique que de le décrire. Le caractère apparemment polémique tient ainsi au fait qu'il s'agit de creuser toute la masse du discours accumulé sous nos propres pieds. On peut découvrir d'un mouvement doux les vieilles configurations latentes; mais aussitôt qu'il s'agit de déterminer le système de discours sur lequel nous vivons encore, au moment où nous sommes obligés de mettre en question les paroles qui résonnent encore à nos oreilles, qui se confondent avec ceux que nous essayons de tenir, alors que l'archéologue comme le philosophe nietzschéen est contraint d'opérer à coups de marteau. (B4, 206).

Les configurations épistémiques de la période classique étaient inaccessibles à l'analyse avant qu'elles ne se mettent à s'écrouler, cédant la place aux nouvelles, aux environs de 1790-1810. De même, nous n'avons pu interroger nos propres présuppositions épistémiques que depuis une date récente, 1950. (Il ne faut pas s'attacher à cette date spécifique, elle n'est donnée que dans le contexte d'un entretien non préparé, et Foucault n'y revient jamais. Son choix n'est peut-être dû qu'à une question de symétrie — la période classique avait aussi duré cent cinquante ans). Ce qui importe, c'est que cette date coïncide avec le début de sa carrière, qu'il tente, par son œuvre, de saisir ce que lui dit le présent par-dessus l'écho du passé qui résonne.

Cette position ressemble superficiellement aux courants philosophiques qui dominaient pendant sa jeunesse. L'existentialisme et la phénoménologie s'étaient aussi engagés dans le présent, avec la volonté d'échapper à la tyrannie de l'histoire, du passé. Mais la ressemblance s'arrête là. L'existentialisme cherchait à échapper, par l'exercice libre et authentique du choix individuel, à une tradition éthique restrictive. Quant à la phénoménologie, elle écartait le savoir acquis afin de retrouver une appréhension pure et sans préjugés du monde par la conscience de l'individu. Ces deux courants philosophiques étaient centrés sur le sujet, tout en rejetant l'homme comme notion unitaire. En France, pour un étudiant de la fin des années quarante, le marxisme était le seul autre système de pensée ayant la prétention de parler de la réalité présente. Mais il était presque entièrement aux mains des idéologues doctrinaires du parti communiste. La majorité des intellectuels français de l'époque adhéraient donc, du point de vue théorique, à un syncrétisme existentialo-phénoménologique, incompatible avec le marxisme. Cependant, en pratique, ils soutenaient le parti. Dès le milieu des années cinquante, Foucault avait dépassé ce compromis. Il n'avait pourtant pas encore trouvé d'alternatives cohérentes. En 1954, il quittait Paris pour la Suède.

L'impasse dans laquelle se trouvait Foucault à cette époque était le lot commun d'une partie croissante des intellectuels de gauche. En étudiant la France d'après guerre, on constate deux tournants principaux dans la vie intellectuelle. J'ai déjà mentionné plusieurs fois 1968, mais il y a aussi 1956 avec les révélations scandaleuses du « rapport secret » présenté par Kroutchev au vingtième congrès du parti communiste; l'élection d'un gouvernement de centre gauche en France, qui, avec l'appui du PC, intensifia les actions armées contre les rebelles algériens et ensuite organisa l'attaque anglo-française contre l'Egypte; l'invasion de la Hongrie par l'URSS et la mise en place d'un gouvernement qui lui était acquis. Pendant les années suivantes, les communistes appuyèrent le courant patriotique en Algérie tout en restant très staliniens. Tous ces facteurs amenèrent un grand nombre de membres du parti à rendre leur carte, surtout parmi les intellectuels. La plupart de ceux qui restaient formaient une sorte d'opposition interne. Ils réclamaient que le centralisme démocratique fût non seulement centraliste mais démocratique aussi; que le marxisme fût employé de manière originale, comme un outil d'analyse, et non imposé comme un corps de doctrines. Ils voulaient enfin, une politique véritablement révolutionnaire et non une tactique opportuniste à court terme. Ces demandes, pourtant modestes, ne reçurent évidemment aucun écho. Elles ne furent même pas discutées. Ceux qui les promulguaient furent exclus. Ce qui entraîna à nouveau des défections nombreuses. Entre-temps, le problème des atrocités de la période stalinienne fut évacué. Celles-ci étaient dues aux effets malheureux du culte de la personnalité du secrétaire général ou encore, à des violations de la légalité socialiste. En fin de compte, elle furent attribuées à l'erreur et à la faiblesse humaine, c'est-à-dire à des manquements *moraux*. Il n'y eut aucune tentative sérieuse d'en rendre compte en termes *historiques*. Les sociétés capitalistes étaient bien entendu plus faciles à analyser que les pays socialistes. L'arrivée au pouvoir de De Gaulle, la stabilité politique et les progrès économiques qui suivirent, réduisirent encore les bases du PC dans l'électorat et chez les intellectuels.

Dès la fin des années cinquante, cette désillusion croissante envers la politique fut accompagnée, parmi les intellectuels, par un phénomène de fuite face à l'histoire. Dans les grands centres de la vie académique parisienne, surtout à l'Ecole Normale Supérieure, de nouvelles voix se faisaient entendre. Certaines d'entre elles, comme Lacan ou Lévi-Strauss, n'étaient pas vraiment neuves, mais elles acquéraient une audience qui dépassait de loin le cadre de leur discipline. L'on ne peut évidemment pas leur attribuer cette fuite, ni encore moins les accuser d'une polémique concertée. Lacan, par exemple, n'avait aucune raison en tant que psychanalyste de s'occuper d'histoire. Quant à Lévi-Strauss, s'il étudiait les structures sociales, c'était en tant qu'ethnologue ; il s'intéressait à des sociétés qui n'étaient pas affectées par l'histoire au sens européen. C'est donc aux auditoires qu'il faut, en fin de compte, attribuer ce manque d'intérêt pour la chose historique. Les étudiants, dont la pensée était auparavant dominée par certaines notions politiques et historiques, se pressaient en masse pour assister à des leçons dont le sujet n'avait aucun rapport avec l'histoire, mais semblaient néanmoins apporter des vérités importantes sur la vie des hommes.

Ce qu'il y avait de nouveau dans ce courant qui se libérait de l'histoire et qui se distinguait de l'existentialisme et de la phénoménologie, c'est qu'il ne fondait pas sa validité sur le sujet. Ceci peut sembler paradoxal, du moins pour la psychanalyse. Cependant, il ne faut pas confondre le concept philosophique de sujet avec celui d'individu au sens biologique ou avec la notion psychanalytique de psyché. L'on pourrait résumer l'œuvre de Lacan en disant qu'il a montré que le concept freudien de psyché ne peut être assimilé à la notion philosophique du sujet unitaire et fondateur. Il était trop facile de faire du moi le centre réel de la psyché, une sorte de sujet responsable et connaissant. Lacan montre au contraire que le moi doit être considéré comme une illusion utile, une construction imaginaire composée de projections et d'introjections. Les trois topiques freudiennes — les divisions entre conscient et inconscient, entre moi, surmoi, et ça, et entre Eros et Thanatos — ne sont pas tant l'expression du jeu des forces contraires au sein d'une psyché unitaire que l'indication d'une division profonde, d'une entité sans unité ni centre. Le fait le plus important de la vie psychique est donc le suivant : ce qui semblait appartenir le plus spécifiquement à l'homme était illusoire et que ce qui était réel n'était pas à lui, mais à l'Autre, étranger à son conscient. Rien de ceci n'est incompatible avec l'enseignement de Freud mais, avant Lacan, la plus grande partie de la psychanalyse post-freudienne, surtout en Amérique, s'orientait dans la direction opposée, vers une soi-disant psychologie du moi, qui, plutôt que d'analyser les motivations inconscientes, sondait le moi et les relations interpersonnelles forgées par l'individu dans la vie sociale. Lacan est donc parvenu à replacer l'inconscient au centre de la doctrine freudienne en introduisant des concepts linguistiques. Mais ici aussi, il y avait des précédents clairs chez Freud, dans *L'interprétation des rêves* et surtout dans un livre peu connu, *Le mot d'esprit dans ses rapports avec l'inconscient*.

La linguistique structurale a pu naître parce que les langues sont des systèmes qui s'organisent de façon plus ou moins indépendantes de leur fonction expressive ou représentative. Une phrase qui exprime un désir n'est pas une copie conforme de celui-ci. Chacun de ses éléments, de ses mots, peut être utilisé par tout locuteur parlant la même langue. Ils ne sont pas la propriété spécifique de l'un d'entre eux; leur signification est délimitée par l'usage commun. Sans cela, la langue ne pourrait remplir sa fonction principale d'outil de communication. De plus, les principes qui régissent la combinatoire de ces éléments sont bien plus rigides qu'il ne paraît en général au locuteur. Ils vont bien au-delà des règles les plus évidentes de la grammaire et dépassent même les besoins de la communication. Nous pouvons en effet comprendre les enfants et les étrangers même lorsqu'ils prononcent des phrases agrammaticales. Les langues fonctionnent donc de façon autonome et arbitraire. La structure d'une phrase ne reflète pas une structure première de la pensée : l'on ne recourt pas au même ordre des mots pour exprimer la même chose dans des langues différentes. De plus, sauf pour les onomatopées, le lien entre la forme acoustique d'un mot et l'objet qu'il représente est arbitraire. L'identité et l'individualité des objets du monde est d'ailleurs en partie déterminée par les mots mêmes qu'ils dénotent : même dans des langues proches, les mots ne correspondent pas nécessairement les uns aux autres. C'est Saussure qui, en reprenant le vieux concept des mots comme signes, a mis en évidence l'aspect arbitraire du langage, son indépendance par rapport aux choses. Le signe est composé d'un signifiant, le son ou les lettres imprimées, et d'un signifié, le concept exprimé. L'objet représenté par le signe, c'est le référent, qui est en dehors du champ de recherches du linguiste. Roman Jakobson et le «Cercle de Prague» ont élargi les théories de Saussure, en les appliquant notamment aux contes de fées et aux œuvres littéraires. Jakobson a remis à jour le vieux système rhétorique des tropes ou figures du discours, en insistant particulièrement sur la métaphore (une chose en signifie une autre) et la métonymie (la partie pour le tout).

Lacan a emprunté le concept de signe linguistique à Saussure et ceux de métaphore et de métonymie à Jakobson. Il assimile la première à la «condensation» de Freud, et la seconde au «déplacement». Non seulement les rêves peuvent être analysés comme des œuvres littéraires, mais l'inconscient lui-même était structuré comme le langage. Ce n'était ni directement, ni par des images que l'inconscient avait accès au monde, mais uniquement par le langage, les signifiants, qui généralement n'étaient liés qu'arbitrairement à leurs référents, aux objets réels. Les rêves étaient souvent une forme élaborée de jeux de mots. Le sujet humain paraissait donc être un construit langagier, aliéné à la base, dans la mesure où le langage dont il était constitué lui était extérieur et ne pouvait pas conséquemment exprimer de façon adéquate ses désirs, et surtout parce que le langage véhiculait les interdits sociaux au niveau du surmoi et agissait comme frein sur les désirs.

A la même époque, Lévi-Strauss qui avait rencontré Jakobson en Amérique pendant la deuxième guerre mondiale, introduisait des concepts linguistiques en anthropologie. Dès 1949, il avait établi la plupart des principes qui allaient devenir, quinze ou vingt ans plus tard, les outils de base du structuralisme. Dès *Les structures élémentaires de la parenté*, paru en 1949, il prend une position qui deviendra célèbre: toute culture peut être envisagée comme un ensemble de systèmes symboliques, au premier rang desquels on trouve le langage, le mariage, les lois, les relations économiques, l'art, la science et la religion. Il est significatif que le langage soit placé au premier plan. Les autres, même les relations économiques sont analysés comme des systèmes linguistiques.

Barthes, dont les premiers travaux visaient à poursuivre l'attaque de Brecht contre la doctrine culturelle qu'était le réalisme soviétique en URSS, et à produire une défense marxiste du modernisme en art, faisait usage d'un certain nombre de concepts linguistiques dans ses écrits, qu'il empruntait soit directement, soit, plus tard, par l'intermédiaire de Lacan.

Pendant cette période où le PC était en plein marasme pratique et théorique, un philosophe communiste, Louis Althusser, entamait une révision profonde de la théorie marxiste. Ses écrits sont relativement peu nombreux et sont consacrés à un domaine très étroit: l'analyse de la théorie marxiste, et uniquement en termes de sa validité philosophique et scientifique. L'histoire, la réalité extérieure, sont presque totalement absentes de ces pages qui fourmillent de concepts: terminologie marxiste classique (infrastructure, superstructure, mode de production, contradiction, appareil étatique, etc.), qui se bousculent avec tout un ensemble de termes provenant de Freud (surdétermination, condensation, déplacement, dénégation, fétichisme) et de néologies (structure décentrée, structure en dominance, dislocation). La contribution la plus significative que fit Althusser à la théorie marxiste est sans doute le concept de « coupure épistémologique », terme utilisé auparavant en histoire des sciences par Gaston Bachelard et Georges Canguilhem. Il désigne le moment où une théorie rejette les distorsions idéologiques de sa préhistoire pour devenir véritablement scientifique. Althusser applique notamment ce concept aux œuvres de Marx lui-même, mettant ainsi en évidence une discontinuité entre les travaux du « jeune Marx » et ceux de la maturité. Dans son œuvre, Althusser a reformulé la théorie marxiste tout en restant à l'intérieur du parti. Il a ainsi effectué la révision la plus audacieuse depuis Gramsci (dont l'originalité doit beaucoup à ce qu'il fut isolé des collègues du parti, dans une cellule de prison fasciste). On pourrait même soutenir qu'il faudrait remonter bien plus loin pour trouver une remise en question de l'ordre de celle d'Althusser. S'il était normal que des dirigeants incontestés d'Etats et de partis, comme Lénine et Mao, apportent des modifications majeures à la théorie, c'était beaucoup plus étonnant de la part d'un simple membre du parti, sans statut officiel dans la hiérarchie. Cependant, il est évident qu'aucun des états « socialistes » n'aurait toléré cette activité, et même le parti français a toujours eu des rapports tendus avec Althusser. Il y a sans doute de nombreuses raisons qui expliquent pourquoi ces relations n'ont pas abouti à son départ ou à son exclusion. De sa part, il y avait certainement un engagement personnel et émotif, qui ne pouvait être modifié par une persuasion rationnelle. Mais même sur le plan purement intellectuel, Althusser a dit lui-même que sa position n'aurait aucun sens en dehors du parti. En effet, c'est un léniniste convaincu. Pour lui on ne peut questionner le rôle du parti qui doit mener la lutte révolutionnaire.

Son entreprise théorique se justifie par deux buts pratiques : d'abord, rappeler la direction du parti à un véritable léninisme, qui se garde d'une dérive à droite, ensuite, miner les bases de l'extrémisme de gauche, qui séduisait essentiellement les jeunes, et que le Père de la révolution avait appelé une « maladie infantile ». (Ces enfants peu disciplinés auraient pourtant pu se demander pourquoi la révolution avait besoin d'un père). Quant aux raisons pour lesquelles le parti a toléré Althusser, elles sont tout aussi complexes. Sa loyauté était telle qu'il ne critiquait jamais ni le parti, ni l'Union Soviétique en public. De plus il ne quittait que rarement son activité théorique, qui se déroulait à un tel niveau d'abstraction exaltée que seuls les althussériens pouvaient y participer. Il était clair qu'aucun idéologue du parti ne pouvait défier Althusser sur son propre terrain. Par conséquent, on le laissait en paix. Mais il subissait souvent des attaques cachées. Il était toujours prêt à accepter la critique et, si nécessaire, à rectifier ses « erreurs ». A un moment, il alla jusqu'à condamner ses travaux précédents comme « théoricistes ». Cependant, son influence fut immense. Elle rayonnait bien au-delà de l'Ecole Normale Supérieure. Pour toute une génération de professeurs français, la connaissance du marxisme était un élément indispensable de la formation intellectuelle, or Althusser a fait pour le marxisme ce que Lacan a fait pour la psychanalyse, et cela à la même époque, et à presque au même endroit. Il n'est pas en effet exagéré de soutenir que la nouvelle tolérance envers la psychanalyse dont les marxistes firent preuve à cette époque, ainsi que la formation du « Freudo-marxisme », sont dus au respect mutuel de ces deux hommes et de leurs partisans à l'Ecole Normale et ailleurs.

Les travaux de Lévi-Strauss, Barthes, Lacan et Althusser se fécondaient mutuellement. Ils avaient en commun leur « anti-humanisme », leur « anti-subjectivisme » et leur « anti-historicisme ». Tous étaient convaincus de faire un travail scientifique. Chez tous, sauf Althusser, la linguistique structurale jouait un rôle fondamental. Cet ensemble de facteurs, combinés à une poussée d'intérêt renouvelé pour la linguistique elle-même explique que se soit répandu tout un ensemble de rumeurs sur un nouveau mouvement appelé structuralisme qui appliquait le modèle linguistique à d'autres domaines que le langage. C'est par un acte initial d'isolement qu'il approche son objet, qu'il s'agisse d'un mythe, d'une œuvre littéraire ou d'un système social. Toute une série de questions sont écartées dès le départ comme inintéressantes, par exemple les intentions du sujet créateur, les origines fonctionnelles d'un système, les effets des facteurs externes sur les objets d'étude, ou inversement, les effets de celui-ci sur son environnement. Les objets ainsi isolés sont alors analysés en termes d'une combinatoire, c'est-à-dire d'un système de relations entre éléments dans lequel ce sont les premières et non les seconds qui sont significatifs. A son état pur, le structuralisme ne faisait rien de plus, mais beaucoup de gens perçurent rapidement les limitations intrinsèques d'une telle méthode. Il était pourtant possible de réintroduire le « monde » et même « l'histoire » dans le système clos en élargissant l'analyse en une interprétation. Les concepts interprétatifs utilisés étaient généralement empruntés à la psychanalyse, parfois au marxisme et parfois aux deux. Comme un rêve, la structure était un contenu manifeste qui cachait un contenu latent. S'il n'était pas légitime d'utiliser une œuvre littéraire pour psychanalyser l'auteur, une psychanalyse de l'œuvre elle-même s'imposait. Rapidement, on se mit à soumettre tout à une analyse structurale, depuis les rêves, la publicité, les romans, la mode féminine, les villes, et même les menus de restaurants. Tout était signe. Il y avait des rapports métaphoriques et métonymiques partout. La linguistique était une *science* parce que le langage était un système de signes existant indépendamments des énoncés individuels. Ceux-ci ne devaient donc pas être analysés en termes de sens ou d'expressivité, mais comme exemples d'un système. Les autres systèmes de signes (tout ce que l'on pouvait imaginer appartenait à l'un d'entre eux) pouvaient être étudiés de la même manière. Ce fut le point de départ de la sémiologie, la science des systèmes de signes. Le structuralisme représente donc un rejet simultané, au nom de la science, des deux courants philosophiques antagonistes précédents fondés respectivement sur le sujet et sur l'histoire.

Pendant ce temps, Sartre suivait un parcours inverse. Grâce à *L'être et le néant*, sa grande œuvre philosophie, mais aussi à ses pièces de théâtre, romans, essais et articles, Sartre était à la pointe de la vie intellectuelle française dès la fin des années quarante. L'existentialisme sartrien et la phénoménologie (qui lui était très proche mais plus raffinée) dominaient la pensée de l'intelligentsia française. De plus, Sartre est en grande partie responsable de l'impopularité du marxisme parmi les intellectuels, malgré leur soutien général au PC, parti de la classe ouvrière. Cependant, au milieu des années cinquante, Sartre était arrivé à la conclusion suivante : ce qu'il considérait comme intenable dans certaines formulations marxistes lui avait empêché de voir l'exactitude fondamentale de l'interprétation marxiste de l'histoire. Dans *La critique de la raison dialectique*, œuvre monumentale et inachevée, Sartre entreprend de reformuler le matérialisme historique en termes de sa propre position philosophique fondée sur l'histoire et le sujet. Pourtant, lorsque cette œuvre parut en 1960, elle fut reçue par la majorité de ses lecteurs potentiels comme un anachronisme indigeste. L'intégration de l'existentialisme et du marxisme n'intéressait plus l'intelligentsia française : ses préoccupations avaient changé. Comme on pouvait s'y attendre, Sartre devint un des opposants les plus virulents du structuralisme naissant.

Au début des années soixante, l'espace intellectuel français se découpe donc de la façon suivante. Sartre avait fait la synthèse des positions antérieures et antagonistes. Quant au structuralisme, il était né d'un rejet de celles-ci. Lévi-Strauss en représentait l'expression la plus pure. Grâce à l'introduction de concepts linguistiques, Lacan s'était écarté de ses premiers centres d'intérêt : Heidegger, Husserl et Sartre. Quant à Althusser, en tant que marxiste, il se maintenait du côté de l'histoire. Cependant, chez lui, celle-ci devenait extrêmement générale, désincarnée. Les «structures» y semblaient plus importantes que les «événements». Plus loin, sur la même ligne, mais plus proche du structuralisme que du marxisme, il y avait Barthes. Mais — et c'est cette question qui justifie ce survol bref et nécessairement schématique de l'histoire intellectuelle récente — quelle est donc la position de Foucault? Comme les structuralistes, il rejetait les philosophies du sujet et de l'histoire basées sur les concepts de causalité, de contradiction et de téléologie. Ceci explique qu'il fût pris pour l'un d'entre eux, et qu'il ait eu tant de difficultés à s'en démarquer. Car il rejetait aussi la forme qu'avait pris le rejet structuraliste. Ceux qui participaient à ce mouvement n'avaient en effet écarté le subjectivisme et l'historicisme du dix-neuvième siècle que pour retomber dans le scientisme de la même époque, basé sur la vérité et l'objectivité. Mais nous parlons ici de l'auteur de *Les mots et les choses*. En effet, dans les années cinquante, lorsque Foucault écrivait *L'histoire de la folie*, la situation était moins claire. Le structuralisme n'était pas encore apparu en tant que mouvement : ce n'était pas encore une doctrine qu'il fallait accepter ou rejeter. A cette époque, Foucault avait sans doute une certaine sympathie pour ceux qui allaient plus tard se trouver à la tête de cette invention journalistique. Mais les problèmes sur lesquels il travaillait à cette époque n'avaient que peu de rapports avec les leurs. Si la philosophie et la psychiatrie, cette science trop humaine, avaient échoué à lui fournir les bases sur lesquelles il pourrait répondre aux questions qu'elles avaient stimulées en lui, ce n'était peut-être pas seulement parce qu'il était personnellement dans une impasse. Ce gouffre béant entre son appréhension du présent et les vérités que ces sciences promettaient était peut-être le signe de ce qu'il appellerait plus tard une mutation épistémique. Foucault était dans une position analogue à celle des penseurs vivant aux environs de 1650 ou 1800. La philosophie et la psychanalyse ne détenaient aucune vérité parce qu'elles avaient une histoire. La recherche de leurs origines, comme nous l'avons vu, a conduit Foucault à une même source, l'instauration du règne unique et sans conteste de la raison sur l'esprit. Pour aller plus loin, comme je l'ai suggéré dans l'introduction, il fallait reculer, ce qui signifiait un retour à l'histoire. Mais comment mener une telle enquête ? Nietzsche, qui était contemporain de la fin de la philosophie idéaliste allemande, avait été confronté à un problème similaire. Sa réponse avait été une *wirkliche Historie* nouvelle, qu'il avait appelée généalogie. Il n'était pas question que l'histoire s'empare du pouvoir critique et législatif de la philosophie, comme un certain historicisme du dix-neuvième siècle avait tenté de le faire. L'histoire qu'il envisageait devait être une ethnologie interne de notre culture et de notre rationalité.

Il n'appartient pas à celui qui analyse la pensée de Foucault d'imposer à ses livres successifs un développement causal, une unité sous-jacente, une origine commune. Il s'agit simplement de reconnaître les cohérences et les divergences quand elles apparaissent. La cohérence des œuvres de Foucault ne permet pas de construire un système foucaldien. C'est pourquoi, si l'on tente de parler d'elles, ce ne peut être que chronologiquement, considérant chaque livre à son tour. D'une certaine façon, chaque ouvrage constitue un nouveau départ dans un monde neuf : la méthodologie doit être adaptée, de nouveaux concepts s'imposent. J'ai respecté ce découpage élémentaire dans la division en chapitres. J'ai aussi fait écho à une sorte de mutation dans l'œuvre de Foucault en séparant le livre en deux parties. Cependant, la rupture la plus profonde apparaît avec *L'histoire de la folie*, non seulement par rapport à ce que Foucault avait écrit auparavant, mais surtout par rapport à son époque. Il s'agit de la première étape d'une analyse radicalement nouvelle de la civilisation occidentale depuis la Renaissance. La quête philosophique de Foucault l'a conduit à la psychologie, la science de l'esprit, et de là à la folie, qui en constitue la limite, et enfin à la raison, à la volonté de savoir et de vérité. L'on pourrait dire grossièrement — Foucault ne l'a d'ailleurs jamais fait — que le rationalisme et la science moderne ont les mêmes origines infâmes que les asiles d'aliénés. *L'histoire de la folie* constitue bien sûr une étude détaillée des changements qui se sont produits dans le traitement de la folie en Europe occidentale sur une période d'environ trois cents ans. Mais elle est aussi liée indissolublement à la généalogie (et donc à une relativisation, à une ethnologie) de la raison, de la vérité et du savoir occidental. Pourtant, de façon étonnante mais aussi significative, ce second aspect fut largement ignoré pendant les premières années qui suivirent sa parution. Ceux qui lui étaient favorables étaient généralement engagés dans des activités littéraires ou artistiques et avaient donc une conception plus subtile sinon plus claire de la vérité. Quant à ceux qui s'érigent en gardiens de celle-ci, historiens, philosophes, sociologues, psychiatres universitaires, ils gardèrent le silence. Ce fut aussi le cas pour les revues de tendance marxiste. Un travail sur une expérience située au-delà de la raison, en dehors des processus de production de la société, ne pouvait les intéresser. En Angleterre, *L'histoire de la folie* reçut un accueil enthousiaste de la part d'un petit groupe de chercheurs marginaux. R.D. Laing et David Cooper, deux psychothérapeutes peu connus à l'époque, savaient, par leur propre expérience, exactement de quoi parlait Foucault. Du point de vue théorique aussi, ce livre eut une influence durable sur les deux hommes. Il leur permit de s'écarter de la psychanalyse existentialiste sartrienne dans laquelle ils tentaient de formuler les résultats de leurs expériences. Laing fit publier la traduction anglaise, *Madness and civilization* dans sa collection «Studies in existentialism and phenomenology» — Foucault a dû en éprouver une certaine satisfaction, mais aussi un certain amusement — et Cooper écrivit l'introduction. Au fur et à mesure que la réputation de Laing et Cooper grandissait, leurs travaux commencèrent à avoir une certaine influence en France : un nouveau «mouvement» était né sous le nom «d'antipsychiatrie». A cette époque, *L'histoire de la folie* commençait à faire l'objet d'un intérêt renouvelé, Foucault recevait régulièrement des lettres d'insultes de la part de psychiatres, et en 1969, il y eut une réunion d'un groupe de membres «éminents» de cette profession à Toulouse, qui siégèrent pour le juger. Selon eux, Foucault ne se contentait pas de mettre en question les méthodes, les intentions et les objets de la psychiatrie, il commettait un «psychiatricide». Ils critiquèrent aussi son emploi «vulgaire» et «peu précis» du terme de «folie», au lieu des catégories exactes de «l'aliénation mentale». Foucault sombrait dans le «nihilisme» en décrivant la folie comme une «absence d'œuvre». On l'attaqua aussi parce qu'il ne tenait pas compte de nombreux travaux psychiatriques et qu'il ignorait les «progrès récents» dans le traitement des malades mentaux (l'étude de Foucault se termine à la fin du dix-neuvième siècle). Parfois des voix plus douces s'élevaient pour suggérer que, malgré tous ses défauts, l'œuvre de Foucault constituait un rappel «salutaire» de la préhistoire souvent désagréable de leur science. On ne s'attendait pas à de telles réactions de la part «d'hommes de science». Elles rappellent plutôt celles de l'Eglise vis-à-vis de *L'origine des espèces* au dix-neuvième siècle. Elle aussi considérait la révélation des origines comme une menace.

> Il est essentiel à la possibilité d'une science positive de l'homme qu'il y ait, du côté le plus reculé, cette aire de la folie dans laquelle et à partir de laquelle l'existence humaine tombe dans l'objectivité. Dans son énigme essentielle, la folie veille, promise toujours à une forme de connaissance qui la cernera tout entière, mais toujours décalée par rapport à toute prise possible puisque c'est elle

> qui originairement donne à la connaissance objective une prise sur l'homme. L'éventualité pour l'homme d'être fou et la possibilité d'être objet se sont rejointes à la fin du XVIII<sup>e</sup> siècle, et cette rencontre a donné naissance à la fois (il n'y a pas, en ce cas, de hasard de date) aux postulats de la psychiatrie positive et aux thèmes d'une science objective de l'homme... Le positivisme alors ne sera plus seulement projet théorique, mais stigmate de l'existence aliénée. Le statut d'objet sera imposé d'entrée de jeu à tout individu reconnu aliéné ; l'aliénation sera déposée comme une vérité secrète au cœur de toute connaissance objective de l'homme. (HF, 482).

*L'histoire de la folie* est le premier volume que Foucault ait écrit sur l'archéologie de la culture occidentale. Mais il y a là plus qu'un hasard chronologique. Il s'agit des fondements mêmes de son entreprise : seul l'auteur de *L'histoire de la folie* pouvait écrire les livres qui allaient suivre, et qui n'ont d'ailleurs en rien diminué la valeur du premier. De même, ce n'est que rétrospectivement, à la lumière des œuvres postérieures, que l'on peut mesurer toute l'originalité de celui-ci. Il apparaît d'ailleurs clairement, dans de nombreux passages de ce livre, que Foucault sait précisément quelles seront ses réalisations futures. Dans la première préface, on sent une joie qui sourd, une trépidation. On ne peut que deviner combien l'écriture de ce livre lui a coûté. Cependant, cette étude n'est que la première, et « la plus facile sans doute », d'une longue enquête effectuée « sous le soleil de la grande recherche nietzschéenne ».

Celui-ci lui a sans doute fourni l'inspiration, mais il ne pouvait donner ce que nous appelons aujourd'hui la méthodologie. Il n'y avait aucune discipline, avec ses institutions et ses revues, ses controverses internes, son appareil conceptuel et ses méthodes de travail, dans laquelle Foucault puisse exécuter la tâche qu'il s'était assignée. En effet, comme pour Nietzsche, on peut dire qu'il était nécessaire que son travail s'effectue en dehors des structures académiques, et même contre elles. Il lui fallait créer sa propre technique d'analyse, ses propres concepts opérationnels, un vocabulaire nouveau, et même ses lecteurs. A cette fin, il devait adresser ses livres au public cultivé en général. Celui-ci n'existait nulle part ailleurs, mais à la différence des quelques milliers d'étudiants spécialisés, il n'était pas captif. Foucault réussit à conquérir ce public, et, grâce à lui, dans la période moins rigide qui suivit 1968, il se fit aussi accepter dans les milieux académiques. Cependant, avant son élection au Collège de France, il y avait une séparation nette entre ses écrits et son enseignement. Il lui était impossible de faire un cours de philosophie sur des parties de *L'histoire de la folie* ou de *Les mots et les choses*. Ses livres n'étaient classables que sous la rubrique «histoire des idées», mais celle-ci n'existait pas à l'époque comme discipline académique. De plus, cet intitulé ne recouvre qu'un fourre-tout amorphe envahi par des préjugés théoriques auxquels Foucault essayait d'échapper. Il y avait pourtant des historiens en France, notamment ceux qui étaient liés à la revue des *Annales*, qui partageaient son opposition à cette conception de l'histoire. Mais leur exemple ne pouvait guère l'aider dans les domaines où il voulait travailler, surtout parce que leurs recherches tendaient à ne couvrir que des périodes très courtes. Par contre les travaux de Georges Dumézil constituaient une source d'inspiration. Celui-ci étudiait les sociétés européennes anciennes en analysant les mythes, l'art, la religion, les lois, les institutions, les systèmes politiques, sociaux et économiques en termes d'une totalité culturelle, d'une «combinatoire» dans laquelle tous les éléments étaient liés et où seule la structure globale dominait. Il était évidemment difficile d'adapter ce modèle à l'analyse des cultures européennes récentes sur des périodes longues. Il se prêtait mal à l'étude du changement et des transformations. La notion foucaldienne d'*épistémè*, à savoir l'ensemble des règles sous-jacentes régissant la production du discours à une époque donnée, apparaît dans ce contexte comme une tentative de réconciliation entre le changement et la notion générale de culture. Bien entendu, il serait faux de concevoir les périodes que définit Foucault, Renaissance, classique, moderne, ou les *épistémès*, comme des totalités culturelles à la Dumézil, qui se seraient succédées de façon discontinue et sans raison apparente. En effet, c'est en grande partie parce que ceci n'a pas été clairement compris que Foucault a été classé comme structuraliste, surtout après *Les mots et les choses*.

L'exemple de Dumézil a laissé des traces dans *L'histoire de la folie*, mais il ne faut pas en exagérer la portée. Elles apparaissent surtout au niveau de la terminologie. Cependant, Foucault lui-même a critiqué la façon dont il utilisait certains concepts. En particulier, il admet qu'il concevait plutôt la folie comme une « condition libre et volubile que la raison était parvenue à dresser et à réduire au silence ». (Foucault a attaqué cette conception purement négative et répressive du pouvoir dans *Surveiller et Punir* et dans *La volonté de savoir*. Parce que la folie était au-delà de la division constitutive de la science moderne, et aussi parce que, par son absence d'œuvre, elle était à l'écart des travaux de l'histoire, Foucault avait tendance à en faire une expérience singulière, permanente et invariable. Comme la mort, elle marquait l'extinction, et donc la limite, du sujet de la science et de l'histoire. Ce point de vue était plus explicite dans la préface de 1961 que dans les analyses du corps de l'ouvrage — ce qui explique sans doute en partie la suppression de celle-ci dans la deuxième édition de 1972.

*L'histoire de la folie* fut ignoré par presque tous les intellectuels marxistes (Louis Althusser fut le seul à en reconnaître l'importance). Par contre *Les mots et les choses* provoqua une réaction de fureur. En passant de l'Autre au Même, de la naissance de la raison à sa production, du tragique à l'histoire, Foucault s'avançait sur leur terrain. Il suscita de nombreuses objections de leur part, et sur le détail et sur les postulats théoriques généraux. Il y avait, pour commencer, un problème de style : comment prendre au sérieux une œuvre qui s'ouvrait sur un éclat de rire et une encyclopédie chinoise ridicule (et prérévolutionnaire). A l'opposé de Marx, qui polémiquait avec esprit, les marxistes ne se font remarquer, dans l'exercice de leurs fonctions publiques, ni par leur élégance d'expression, ni par leur sens de l'humour. La critique marxiste projetant de s'assurer une prise sur *Les mots et les choses* fait penser à un sergent de ville tentant d'appréhender un travesti particulièrement tapageur. Bien sûr, sans le succès phénoménal de l'ouvrage, leur attention n'aurait pas été nécessaire. Mais l'idéalisme, cet ennemi plein de ressources, était une fois de plus présent. Les forces du progrès devaient à nouveau se mobiliser pour une bataille de « la lutte des classes au niveau de la théorie ». Le structuralisme n'était qu'un nouveau masque de l'ennemi (il y avait déjà eu la psychanalyse, le positivisme logique, l'existentialisme et le modernisme en art) qu'il fallait extirper et détruire.

*Les mots et les choses* se donnait pour but d'examiner les continuités et les transformations de la pensée européenne depuis la Renaissance jusqu'au présent, en se fondant en particulier sur trois domaines essentiels: l'étude des êtres vivants, du langage et des richesses, ainsi que leurs rapports avec la philosophie de chacune des époques étudiées, et leurs transformations en sciences humaines au dix-neuvième siècle. Ainsi, du point de vue marxiste, ce livre couvrait l'entièreté de la période «bourgeoise» depuis le début du capitalisme en passant par le mercantilisme et le stade industriel: la montée de la bourgeoisie jusqu'à son apogée. De plus, il traitait des domaines de la pensée les plus perméables à «l'idéologie», c'est-à-dire à une représentation déformée de la réalité, et à la puissance formatrice du «mode de production». Malgré cela, Foucault excluait délibérément toute référence à des considérations sociales, économiques ou politiques. Pire encore, la continuité de ce discours était divisée en trois périodes clairement définies qui portaient des noms tirés de l'histoire de l'art et non de la «science» du matérialisme historique. Aucune explication n'était proposée pour les mutations soudaines d'une *épistémè* à la suivante. La pensée humaine paraissait régie par ses lois propres et imprévisibles: on avait clairement affaire à un cas d'idéalisme.

Evidemment, Foucault ne voulait pas nier le rôle de ce qu'il allait appeler plus tard les «formations non discursives» dans la production de la pensée. Au contraire, son œuvre entière, avant et après ce livre, se préoccupe précisément de ces problèmes. Mais pour lui il s'agissait bien d'un problème, auquel on n'avait encore trouvé aucune solution.

> Mais je me suis aperçu que les choses étaient plus compliquées que je ne l'avais cru dans ces deux premiers ouvrages, que les domaines discursifs n'obéissaient pas toujours à des structures qui leur étaient communes avec leurs domaines pratiques et institutionnels associés, qu'ils obéissaient par contre à des structures communes à d'autres domaines épistémologiques, qu'il y avait comme un isomorphisme des discours entre eux à une époque donnée. (B4, 195-6).

Sur cette question, les marxistes invoquent inévitablement leur théorie des relations entre la base et la superstructure. Ils font une critique rituelle des tentatives de réduire la seconde à la première, insistant sur «l'autonomie relative» des phénomènes superstructuraux, dont le fonctionnement ne fait pourtant l'objet de presque aucune recherche. Dans les cas concrets d'analyses littéraires par exemple, les œuvres ne sont pas mises en relation avec un ensemble complexe et mobile de formations discursives et non discursives interpénétrées. On les rapporte, au contraire, à l'auteur en tant que sujet fondateur, à sa classe sociale et à son expérience des contradictions qui sont à l'œuvre dans sa société. Ainsi, selon Goldmann, Racine est en dernière analyse un représentant de la noblesse de robe. Quant à Shakespeare, il représente un humanisme post-bourgeois naissant (cf. les diatribes du Roi Lear contre «l'autorité») tout en ayant une vue objectivement réactionnaire et féodale de la politique (cf. le passage de *Troilus et Cressida* où Ulysse montre les dangers qui résulteraient d'une atteinte à la hiérarchie, Acte I, sc. 3). C'est Marx lui-même qui a le premier exprimé cette opinion, qui a été développée par Lukacs, et répétée par tous les marxistes qui se sont intéressés à ce sujet. Etant donné la misère pratique et théorique du marxisme dans ce domaine, l'on comprend que Foucault ait cru utile de poursuivre une expérience contrôlée en excluant délibérément les prétendus «facteurs explicatifs». Il espérait ainsi découvrir pourquoi, à un niveau purement discursif, différents discours semblaient être régis par un ensemble commun de règles sous-jacentes, et comment, en quelques années, celles-ci pouvaient subir des transformations profondes. De plus, Foucault admettait volontiers qu'il lui eût été impossible d'étudier une période aussi étendue en s'occupant en même temps du niveau non discursif.

Foucault fut donc classé comme idéaliste par les marxistes. Il s'agissait pourtant d'un idéalisme d'un type nouveau, qui n'était pas fondé sur la notion du sujet constitutif. Il s'imposait à plus forte raison de le dénoncer, puisque le marxisme considérait aussi le sujet comme un effet secondaire de processus qui lui étaient extérieurs. Mais Foucault était dangereux pour d'autres raisons encore: non seulement il analysait la culture occidentale sans références à la seule «science» qui rende une telle analyse possible, mais en plus, au terme de son étude, il parlait de Marx, le fondateur de cette «science», en le plaçant fermement dans le cadre de la pensée du dix-neuvième siècle. Ainsi, selon Foucault, Marx n'était pas le créateur révolutionnaire d'un monde nouveau d'analyses sociales, économiques et politiques, mais une figure de son temps, aujourd'hui dépassée. Et, comme si cela ne suffisait pas, il était parvenu, grâce à ses *épistémès*, à faire de Ricardo un plus grand rénovateur de la théorie économique que Marx lui-même. Pour les marxistes, en effet, Ricardo était une figure de transition entre l'économie classique d'Adam Smith et la nouvelle économie socialiste de Marx, et ce point de vue n'était pas ouvert à la discussion. Mais Foucault soutenait que c'était Ricardo qui avait induit la rupture fondamentale, en libérant le travail de son rôle de mesure de la valeur, et en faisant de lui le processus de production lui-même, indépendamment de tout échange. Vis-à-vis de cette révolution, l'introduction par Marx de la notion politique de classe n'était qu'un phénomène secondaire : les différences entre les théories économiques socialistes et bourgeoises au dix-neuvième siècle étant internes à l'*épistémè* post-classique, « ce ne sont tempêtes qu'au bassin d'enfant ». La réponse typique de ses disciples face à cette dévaluation de Marx est de considérer les analyses de Foucault comme pré-marxistes. Pourtant sa conclusion résulte d'une analyse détaillée et respectueuse des rapports entre la théorie économique de Marx et le discours dans laquelle elle apparaît, ainsi que des relations entre ce discours et les autres discours contemporains. Quant au jugement de marxistes, il constitue un exemple typique de dogmatisme tautologique. Comme il leur est impossible d'imaginer un post-marxisme, leur emploi du terme pré-marxiste désigne simplement les non-marxistes. Ce dernier terme s'applique évidemment à Foucault. Pourtant il n'est inscrit nulle part, si ce n'est dans l'esprit des marxistes, que la « dialectique » soit une loi incontournable de la nature. S'il est vrai qu'à la fin du dix-neuvième siècle, Nietzsche a dénoncé les promesses entremêlées de la dialectique et de l'anthropologie, alors ceux qui essayent de repenser l'histoire après lui sont nécessairement post-marxistes.

Les rapports de Foucault avec les problèmes de « théorie » sont souvent mal compris. Il n'a pas pour but de « démontrer » la vérité d'une nouvelle conception de l'histoire. Les analyses de détail qu'il fait intervenir dans son travail ne sont pas des arguments en faveur d'une théorie, au sens où elles seraient « invalidées» si celle-ci était «fausse». Foucault a toujours travaillé dans le sens contraire. Lorsqu'il approche un nouveau domaine — et c'est le cas dans presque tous ses livres — il a bien sûr un certain nombre de préjugés et de présupposés, qui lui viennent de ses travaux précédents et de l'opinion des autres sur le sujet. Cependant, non seulement il se méfie de ces «données théoriques, mais il les soumet, au cours de son enquête, à un examen des plus rigoureux. Ce qui apparaît n'est pas une théorie qui exposerait une vérité générale, mais une hypothèse, une invitation à la discussion, qui souvent est étonnamment éloignée de l'opinion reçue. Chez Foucault, la théorie ne jouit pas d'un statut identique à celui des analyses fines auxquelles elle est subordonnée. Ainsi lorsque Foucault critique sa conceptualisation de la folie dans *L'histoire de la folie*, l'ouvrage n'en devient ni caduc ni faux. De même, la valeur de *Les mots et les choses* n'est en rien diminuée par le fait qu'il y subsistait quelques problèmes théoriques et des passages prêtant à confusion. Cependant, Foucault considérait que ces défauts méritaient une élucidation détaillée. Ceci explique que dans *L'archéologie du savoir* il ait inversé ses démarches habituelles: il s'agit de son seul livre consacré principalement aux problèmes théoriques et méthodologiques. Pourtant, dans la mesure où cet ouvrage étend les analyses concrètes du précédent, il n'y est pas seulement question de théorie.

D'une certaine manière, le point central de *L'archéologie du savoir* est une élucidation qui résulte du remplacement du concept d'*épistémè*, central dans *Les mots et les choses*. Les problèmes de compréhension auxquels cette notion a donné lieu, sont dus en grande partie à une lecture inattentive ou peu sympathique. Il n'y a certainement rien dans les analyses extrêmement subtiles et fouillées des changements épistémologiques que présente Foucault qui mérite les distorsions vulgaires auxquelles elles ont donné lieu. J'ai déjà critiqué la position de ceux qui affirmaient que le discours foucaldien flottait dans un état désincarné, et qu'il n'avait aucun rapport avec les réalités sociales politiques et économiques. D'autres l'ont accusé d'interrompre le flot chronologique des idées, en le divisant en «périodes» unitaires et autonomes, chacune étant déterminée par une *épistémè* sous-jacente. En réalité, les périodes de Foucault ne sont pas des concepts opérationnels, mais un moyen de référer brièvement à un certain nombre de changements corrélatifs dans des disciplines diverses. Foucault n'a jamais suggéré que toute l'activité intellectuelle au cours de la période classique ait été déterminée par l'*épistémè* partagée par les trois disciplines qu'il avait analysées. L'*épistémè* classique qui apparaît dans *Les mots et les choses*, n'était rien de plus que le système sous-jacent à celles-ci. Si l'on étendait la comparaison à une autre discipline, l'*épistémè* s'en trouverait inévitablement modifiée. L'on ne peut clairement pas parler d'une mathématique ou d'une physique classique au sens de Foucault. Répétons que toutes les disciplines ne subissent pas nécessairement des transformations simultanées : il y a des à-coups dans le changement. De plus, celui-ci n'est pas total et immédiat : que l'on considère simplement les analyses que donne Foucault des étapes de transition entre disciplines classiques et modernes.

Dominique Lecourt, un althussérien, a fait remarquer que le concept d'*épistémè* n'apparaissait presque pas dans *L'archéologie du savoir*, qui se voulait néanmoins une reconstruction théorique du livre dans lequel il jouait un rôle majeur. Lecourt en conclut que Foucault avait vu son erreur, mais refusait de la reconnaître : « le buissonnement de mots nouveaux » constituait une tentative élaborée destinée à la cacher. Mais *Les mots et les choses* n'était pas la démonstration d'une quelconque « théorie de l'*épistémè* »; il ne pouvait conséquemment être question « d'erreur ». Si le terme posait trop de problèmes, Foucault était prêt à s'en débarrasser en faveur d'autre chose. Mais il est évidemment impossible qu'un althussérien comprenne une attitude aussi détachée envers la théorie : pour Althusser et ses disciples, il n'y a aucune activité plus glorieuse que « la pratique de la théorie. Par un système soigné de choix et d'omissions, Lecourt parvient à donner une image déformée, pour ne pas dire malhonnête, du livre de Foucault. Son orientation théoricienne est tellement invincible qu'elle le rend aveugle à la vraie nature de l'activité de celui-ci. Il va même jusqu'à déclarer, de façon tout à fait étonnante, que « la catégorie de la pratique est « étrangère à ses ouvrages antérieurs ». Lecourt réfère à la notion de « pratique discursive » en tant qu'un « ensemble de règles anonymes historiquement déterminées qui s'imposent à tout sujet parlant, règles non pas universellement valables, mais qui ont toujours un domaine de validité spécifique» (B9, 119). Ces règles forment une «régularité» qui «ordonne toute formation discursive». Lecourt a donc correctement compris le concept de Foucault. Dans ces conditions, comment peut-il soutenir qu'une telle catégorie soit absente des œuvres antérieures ? *Les mots et les choses* ne traite presque que de cela et *La naissance de la clinique* est une analyse soutenue des relations entre pratiques discursives et non discursives correspondantes. Il semble donc clair que pour un théoricien comme Lecourt, le mot *est* le concept : si le mot est nouveau chez Foucault, le concept doit l'être aussi. Toute l'analyse de *L'archéologie du savoir* qu'il nous présente se réduit donc à une étude de quelques termes employés par Foucault dans ce livre et se base sur «l'argumentation» suivante, dont chaque étape n'est guère plus qu'une affirmation doctrinaire : 1. le matérialisme historique est une science établie et vivante; 2. toute tentative visant à couvrir le même terrain que le matérialisme historique est nécessairement préscientifique, «idéologique»; 3. une idéologie ne peut poursuivre sa course parallèle indéfiniment : il arrive toujours un moment où ses contradictions internes deviennent apparentes; 4. arrivée à ce stade, l'idéologie essaye de surmonter ses contradictions en utilisant des termes de la «science» parallèle; mais en «déplacement». En d'autres mots, Foucault tente de résoudre les problèmes que lui pose son refus du marxisme en lui empruntant des concepts, mais sous une forme déguisée. Ce point de vue mène à la conclusion absurde que le concept foucaldien de savoir est un déplacement de l'idéologie althussérienne, alors qu'en réalité il s'agit clairement d'un moyen d'éviter la distinction d'Althusser entre «science» et «idéologie». Dans ces conditions on ne s'étonnera pas que Lecourt soulève la vieille objection suivante : Foucault «décrit» mais «n'explique» pas.

> Si notre interprétation est juste, la tâche de «l'archéologie» serait en effet de constituer la théorie de l'instance «discursive» en tant qu'elle est structurée par des rapports investis dans des institutions et règlements historiquement déterminés. Cette tâche n'est remplie par Foucault que sous la forme de la description; c'est lui-même qui le dit : «le temps n'est pas encore venu de la théorie». (B10, 198).

Que cette interprétation soit correcte ou non, ce n'est certainement pas celle de Foucault — sinon pourquoi dirait-il que «le temps n'est pas encore venu de la théorie ». Mais au fond, il est impossible qu'elle soit « correcte », car toute entreprise archéologique est profondément antithéorique : Foucault ne montre jamais le moindre désir de produire une théorie qui rende compte de la structuration des formations discursives par les « rapports investis dans des institutions ». En recourant à sa propre distinction, on peut dire qu'il veut écrire une histoire « générale » et non « totale ».

Immédiatement après le passage cité, Lecourt fait un acte d'allégeance rituel : « Nous pensons, pour notre part, que le temps de la théorie a été inauguré par Marx, du moins dans ses principes les plus généraux, depuis longtemps ». Ces principes sont tellement généraux, semble-t-il, que même les marxistes n'en profitent guère pour avancer sur la voie de l'explication. Quels types de relations existent donc entre les pratiques discursives et non discursives, se demande Lecourt quelques pages plus loin ? Tout marxiste peut répondre à cette question, dit-il, en se rapportant au « schéma classique de l'infrastructure et de la superstructure ». Mais nous apprenons avec surprise que si cette réponse est « fondamentalement juste » elle n'est pas suffisante.

> C'est qu'elle est encore *descriptive* : même si elle a l'avantage inestimable de « montrer » ce qu'est l'ordre de détermination *matérialiste*, même si elle a une valeur polémique éprouvée contre toutes les conceptions idéalistes de l'histoire pour que ce soient les idées qui mènent le monde ; même si, pour ces raisons décisives, elle doit être résolument défendue comme un acquis théorique du marxisme, en tant qu'elle permet de tracer une ligne de démarcation entre les deux « camps » de la philosophie, entre nos adversaires et nous, on doit pourtant reconnaître qu'elle ne nous donne pas les moyens de penser le mécanisme qui lie l'idéologie... et le mode de production. (B10, 208-9).

Donc, même si après un siècle ou plus, elle n'est pas parvenue à approcher l'explication de plus près que Foucault en huit ans ! Un tel aveu provoque un soulagement dans ces pages fatigantes et absconses. Lecourt va même jusqu'à rendre hommage à Foucault parce qu'il « nous met en demeure de penser théoriquement » le mécanisme qu'il a décrit, mais il continue, impénitent, « nous savons que seul le matérialisme historique peut résoudre ce problème ». Quant à moi, je préférerais dire que seul celui-ci, en vertu de sa métaphysique causale inhérente, pourrait rechercher une telle «explication». Les «descriptions» qu'offre Foucault, avec leurs trésors de détails, sont tout aussi explicatives que le discours scientifique habituel:

> Il y a tout de même plus de cinquante ans qu'on s'est aperçu que les tâches de la description étaient essentielles dans les domaines comme ceux de l'histoire, de l'ethnologie et de la langue. Après tout le langage mathématique depuis Galilée et Newton ne fonctionne pas comme une explication de la nature, mais comme une description de processus. Je ne vois pas pourquoi on pourrait contester à des disciplines non formalisées comme l'histoire, d'entreprendre elles aussi des tâches premières de la description. (B4, 194).

Il est pour le moins curieux que les «explications» en termes du schéma marxiste classique, qui, pendant un siècle, ont été considérées comme satisfaisantes, soient retombées au statut de descriptions après la lecture de Foucault. (En réalité, elles ne méritent même pas ce titre, ce ne sont que des assertions théoriques). Cette insatisfaction est sans doute une indication du déclin de l'efficacité de la vieille magie marxiste. Ce n'est pas Foucault qui devrait «se fier» aux fausses «certitudes» du matérialisme historique, mais Lecourt qui devrait se fier aux véritables incertitudes de la pensée post-marxiste. L'analyse du discours en tant qu'événement, du savoir en tant que pouvoir, qui apparaît dans *L'archéologie du savoir*, fait l'objet d'un développement plus approfondi dans *L'ordre du discours*. Mais dans *Surveiller et punir* et *La volonté de savoir*, on a affaire à une analyse radicalement nouvelle de l'histoire des sociétés européennes. Cette «anatomie politique» — anatomie de la politique du corps en termes d'une anatomie de la politisation du corps — nous est modestement présentée comme «une autre grille pour déchiffrer l'histoire».

> Mais quand je pense à la mécanique du pouvoir, je pense à sa forme capillaire d'exister, au point où le pouvoir rejoint le grain même des individus, atteint leur corps, vient s'insérer dans leurs gestes, leurs attitudes, leurs discours, leur apprentissage, leur vie quotidienne. (B8, 28).

Il est impossible de trouver de tels points de vue dans la tradition marxiste, et ce n'est pas par hasard. En effet, Marx reste, malgré ses recherches considérables sur l'histoire et l'économie, un philosophe européen, et, qui plus est, un «idéaliste allemand». Il ne pouvait penser l'histoire et l'économie que dans le cadre de la métaphysique, et toute philosophie appartenant à cette tradition est, en dernière analyse, idéaliste. Le «matérialisme» n'est qu'une tentative de philosophe, vouée à l'échec, et visant à échapper à l'idéalisme pour atteindre le monde réel. Mais celui-ci ne mériterait pas l'attention du marxiste si l'action anoblissante de la dialectique ne lui donnait forme et sens en y introduisant le raisonnement causal de la philosophie. Ceci ne signifie pas que les «faits», le monde «réel», soient transparents, évidents par eux-mêmes. Au contraire, ils nécessitent certainement une analyse dans la mesure où ils restent toujours les effets obscurs d'études antérieures: les «faits» sont en même temps les matériaux et les instruments de l'analyse historique; ils ne nécessitent pourtant pas l'*interprétation* des philosophes. Quant à la tradition marxiste, elle continue à mépriser les faits, surtout ceux qui concernent sa propre histoire. Comme toujours, c'est le communisme soviétique qui incarne la version la plus grotesque de cette attitude. En effet, les faits sont des armes, ils peuvent tomber dans de mauvaises mains. Mais d'autres marxistes, qui partagent la répulsion commune envers les horreurs commises par l'Etat soviétique, ont aussi ce mépris dangereux du fait brut, cette quête du sens, du but, de la *vérité* sous-jacente. Ils veulent se démarquer des «fétichistes du fait». Ils acceptent pourtant sans problèmes de considérer des «événements» tels que «la Révolution française» ou «la montée de la bourgeoisie» comme des données historiques qu'on ne peut mettre en question. Pour eux, l'histoire ordinaire, la *wirkliche Historie*, n'est que la servante des grands mouvements de l'Histoire. Elle lui est liée par une relation du même type que celle qui existe entre les «masses» et «l'avant-garde». Les marxistes sont plus proches de Platon qu'ils ne le pensent, ou qu'ils ne le mériteraient. L'Etat soviétique, dirigé par une caste de «philosophes», est une version cauchemardesque de *La république*. En fin de compte, l'Esprit ne s'intéresse qu'à lui-même. Le philosophe doit donc quitter la philosophie, s'il veut devenir un véritable matérialiste. Nietzsche, qui était philologue classique, n'est jamais devenu philosophe; il a aussi évité à Foucault de le devenir. La conjonction pouvoircorps, qui est à la base d'un matérialisme véritable, est clairement exprimée par Nietzsche dans *La généalogie de la morale, Le gai savoir, Aurores*. Evidemment, Foucault n'en répète pas simplement les idées. En effet, les œuvres de Nietzsche ne présentent pas une analyse systématique, mais une série d'intuitions éparpillées à travers les textes, souvent sous forme d'aphorismes. Il faut donc une lecture particulièrement active, du type de celle que pratique Foucault, pour que celles-ci deviennent pertinentes. Ceci explique pourquoi, malgré la présence de Nietzsche dès ses premières œuvres, ce n'est qu'avec *Surveiller et punir*, qu'il a appelé son «premier livre», que son analyse de l'histoire atteint sa majorité.

«L'anatomie politique» de Foucault constitue une coupure radicale avec toutes les conceptions précédentes du pouvoir, qu'elles soient de droite ou de gauche. Pour commencer, le pouvoir n'y apparaît pas comme une possession acquise par une classe, qui s'efforce de le préserver d'une autre. Il n'est pas la prérogative de la «bourgeoisie; et la «classe ouvrière» n'a pas pour mission historique de l'acquérir. Le pouvoir n'existe pas sous cette forme, mais, lorsqu'on met en question les analyses traditionnelles du fonctionnement de la société, on est obligé, au départ, de recourir au même mot. En fait, le pouvoir est l'effet de l'exercice des relations sociales entre groupes et entre individus. Il n'est pas unitaire, il n'a pas d'essence. Il apparaît sous autant de formes qu'il y a de rapports sociaux. Chaque groupe, chaque individu exerce un pouvoir et lui est en même temps soumis. Il y a certes des catégories d'individus, comme les enfants, les détenus, les «fous», dont le pouvoir est sévèrement limité, mais la plupart d'entre eux trouvent quand même un moyen d'exercer un certain pouvoir, ne serait-ce qu'entre eux. Il ne faut donc pas identifier le pouvoir avec l'Etat, avec un appareil centralisé dont on pourrait s'emparer. Il est plutôt une stratégie ou un effet global, résultat composite d'une multiplicité de centres et de mécanismes, qui constituent chacun un Etat dans l'Etat. Chaque citoyen peut participer à plusieurs d'entre eux. Les usines, les lotissements, les hôpitaux, les écoles, les familles sont parmi les plus évidents, les plus formalisés de ces «micro-pouvoirs». L'étude du fonctionnement de ceux-ci, l'analyse des relations existant entre eux et des rapports qu'ils ont avec les buts stratégiques de l'appareil d'Etat, constituent les tâches de l'anatomie politique. Le pouvoir ne doit donc pas être considéré comme un facteur subordonné : il n'a pas pour seul but de maintenir l'exploitation économique et ne joue pas non plus le rôle de superstructure par rapport à une infrastructure économique. Il est présent dès le départ dans le mode de production : il en constitue la structure même. De plus le pouvoir n'a pas de finalité : les transformations politiques ne résultent pas d'une quelconque nécessité, ni d'une rationnalité immanente, mais de réponses à des problèmes particuliers qui se combinent par répercussion sérielle, et non d'une façon centralisée. Le pouvoir est non seulement répressif, mais aussi productif. C'est là que le rôle du corps est crucial : lorsque celui-ci lui est soumis, il ne devient pas passif, mais actif. Ses forces sont disciplinées et développées en vue de les rendre plus productives. La puissance du corps correspond donc au pouvoir qui s'exerce sur lui. D'où la possibilité de renverser celui-ci.

L'entraînement du corps à des fins productrices amène, en contrepartie, ce que Foucault appelle «l'âme». Ainsi, l'anatomie politique est en même temps une généalogie de la morale moderne. Ici aussi, Nietzsche nous donne un point de départ. La contrainte exercée par le pouvoir sur le corps s'applique aussi à «l'âme», car plus le premier rend le second productif, plus il y a de forces à contrôler et à diriger. Cette différence est surmontée grâce aux mécanismes disciplinaires : «La discipline majore les forces du corps (en termes économiques d'utilité) et diminue ces mêmes forces (en termes politiques d'obéissance)... elle dissocie le pouvoir du corps» (SP, 140). Cette dissociation est due à l'âme. Celle-ci est une partie du corps qui s'oppose à lui-même : «L'âme est l'effet et l'instrument d'une anatomie politique; l'âme est la prison du corps» (SP, 34). Dans la mesure où l'homme a une âme, il n'est pas nécessaire que le pouvoir s'exerce de l'extérieur : il peut pénétrer le corps, l'occuper, l'animer, lui donner un «sens». L'âme est donc en même temps le résultat de l'introduction du politique dans le corps et l'instrument de la maîtrise de celui-ci. Comme l'observe François Ewald dans son remarquable essai sur *Surveiller et Punir*, il nous faut revoir l'opposition entre matière et esprit. Le moment est venu d'abandonner le conflit entre matérialisme et idéalisme : la question de la primauté de l'être ou de la pensée n'a plus de sens à la lumière de l'anatomie politique de Foucault.

Celle-ci nous oblige aussi à reconsidérer les relations entre pouvoir et savoir. Le savoir n'a pas sa source en un quelconque sujet connaissant, mais bien dans les relations de pouvoir qui imprègnent l'homme. Il ne «reflète» pas celles-ci, il n'en est pas une expression déformée, il leur est immanente. «Le pouvoir produit le savoir... Le pouvoir et le savoir s'impliquent directement l'un l'autre... il n'y a pas de relation de pouvoir sans constitution corrélative d'un champ de savoir, ni de savoir qui ne suppose et ne constitue en même temps des relations de pouvoir» (SP, 32). Le pouvoir et le savoir sont les deux faces d'un même processus. Le second ne peut être neutre, pur : tout savoir est politique, non parce qu'il peut avoir des conséquences ou une utilité dans ce domaine, mais parce que ses conditions de possibilité ont leurs sources dans les relations de pouvoir. Aucune science ne peut créer ses propres conditions de possibilité. Celles-ci résultent toujours de transformations au sein des relations de pouvoir. Ainsi l'anatomie politique enlève aux sciences leurs fondements. Elle montre que les techniques de pouvoir, de production et de savoir sont nées d'une même matrice. L'anatomie politique elle-même ne crée pas un savoir, elle produit une généalogie. Ce faisant, elle dénonce l'illusion de la vérité, elle prive le savoir de son objectivité apparente. Celui-ci n'est pas tant soumis aux catégories du vrai et du faux qu'à celle du légitime et de l'illégitime, par rapport à un ensemble particulier de relations de pouvoir.

Foucault nous libère ainsi du pouvoir écrasant d'un certain système de la vérité. Contre les grandes synthèses, les grands systèmes, les grandes vérités, il pratique une analyse détaillée des mécanismes multiples de pouvoir-savoir. La généalogie foucaldienne, comme celle de Nietzsche, n'est grise que par rapport au «ciel bleu» des «grandes idées». De même, s'il n'exclut pas les auteurs célèbres, il les soumet à la stricte démocratie qui règne parmi ses sources. En effet, ils servent généralement moins ses buts que les déclarations plus franches, plus grossières, de ceux qui nous sont moins connus.

> Ce n'est ni chez Hegel ni chez Auguste Comte que la bourgeoisie parle de façon directe. A côté de ces textes sacralisés, une stratégie absolument consciente, organisée, réfléchie, se lit en clair dans une masse de documents inconnus qui constituent le discours effectif d'une action politique. (B6).

De même, les intérêts des opprimés s'expriment mieux par leurs propres mots, que l'on peut retrouver dans une masse submergée de documents. La généalogie foucaldienne démasque le pouvoir à l'intention de ceux qui en souffrent. En plus, elle est dirigée vers ceux qui seraient tentés de la saisir en leur nom. Comme l'indique François Ewald, il y a trois parties et non deux dans toute lutte de pouvoir: ceux qui l'exercent, ceux qui voudraient le faire à leur place, et enfin ceux qui le subissent. Ce n'est pas parce qu'on s'exprime contre le pouvoir que l'on parle avec ceux qui en souffrent. D'où l'attaque que mène Foucault contre toutes les formes d'interprétation et de représentation, contre les utilisateurs de la linguistique saussurienne et jakobsonnienne, contre la psychanalyse et le marxisme. En effet, pour celui qui interprète, les choses ne sont jamais ce qu'elles paraissent. Les gens ne disent jamais ce qu'ils veulent dire en réalité et ne savent jamais ni ce qu'ils désirent, ni ce qu'ils font. Pour Foucault, l'interprétation est réductrice et répressive. Elle efface les faits, les discours, les désirs. En même temps qu'elle est un moyen de savoir, elle est une technique de pouvoir. Elle nécessite des interprètes spécialement qualifiés, des représentants. La dialectique est une des armes de celui qui interprète, destinée à saisir le pouvoir. Grâce à elle, les demandes et les intérêts spécifiques changeants et même conflictuels d'une multiplicité de groupes sont totalisées et réduits à la destinée singulière et éternelle d'une classe, le prolétariat. Mais comme les membres de ces groupes sont complètement imprégnés de l'idéologie de la classe régnante, ils ne peuvent reconnaître leur propre destin, ils ont besoin d'un Parti qui le leur enseigne et les guide. Les dirigeants de celui-ci étaient, et sont toujours pour la plupart, des intellectuels bourgeois renégats. Afin que les masses ne se fassent pas trop entendre au sein même du Parti, il faut s'arranger pour que la direction se perpétue, et qu'elle impose sa discipline sur l'organisation toute entière. Staline et l'Etat soviétique ne doivent donc pas être considérés comme des aberrations d'un système fondamentalement correct de théorie et de pratique, mais comme son résultat naturel. De façon infiniment plus bénigne, les masses de nos propres « démocraties capitalistes » ou plutôt la masse hétérogène des micro-pouvoirs qui constitue notre société, ont aussi leurs systèmes de « représentation » dans les parlements, les syndicats, les gouvernements locaux et la masse des experts de nos services sociaux (qui eux ne sont pas élus).

L'anatomie politique de Foucault est la version la plus claire et la plus développée d'une « théorie » et d'une « pratique » politique nouvelle, qui naît aujourd'hui du discrédit dans lequel sont tombés le marxisme et le « réformisme ». Selon Gilles Deleuze, Foucault a mis en route

> une révolution théorique qui ne vaut pas seulement contre les théories bourgeoises de l'Etat, mais contre la conception marxiste du pouvoir et de ses rapports avec l'Etat. C'est comme si, enfin, quelque chose de nouveau surgissait depuis Marx. C'est comme si une complicité autour de l'Etat se trouvait rompue. Foucault ne se contente pas de dire qu'il faut repenser certaines notions, il ne le dit même pas, il le fait, et propose ainsi de nouvelles coordonnées pour la pratique. Le privilège théorique que le marxisme donne à l'Etat comme appareil de pouvoir entraîne d'une certaine façon sa conception pratique du parti directeur, centralisateur, procédant à la conquête du pouvoir d'Etat; mais inversement c'est cette conception organisationnelle du parti qui se fait justifier par cette théorie du pouvoir. Une autre théorie, une autre pratique de lutte, une autre organisation stratégique sont l'enjeu du livre de Foucault. (B11, 1212).

Le régime de la « vérité » donnait à l'intellectuel, dont la tâche était la découverte de celle-ci, un certain statut « universel ». Le savant « désintéressé » représentait la conscience de la société toute entière. Mais Foucault montre que la vérité, n'existe pas en dehors du pouvoir, et moins encore en opposition à celui-ci. Chaque société a son propre régime de la vérité qui définit les types de discours acceptés comme vrais, les mécanismes permettant de distinguer la vérité de l'erreur. Foucault remplace l'intellectuel « universel » par un intellectuel « spécifique », qui, comme tout le monde, n'a de compétence que pour parler de ses propres connaissances et expériences. Sa tâche n'est pas de faire la lumière, mais d'analyser le régime de vérité spécifique dans lequel il fonctionne. Il n'est appelé ni à représenter les autres, ni à révéler la vérité. La volonté d'arriver au «pouvoir de la vérité» est tyrannique et sans pitié: elle exige une dévotion totale et singulière. Elle tente l'esprit européen depuis Platon. C'est Nietzsche qui a montré les premiers signes de sa fin possible: c'est lui aussi qui nous a fourni la possibilité d'y échapper, par ce qu'il appelait la généalogie. C'est une activité «grise», mais aussi un gai savoir, une science de l'hypothétique. Cette gaieté, cet amour de l'hypothèse, sont partout présentes dans l'œuvre de Foucault. Il n'a rien d'un guru, d'un maître à penser, d'un sujet supposé savoir. Mais il serait sans doute flatté, en toute modestie, s'il était comparé, sans trop de sérieux, à un maître de Zen, qui sait qu'il ne sait rien. Pour lui, l'incertitude n'est pas une source d'angoisses: sa prose est émaillée d'expressions comme «peut-être», «sans doute», «il se peut que», «comme si». Il se plaît autant à avancer des hypothèses que d'autres à révéler la vérité.

*Surveiller et punir*, est l'exploration d'hypothèses de ce type. «Peut-on faire la généalogie de la morale moderne à partir d'une histoire politique des corps» demande-t-il sur la couverture même du livre. Et *La volonté de savoir* n'est qu'une grande hypothèse, qui irrite ou met en colère ceux pour qui une vérité, même banale ou mal fondée, a plus de valeur qu'une conjecture, aussi éclairante soit-elle. Dans un entretien paru dans *Ornicar?*, il affirme que son incertitude est sincère, qu'il ne s'agit pas d'une fleur de rhétorique. Il compare ensuite son livre à un fromage de gruyère: il y a des trous ou le lecteur peut se loger. Dans le même entretien, il avoue qu'il n'est arrivé à son hypothèse sur les relations entre sexe et sexualité qu'après avoir écrit plusieurs versions du livre, qu'il n'avait pas trouvées satisfaisantes. Au départ, il considérait le sexe comme la donnée initiale et la sexualité comme «une sorte de formation à la fois discursive et institutionnelle, venant se brancher sur le sexe, le recouvrir, et à la limite l'occulter». Mais il s'agit là de la conception attendue, habituelle. Il décida donc de renverser les positions de ces deux concepts. C'était une sorte de jeu, il ne savait pas ou cela le mènerait. Peut-être que le sexe, qui semble être un donné biologique, naturel, possédant des lois et des contraintes propres, est après tout produit par le dispositif de la sexualité. Peut-être qu'il est une création récente de ce dispositif qui, auparavant, s'était appliqué au corps, aux organes sexuels, au plaisir, à la chair, et ainsi de suite.

L'amour de l'hypothèse et de l'invention se traduit sans honte par un amour du beau. Ce qui avait attiré Foucault dans le cas de Pierre Rivière, ce n'était pas la masse des documents officiels, mais la «beauté» de son mémoire, qui faisait honte à la prose morne des experts qui s'affairaient autour de lui. Il s'agit là d'une remarque osée et provocatrice, suggérant que la beauté d'un texte indique que ce qui est dit mérite qu'on l'écoute. La question du style de Foucault lui-même n'est pas non plus insignifiante. Ce n'est pas tant qu'il écrive bien — il y a encore des universitaires qui en sont capables, même s'il y a peu d'historiens, de philosophes ou de critiques littéraires qui nous procurent autant de plaisir qu'un Michelet, qu'un Berkeley ou qu'un Coleridge. C'est plutôt qu'il écrit avec éclat évident: sa prose traduit un plaisir sans honte de son propre talent, qui rappelle la prose somptueuse de la période préclassique anglaise, celle d'un John Donne ou d'un Thomas Browne. Ecrire ainsi n'est pas affectation. En réalité, c'est fonctionnel. Comme tous les styles, il est en même temps naturel et cultivé: c'est le mode d'expression normal d'un écrivain qui cherche à renouer le contact avec le monde prérationaliste où communiquaient la Raison et la Folie. C'est aussi le rejet du langage de la Raison qui, par son ton gris, mesuré, monotone, cherche à donner une impression d'autorité, d'objectivité, de vérité. Foucault poursuivra son analyse de cette «volonté de vérité» qui a marqué la civilisation occidentale toute entière depuis deux mille cinq cents ans et à laquelle la philosophie grecque, la spiritualité chrétienne et la science moderne ont toutes participé. La perspective de tels travaux l'attristait, mais il se rendait sans doute compte «qu'il faut continuer», malgré tant d'autres inclinations. Car il n'aimait pas écrire. Dans son essai «Qu'est-ce qu'un auteur?» il parle avec éloquence de la parenté entre l'écriture et la mort. Pour les anciens, écrire permettait de tricher avec la mort grâce à l'immortalité littéraire. Dans *Les mille et une nuits,* la narration devient une stratégie permettant de reculer la mort du narrateur. Pour nous, l'écriture est devenue

> le sacrifice même de la vie; effacement volontaire qui n'a pas à être représenté dans les livres, puisqu'il est accompli dans l'exis-

tence même de l'écrivain. L'œuvre qui avait le devoir d'apporter l'immortalité a reçu maintenant le droit de tuer, d'être meurtrière de son auteur. (B2, 7).

L'écrivain parle de la vie en s'en retirant. Foucault cite Flaubert, Proust et Kafka comme exemples de ce paradoxe — ce n'est pas qu'il se considère de leur nombre: «je suis choqué qu'on puisse s'appeler écrivain. Je suis un marchand d'instruments, un faiseur de recette,... un cartographe...» (B7). Pourtant, Deleuze, qui cite ces remarques dans son compte rendu de *Surveiller et punir*, ajoute que Foucault est néanmoins «un des plus grands écrivains vivants». Cette prise de position n'est pas exorbitante. Après tout, personne ne nierait que Montaigne ou Bacon, par exemple, fussent parmi les plus grands écrivains de leur époque — et ils étaient soumis à une concurrence bien plus forte que Foucault. Mais cette époque où les écrivains «d'imagination» s'empruntaient les sujets — aujourd'hui, à l'inverse, ils trouvent leur propre sujet mais empruntent tout le reste — réclamait plus que des renseignements et des opinions de la part des autres auteurs.

Il n'y a pas de «système Foucault». L'on ne peut être foucaldien comme on est marxiste ou freudien. Les fondateurs de ces écoles ont laissé des corps de doctrine (ou de «savoir») cohérents, et des organisations qui, que cela plaise ou non (pour certains c'est leur principale vertu), ont connu une succession apostolique ininterrompue depuis leurs fondateurs. Si Foucault a une influence, ce sera comme tueur de dragons, comme briseur de systèmes. Cette tâche n'est pas négative, c'est au contraire la construction de système qui constitue une véritable négation. Ses réalisations peuvent être mesurées par l'étendue et la diversité de leurs effets, et non par une uniformité massive. L'influence de Nieztsche fut aussi de ce type: des mouvements comme le futurisme, le dadaïsme et le surréalisme, des hommes comme Freud, Mann, Hesse; Gide et Malraux; Shaw, Yeats, Wells, les deux Lawrence; Ibsen et Strindberg reconnaissent son influence. Instinctivement, le monde a senti que Nietzsche appartenait à cette ère nouvelle qui s'est ouverte avec le vingtième siècle — une époque dont la meilleure expression est peut-être le modernisme dans la littérature, la musique et l'art. Pendant quelques décennies de politiques totalitaires, Nietzsche a souffert aux mains de ses admirateurs fascistes, de ses détracteurs communistes, et de certains «libéraux» qui considéraient ses livres comme la boîte de Pandore : mieux valait ne pas les ouvrir. Mais aujourd'hui son influence irrigue à nouveau notre pensée. Si elle paraît être la plus forte en France, c'est, dans une certaine mesure, grâce à Foucault (et à Deleuze). Seuls ceux qui connaissent et Nietzsche et Foucault peuvent apprécier leur parenté profonde et leurs différences. Cependant, leurs destinées semblent entremêlées d'une façon obscure. Il est difficile de concevoir qu'un penseur puisse avoir, sur le dernier quart de ce siècle, une influence comparable à celle que Nietzsche exerça sur le premier. Et pourtant l'œuvre de Foucault fait de lui le candidat le plus vraisemblable.

# Bibliographie[1]

A. Travaux de Michel Foucault

*I. Livres*

*Maladie mentale et personnalité*, Paris, P.U.F., 1954; seconde édition révisée parue sous le titre *Maladie mentale et psychologie*, 1962.
*Folie et déraison, Histoire de la folie à l'âge classique*, Paris, Plon, 1961; édition abrégée intitulée *Histoire de la folie*, Paris, U.G.E., collection 10/18, 1961; seconde édition, *Histoire de la folie à l'âge classique*, Paris, Gallimard, 1972.
*Naissance de la clinique*, Paris, P.U.F., 1963; seconde édition revisée, 1972.
*Raymond Roussel*, Paris, Gallimard, 1963.
*Les mots et les choses*, Paris, Gallimard, 1966.
*The Order of Things*, traduit par A.S., Londres, Tavistock et New York, Pantheon, 1973.
*L'archéologie du savoir*, Paris, Gallimard, 1969.
*Hommage à Jean Hyppolite*, Paris, P.U.F., 1971 (ouvrage collectif, édité par M.F., comprenant « Nietzsche, la généalogie, l'histoire »).
*L'ordre du discours*, Paris, Gallimard, 1971.
*Ceci n'est pas une pipe*, Montpellier, Fata Morgana, 1973 (sur René Magritte).
*Moi, Pierre Rivière, ayant égorgé ma mère, ma sœur et mon frère...*, Paris, Gallimard/Julliard, 1973 (ouvrage collectif édité par M.F. contenant une introduction et un essai de M.F.).

---

[1] NdT. Le lecteur pourra compléter cette bibliographie, pour les travaux plus récents, en consultant les pages 58-60 du dossier que le *Magazine littéraire* (n° 207, mai 1984) a consacré à Michel Foucault.

*Surveiller et punir*, Paris, Gallimard, 1975.
*Les machines à guérir (aux origines de l'hôpital moderne)*. Dossiers et documents d'architecture, Paris, Institut de l'Environnement, 1976 (ouvrage collectif, édité par M.F., comprenant son essai «La politique de la santé au XVIII$^e$»).
*La volonté de savoir*, Paris, Gallimard, 1976 (premier volume de *L'histoire de la sexualité*).

## II. Traductions

Ludwig Binswanger, *Le rêve et l'existence*, Paris, Desclée de Brouwer, 1954 (introduction par M.F.).
Leo Spitzer, *Etudes de style*, Paris, Gallimard, 1962 (traduction d'un article, «Art du langage et linguistique», par M.F.).
Emmanuel Kant, *Anthropologie du point de vue pragmatique*, Paris, Vrin, 1964.

## III. Préfaces

J.-J. Rousseau, *Rousseau juge de Jean-Jacques*, Paris, Colin, 1962.
F.W. Nietzsche, *Le gai savoir. Fragments posthumes (1881-1882)*, Paris, Gallimard, 1967 (avec Gilles Deleuze).
Arnauld et Lancelot, *Grammaire générale et raisonnée* (nouvelle édition facsimile de la *Grammaire de Port-Royal*), Paris, Paulet, 1969.
Georges Bataille, *Œuvres complètes*, Paris, Gallimard, 1970.
J. Brisset, *La grammaire logique*, Paris, Tchou, 1970.
Gustave Flaubert, *La tentation de Saint Antoine*, Paris, Le Livre de Poche.
Serge Livroset, *De la prison à la révolte*, Paris, Mercure de France, 1973.

## IV. Articles choisis

«Le Non du père», *Critique*, n° 178, 1962, 195-209.
«Un si cruel savoir», *Critique*, n° 182, 1962, 597-611.
«Dire et voir chez Raymond Roussel», *Lettre ouverte*, n° 4, été 1962, 38-51.
1. «Une préface à la transgression», *Critique*, n° 195-6, 1963, 751-69 (sur Georges Bataille).
«La métamorphose et le labyrinthe», *N.R.F.*, n° 124, 1-4-1963, 638-661 (sur Raymond Roussel).
«Le langage à l'infini», *Tel Quel*, n° 15, août 1963, 44-53.
«Guetter le jour qui vient», *N.R.F.*, n° 130, oct. 1963, 709-16.
«Distance, aspect, origine», *Critique*, n° 198, nov. 1963, 931-45 (sur Robbe-Grillet, etc.).
«La prose d'Actéon», *N.R.F.*, n° 135, mars 1964, 444-59 (sur Pierre Klossowski).
«Le langage de l'espace», *Critique*, n° 203, avril 1964, 378-82.
«Pourquoi réédite-t-on Raymond Roussel? Un précurseur de notre littérature moderne», *Le Monde*, 22-8-1964, 9.
«Le Mallarmé de J.-P. Richard», *Annales*, sept.-oct. 1964, 996-1004.
«L'Arrière-Fable», *L'Arc*, n° 29, 1966, 5-12 (sur Jules Verne).
«La pensée du dehors», *Critique*, n° 229, juin 1966, 523-46 (sur Maurice Blanchot).

«Nietzsche, Freud, Marx», *Cahiers de Royaumont*, Minuit, Paris, 1967.
«Un 'fantastique' de bibliothèque», *Cahiers de la compagnie Renaud-Barrault*, n" 59, mars 1967, 7-30.
«Réponse à une question», *Esprit*, n° 371, mai 1968, 850-74.
«Réponse au Cercle d'épistémologie», *Cahiers pour l'analyse*, n" 9, été 1968.
«Ariane s'est pendue», *Le Nouvel Observateur*, n° 229, 31-3-1969, 36-7 (sur Gilles Deleuze).
2. «Qu'est-ce qu'un auteur?», *Bulletin de la Société française de philosophie*, t. LXIII, 1969, 74-104.
«Il y aura scandale, mais...», *Le Nouvel Observateur*, n" 304, 7-9-1970, 40 (sur Pierre Guyotat).
«Theatrum Philosophicum», *Critique*, n° 282, nov. 1970, 885-908 (sur Deleuze).
«Croître et multiplier», *Le Monde*, 15-11-1970 (sur *La logique du vivant* de François Jacob).
3. «Théories et institutions pénales», *Annuaire du Collège de France 1971-72*, Paris, 1971 (résumé du cours de Foucault pour l'année académique 1971-72).
«Bachelard, le philosophe et son ombre...», *Le Figaro littéraire*, 30-9-1972.
«History, Discourse and Discontinuity», *Saligmundi*, n" 20, Summer/Fall 1972, 225-48.

## V. *Entretiens*

Débat sur le roman (présidé par M.F.), *Tel Quel*, n" 17, printemps 1964.
«Nerval est-il le plus grand poète du XIX$^e$ siècle?», *Arts*, 11-8-1964.
Entretien avec Raymond Bellour, *Les Lettres françaises*, n" 1125, 31-3-1966.
Entretien avec Madeleine Chapsal, *La Quinzaine littéraire*, 15-5-1966.
Entretien avec Claude Bonnefoy, «L'homme est-il mort?», *Arts et loisirs*, n" 38, 15-6-1966, 8-9.
4. Deuxième entretien avec Raymond Bellour, *Les Lettres françaises*, n" 1187, 15-6-1967, 6-9 (réédité dans Raymond Bellour, *Le livre des autres*, Paris, L'Herne, 1971).
Entretien, *Esprit*, avril 1968.
Entretien avec Jean-Jacques Brochier, *Magazine littéraire*, n° 28, avril-mai 1969, 23-5.
«Foucault Responds», *Diacritics*, I, n" 2, Winter 1971, 60.
Entretien avec R. Mandrou, «Histoire sociale et histoire des mentalités», *La nouvelle critique*, n" 49, janv. 1972.
5. «Les Intellectuels et le pouvoir», *L'Arc*, n" 49, 1972 (avec Gilles Deleuze).
«Anti-rétro», entretien avec Pascal Bonitzer et Serge Toubiana, *Cahiers du Cinéma*, n" 251-2, juill.-août 1974.
6. Entretien avec R.P. Droit, «Des supplices aux cellules», *Le Monde*, 21-2-1975.
7. Entretien, *Nouvelles littéraires*, 17-3-1975.
8. «Entretien sur la prison: le livre et sa méthode», *Magazine littéraire*, n° 101, juin 1975 (avec J.-L. Brochier).

Entretien avec K.S. Karol, *Le Nouvel Observateur*, 26-1-1976.
«Le Jeu de Michel Foucault», entrevue, *Ornicar?*, n" 10, 1977.
9. «Vérité et pouvoir», entretien avec M. Fontana, *L'Arc*, n° 70, 1977.
«La fonction politique de l'intellectuel», *Politique Hebdo*, n" 247, 29-11-1976.

### B. Travaux sur Michel Foucault

*I. Livres*

Annie Guédez, *Foucault*, Paris, Editions Universitaires, 1972.
Angèle Kremer-Marietti, *Foucault*, Paris, Seghers, 1974.
Jean Baudrillard, *Oublier Foucault*, Paris, Galilée, 1977.

*II. Livres faisant référence à l'œuvre de Foucault*

Jacques Derrida, *L'écriture et la différence*, Paris, Seuil, 1967.
Mikel Dufrenne, *Pour l'homme*, Paris, Seuil, 1968.
Jean Piaget, *Le structuralisme*, Paris, P.U.F., 1968.
Michel Serres, *Hermès ou la communication*, Paris, P.U.F., 1968 (chap. 1 sur HF et MC).
François Wahl, (éd.), *Qu'est-ce que le structuralisme?*, Paris, Seuil, 1968 (en particulier 299-441).
Roger Crémant, *Les matinées structuralistes*, Paris, Laffont, 1969.
Maurice Blanchot, *Entretien infini*, Paris, Gallimard, 1969 (sur RR et HF).
Noël Mouloud, *Langage et structure*, Paris, Payot, 1969.
L. Millet et M. Varin d'Anvelle, *Le structuralisme*, Paris, Editions Universitaires, 1970.
Luc de Heusch, *Pourquoi l'épouser*, Paris, Gallimard, 1971.
Jean-Luc Chalumeau, *La pensée en France de Sartre à Foucault*, Paris, Nathan, 1971.
10. Dominique Lecourt, *Pour une critique de l'épistémologie (Bachelard, Canguilhem, Foucault)*, Paris, Maspero, 1972 (sur AS).
David Robey, (éd.), *Structuralism: An Introduction*, Oxford, Clarendon, 1973 (contient «The Linguistic Basis of Structuralism» de Jonathan Culler).
Edward Said, *Beginnings: Methods and Intentions*, New York, Basic Books, 1975 (le chapitre 5 est consacré en grande partie à Foucault).

*III. Articles*

Roland Barthes, «De part et d'autre», *Critique*, n" 174, nov. 1961 (sur HF, réédité dans *Essais Critiques*, Paris, Seuil, 1964, 167-174).
Jacques Derrida, «Cogito et histoire de la folie», *Revue de métaphysique et de morale*, n" 4, 1963, 460-94 (sur HF, réédité dans *L'écriture et la différence*, Paris, Seuil, 1967, 51-97).
Alain Robbe-Grillet, «Enigmes et transparence chez Raymond Roussel», *Critique*, n" 199, déc. 1963, 1027-33 (sur RR).

François Dagonet, « Archéologie ou histoire de la médecine ? », *Critique*, n" 216, mai 1965, 436-47 (sur NC).
François Chatelet, « L'homme, ce narcisse incertain », *La Quinzaine littéraire*, 1-4-1966, 19-20 (sur MC).
Gilles Deleuze, « L'homme, une existence douteuse », *Le Nouvel Observateur*, 1-6-1966, 32-4 (sur MC).
J.-M. Domenach, « Une nouvelle passion », *Le Nouvel Observateur*, 20-7-1966, 26-7.
Michel Amiot, « Le rélativisme culturaliste de Michel Foucault », *Les Temps modernes*, n" 248, janv. 1967, 1271-98.
Sylvie Le Bon, « Un positiviste désespéré », *Les Temps modernes*, n" 248, janv. 1967, 1299-1319 (sur MC).
O. Revault d'Allone, « Michel Foucault, les mots contre les choses », *Raison présente*, n" 2, fév.-mars 1967 (sur MC).
Michel de Certeau, « Les sciences humaines et la mort de l'homme », *Etudes*, t. 326, mars 1967, 344-360 (sur MC).
Yves Bertherat, « La pensée folle », *Esprit*, n" 5, mai 1967, 862-81.
Pierre Burgelin, « L'archéologie du savoir », *Esprit*, n" 5, mai 1967 (sur MC).
R.D. Laing, « Sanity and Madness — on the Invention of Madness », *The New Statesman*, 16-6-1967 (sur HF).
Gilles Deleuze, « Un nouvel archéologue », *La Quinzaine littéraire*, 1-7-1967 (sur MC).
Georges Canguilhem, « Mort de l'homme ou épuisement du cogito », *Critique*, n" 242, juil. 1967, 599-618 (sur MC).
François Chatelet, « Où en est le structuralisme ? », *La Quinzaine littéraire*, 1-7-1967.
J.-C. Margolin, « L'homme de Michel Foucault », *Revue des sciences humaines*, t. 32, oct.-déc. 1967, fasc. 128 (sur MC).
J.-C. Margolin, « Tribut d'un anti-humanisme aux études d'humanisme et de renaissance. Note sur l'œuvre de Michel Foucault », *Bibliothèque d'humanisme et de renaissance*, t. 29, 1967, 701-11 (sur MC).
B. Balan, G. Dulac, G. Marcy, J.-P. Ponthus, J. Proust, J. Stéfanini et E. Verley, « Entretiens sur Foucault », *La pensée*, n" 137, janv.-fév. 1968, 3-37.
M. Corvez, « Le structuralisme de Michel Foucault », *Revue Thomiste*, t. 68, n" 1, janv.-mars 1968, 101-124.
P. Daix, « Structure du structuralisme; II. Althusser et Foucault », *Les Lettres françaises*, n" 1239, 3-9 juil. 1968, 7-11.
Maurice Cranston, « Men and Ideas », *Encounter*, n" 30, 1968, 34-42.
J. Duvignaud, « Ce qui parle en nous, pour nous, mais sans nous », *Le Nouvel Observateur*, 21-4-1969, 42-3.
Maurice Corvez, « Les nouveaux structuralistes », *Revue philosophique de Louvain*, t. 67, n° 96, 1969, 582-605.
Roy McMullen, « Michel Foucault », *Horizon*, 11-8-1969, 36-9.
Brice Parain, « Michel Foucault : *L'archéologie du savoir* », *N.R.F.*, n° 203, 1-11-1969, 726-33.
David Paul Funt, « The Structuralist Debate », *The Hudson Review*, 22, n° 4, 1969-70, 623-46.

Gilles Deleuze, «Un nouvel archiviste», *Critique*, n" 274, mars 1970, 195-209 (sur AS, réédité sous le titre *Un nouvel archiviste*, Montpellier, Fata Morgana, 1972).

N. Lacharite, «Archéologie du savoir et structure du langage scientifique», *Dialogue*, t. 9, n" 1, juin 1970 (sur AS).

Jean-Marc Pelorson, «Michel Foucault et l'Espagne», *La Pensée*, n" 152, août 1970, 88-99.

Journées annuelles de l'évolution psychiatrique, Toulouse, déc. 1969, «La conception idéologique de l'histoire de la folie de Michel Foucault», *Actes*, Toulouse, Privat, 1971.

Josette Hector, «Michel Foucault et l'histoire», *Synthèses*, n" 309-10, mars-avril 1972.

Mark Seem, «Liberation and Difference: Towards a Theory of Antiliterature», *New Literary History*, n" 5, 1973, 121-34.

Hayden V. White, «Foucault Decoded: Notes from Underground», *History and Theory*, 12, n" 1, 1973.

Marguerite Howe, «Open Up a Few Corpses», *The Nation*, 26-1-1974, 117-19.

Christian Jambet, «Une interrogation sur les prisons», *Le Monde*, 21-2-1975 (sur SP).

Bernard-Henri Lévy, «Le système Foucault», 7-9; Jacques Revel, «Foucault et les historiens», 10-13; Mark Kravetz, «Qu'est-ce que le G.I.P.?», 13; Philippe Venault, «Histoire de...», 14-19; Raymond Bellour, «L'homme, les mots», 20-23, *Magazine Littéraire*, n" 101, juin 1975.

Jean-Marie Benoist, «Le champ de la modernité», *La Quinzaine littéraire*, 16-31 oct. 1975, 21.

Jean Blot, «Michel Foucault: *Surveiller et punir*», *N.R.F.*, n" 276, déc. 1975, 89-92.

11. Gilles Deleuze, «Ecrivain non: un nouveau cartographe», 1207-27; François Ewald, «Anatomie et corps politiques», 1228-65; Philippe Meyer, «La correction paternelle ou l'état, domicile de la famille», 1266-76, *Critique*, n" 343, déc. 1975 (sur SP).

Mark Seem, Review of SP, *Telos*, n" 29, Fall 1976, 245-54.

Colin Gordon, «Nasty Tales», *Radical Philosophy*, n" 15, Autumn 1976, 31-2 (sur PR); «Birth of the Subject», *Radical Philosophy*, n" 17, Summer 1977, 15-25.

François Chatelet, «Récit», 3-15; Philippe Ariès, «A propos de 'La volonté de savoir'», 27-32, *L'Arc*, n° 70, 1977.

# Index

âge classique, 44-47, 49-53, 63, 65, 67-111, 115, 226-227, 244-246.
alchimie, 48
Aldrovandi, U. 79-80
Alembert, J. d', 79
aliénation, 94, 102
alliance, dispositif d', 215-216, 222; *voir aussi* sexualité
Althusser, Louis, 22, 24, 59, 116, 131, 135, 231-235, 241, 246-247; *voir aussi* Marx
âme et corps, 168, 176, 252; et châtiment, 165-167, 176; comme grille de spécification, 123
analyse des richesses, 69-70, 75-76, 83-91, 150; *voir aussi* économie
anatomie politique, 220, 249-256
animalité, 51, 97
Annales, Ecoles des, 116, 155, 240
anthropologie: philosophique, 94-95, 103-104; sociale *voir* ethnologie
antipathie, 92
anti-psychiatrie, 238
*a priori*, historique, 127
*archéologie du savoir L'*, 22, 113-135, 139-142, 155-156, 191, 245-247, 261
*ars erotica*, 203

Artaud, A., 34, 103, 109, 120, 150
asile, 50-57; *voir aussi* folie
auteur, notion de, 119-120, 127, 151-154, 160, 257-258
autre, le même et l', 67, 71, 102, 108
aventure, 184

Babel, 93
Bachelard, Gaston, 116, 232, 263
Bacon, Francis, 74
Balzac, H. de, 100, 119
Bataille, Georges, 62, 103, 150, 191, 262
Baudelaire, C., 63, 170
Bedlam, 50
Bentham, Jeremy, 164, 181, 185
Bergson, Henri, 23, 64
Bicêtre, 52
Bichat, M.F., 62-63, 65, 97, 129, 134
Biologie, 69, 78-79, 83, 96, 101, 105-107, 118, 219; *voir aussi* histoire naturelle
Blanchot, Maurice, 68, 264
Bopp, F., 75, 97
Borges, J.L., 21, 67, 70-71

Bosch, Jérôme, 40-43
bourgeoisie, 93-94, 185, 194, 218-219, 254
Bouts, Thierry, 41
Brant, Sebastian, 41-42
Brecht, B., 231
Brueghel, Pierre, 40-41
Buffon, Georges Comte de, 82, 126, 129-130

Canguilhem, Georges, 23, 27, 58, 119, 232, 265
capital, capitalisme, 89, 185, 242
caractère, 82, 88-89
causalité, 91, 116, 132, 155-156, 206, 249
*Ceci n'est pas une pipe*, 111, 261
Cervantes, Miguel de: *Don Quichotte*, 43, 73-74, 86
changement, 132-134
Charcot, J.-M., 205, 217
château d'Otrante, 170
christianisme, 141, 191-192, 200; *voir aussi* confession; religion
chronologie, dans l'analyse historique, 69
classe, notion de, 167, 187-188
classification, 71, 83, 89, 95; *voir aussi* taxinomie
Collège de France, 147, 158, 240
colonisation, 189
commentaire, 21, 150-152
communisme, parti communiste, 25-26, 139-140, 227-228, 231-233, 235, 250, 254-255, 260; *voir aussi* léninisme; marxisme; stalinisme
complexe d'Œdipe, 56
complexe parental, 56; *voir aussi* famille; psychanalyse
Comte, A., 253
Condillac, Etienne de, 75, 84, 88
confession, 169, 197-198, 204; *voir aussi* christianisme; culpabilité
conflit, en économie, 106
connaissance, 77, 99, 181; langage comme objet de, 99; *voir aussi* savoir

continuité, notion dans l'histoire des idées, 116-117, 128; *voir aussi* discontinuité
contradiction, analyse des, 128
Cooper, David, 237
corps, anatomie politique du, 220; et châtiment, 164-165, 176; de la femme, 214, 218; comme force de production, 132, 167, 216; comme grille de spécification, 122; comme machine, 177; et micropénalité, 179, 182; et ses plaisirs, 223; et pouvoir, 220, 252; et santé, 219; *voir aussi* sexualité
crime, 50, 170-173, 186-188; *voir aussi* pénalité; prison
criminel, 170-172; *voir aussi* Rivière
culpabilité organisée, 55
Cuvier, Georges, 75, 95-97, 129

Damiens, «le régicide», 164
Darwin, Charles, 127
Daubenton, L.-S.-M., 79
débauche, 48, 200
Delacroix, E., 63
Deleuze, Gilles, 24, 69, 114, 140, 255, 266
délinquants, classe des, 188-189
déraison, 28, 44-45, 48, 57, 64, 95, 103; *voir aussi* folie, raison
Descartes, René, 26, 44, 74, 114, 176; cartésien, rationalisme, 35, 79
désir, 107-108, 207-209, 223
Destutt de Tracy, 76, 90
développement, notion de, 94, 118
dialectique, 95
Dickens, Charles, 100
Diderot, Denis, 127, 130, 206
Dieu, 95, 103, 110, 144, 159-160, 187
discipline, 164, 178-186, 252
discipline, comme principe de limitation du discours, 152
discontinuité, notion de, 116-118, 134, 154, 156; *voir aussi* continuité
discours, 110, 242-243; accès au, 153; analyse du, 141-158; appropriation sociale du, 153; constitutif d'objets, 123-132; contrôle du, 150-154; dis-

cours sur le, 147-149; et éducation, 153-154; comme ensemble d'éléments discursifs, 156; comme événement, 151; et folie, 42; et formations discursives, 122, 130-131, 134-135; l'interdit dans le, 147-148, 216-217, 222; langage comme, 77, 99; médecine comme, 58, 124; partage et rejet dans le, 148; polyvalence tactique du, 214; et pouvoir, 141-158, 214; et pratiques discursives, 131-132, 134-135; et pratiques non discursives, 131-132, 242; sexuel, 195-200; sociétés de, 153; sujets de, 124

Don Quichotte, *voir*, Cervantes

Dostoïewski, F., 35

Dumézil, Georges, 23, 240

Düver, Albrecht, 41

eau et folie, 39

école, 23, 178-180, 182-183, 199, 202-203; *voir aussi* enfant; discipline

économie, économie politique, 83, 88-94, 101-102, 105-107, 134, 150; *voir aussi* analyse des richesses

écriture, 74; et mort, 257-258

éducation, 153-154; *voir aussi*, école

église, l', 122; *voir aussi* christianisme; confession; religion

Eliot, George, 100

Encyclopédie, 76

enfant, 215; *voir aussi* famille; école

Engels, Friedrich, 131

énoncé, 120-121, 124-126, 149; emplacement d', 124; rareté et, 126; relations entre, 120

énonciation, 124-125, 149; *voir aussi* modalité énonciative; énoncé

*épistémè*, concept d', 74, 79, 88, 102, 104, 110, 190, 226, 240-242, 244-246

Erasme, 21, 27, 40, 42

espace, 58, 64, 72

esprit, notion de, 118, 130

ethnologie, 107-108, 117; *voir aussi* Levi-Strauss

études culturelles, 105

événement, 116, 120, 147, 155-156, 249; *voir aussi* discours

évolution, notion de, 88, 96, 118

Ewald, François, 252, 254

examen, 182-183

exclusion, 37-38, 147-149

exécution publique, 164-165, 170; *voir aussi* supplice

exercice et discipline, 179-180

existentialisme, 24, 227, 229, 235, 241

famille : et asile, 54-56; comme critère de raison, 49; et psychanalyse 217-218; et psychopathologie, 112; et sexualité, 213-218

Fichte, J.G., 24

fiction, 119

Fieschi, 165

finitude, 64-66, 92-95, 107; langage et, 66

Flaubert, G., 258

Flayder, 40

Folie, 28, 34, 122-123, 238; alchimie et, 48; comme animalité, 51; et déraison, 44-45, 48-50; discours et, 42, 148; eau et, 39; erreur et, 44; expérience indifférenciée de la, 36; histoire et, 37; comme histoire naturelle, 52; idée médiévale de la, 38, 40, 46; comme jugement, 35; et lèpre; 38, 46; et libertinage, 48-49; et loi, 50-51; et médecine, 50-52; et perversion, 201; et raison, âge de la, 43-55; et religion, 56; et Renaissance, 38-43; et sexualité, 48; traitement de, 35-66; *voir aussi* asile; folie; raison; Rivière

fou, 39-40

Freud, Sigmund, 57, 64-65, 103, 109, 117, 193, 229-232, 258; *voir aussi* Lacan; psychanalyse

*gai savoir, Le*, 145, 251

gauche, 94-95, 140, 227; *voir aussi* communisme; léninisme; marxisme; stalinisme

généalogie, 35, 117-121, 141-146, 166, 206-207, 236, 253-256, 261; *voir aussi* histoire; savoir; pouvoir

*généalogie de la morale, La*, 144, 251

genèse, notion de dans l'histoire des idées, 128
Géricault, J.-L.-A.-T., 63
GIP, *voir* Groupe d'Information sur les Prisons
Goldmann, L., 243
Goya, F. de, 44, 63
grammaire générale, 69, 75, 83, 121; *voir aussi* langage; linguistique; philologie
*Grammaire de Port-Royal*, 115, 129, 262
Gramsci, A., 232
Grimm, W.K., 98
Groupe d'Information sur les Prisons, 157, 159
Grünewald, Mathias, 41
guerre, 220
Guibert, H. de, 180

hasard, notion de, 156
Hegel, Georg W.F., 23, 44, 88, 103, 143, 236, 254
Heidegger, Martin, 235
*Herkunft*, 144
histoire, 90, 105, 108, 115-119, 134, 225-227, 232, 236, 240, 244-245, 250; et archéologie, 36; générale, 116-117; historicisme, 236; historicité, 92, 97; *Historie, wirkliche*, 145, 207, 236, 250; des idées, 36, 115-135 *passim*; et marxisme, 92-95; ordonnatrice des connaissances, 87; périodisation et, 115; recherche, 155-161; des sciences, 27, 69-70, 128, 232; totale, 116
*Histoire de la folie*, 23, 29, 33-66, 68, 95, 103, 141, 191, 226, 236-241, 245, 261
histoire naturelle, 52, 69, 75, 78-83, 89-90, 96, 134; *voir aussi* biologie, Linné
*Histoire de la sexualité*, 29, 35, 262; *voir aussi* volonté de savoir, La
Hölderlin, Johann C., 34, 64-65, 68
Hommage à Jean Hyppolite, 261
homme, 101-111, 114, 117-118, 171; *voir aussi* sciences humaines

homosexualité, 48-49, 201; *voir aussi* sexualité
hôpital, 43; et discipline, 178-179, 181, 183; réorganisation de l', 61-62; *voir aussi* médecine
Hôpital général, fondation, 45, 49, 52
horaire, 179
Hôtel-Dieu, 50
*Humain, trop humain*, 144
humanisme, 94, 102
Husserl, Edmund, 23-24, 102, 235
Hyppolite, Jean, 23, 27, 141
hystérisation du corps de la femme, 214-215, 218

idéalisme, 241, 243, 250, 252
idées, *voir* histoire des
idéologie: conception marxiste de l', 242; et histoire 61, 118, 131
Idéologues, 90, 173, 196
impensé, 102-103
inceste, interdiction de l', 216-218, 222
inconscient, 106-109, 191-192; *voir aussi* Freud; psychanalyse
individu, 89; en tant qu'être social, 51; et pouvoir, 83-84; et savoir, 64-65; *voir aussi* mort
influence, notion de, 118
intellectuel, l', 255
internement, 44-61; *voir aussi* pénalité; prison
interpositivité, dans les formations discursives, 131
interprétation, 99, 126, 250, 254

Jackson, Hughlings, 26, 65
Jakobson, Roman, 59, 254
Janet, Pierre, 26
Jones, William, 90
Jonston, 79-80
Joyce, James, 119, 151
Julins, N.H., 185
Jussieu, B. de, 89-90

Kafka, Franz, 258
Kant, Emmanuel, 90, 92, 262
Kaufmann, Walter, 258
Kierkegaard, Søren, 23

Klossowski, Pierre, 68
Kraerelin, Emil, 26

Lacan, J., 22, 59, 68, 109, 207, 229-231, 233, 235; *voir aussi* Freud; psychanalyse
Laing, R.D., 237, 265
Lamarck, Jean-Baptiste, 89, 96
Lamartine, A. de, 63
langage, langue, 69-78, 89-101, 106, 110, 124, 154, 230-231; comme acte, 115; comme discours, 77; de l'exclusion, 36-37; comme fonction, 76; comme liberté, 98; et littérature, 109; et médecine, 58, 61, 64; et Nietzsche, 99-101; de la psychiatrie, 36-37; comme représentation, 70, 73, 77, 84; comme savoir, 99; sens dans le, 106; *voir aussi* grammaire; linguistique
La Salle, J.B. de, 177, 179
La Salpétrière, 205
Lautréamont, 71
Law, John, 84
Lecourt, Dominique, 246-249, 264; *voir aussi* Althusser
légal, système, 168, 171-172
Lénine, léninisme, 232; *voir aussi* communisme, marxisme, stalinisme
lèpre, 36, 46, 64
Le Roy, Ladurie, E., 155
Lévi-Strauss, Claude, 22, 59, 68, 109, 228, 231-233, 235; *voir aussi* ethnologie; structuralisme
libertinage, 48-49
libre pensée et déraison, 49
linguistique, 96, 107, 117, 230-234, 254; structurale, 230-234; *voir aussi* langage
Linné, C., 52, 80-81, 83, 127, 129; *voir aussi* histoire naturelle
littérature, 41, 99-100, 105, 108, 118, 128, 149-151, 204, 231; et sexualité, 204
livre, catégorie du, 119-120, 125, 127
loi, 107-108, 192; et folie, 51, 55; comme instance de délimitation, 122; et mort, 66; et richesse, 187-188; et sexualité, 199-200, 207-208, 217-218
Lukacs, G., 243
lumières, 185
Lyssenko, 33

macabre (et morbide), 64
machine, corps en tant que, 197
Magritte, René, 111
*Maladie mentale et personnalité*, 26-29, 226, 261
*Maladie mentale et psychologie*, 27-29, 261
Mallarmé, Stéphane, 99-100, 143
Maltus, Thomas, 92
Marcus, Steven, 198
Marx, K. et marxisme, 23-24, 98, 140-141, 227-228, 231-235, 237, 241-244, 246-251, 254-255, 258; et aliénation, 102; et Althusser, 231-232; *freudo-marxisme*, 194; hérétique, 95; et histoire, 92-95; et homme, 117; marxisme-léninisme, 141; et Nietzsche, 142-143; et pensée, 103; et psychologie, 26; remise en question du, 191-192; et réductionnisme, 131; et Sartre, 235; *voir aussi* communisme; léninisme; stalinisme
matérialisme, 26, 250, 252
matérialité, 156
mécanisme, 75, 79
médecin au malade, relation du, 57; *voir aussi* hôpital, médecine
médecine, 57-66, 123; anatomo-clinique, 62, 183; classificatrice, 63; discours médical, 124; et folie, 50-52; histoire de, 121; instance de délimitation, 122; et mort, 62-66; comme science, 60; comme science fondatrice, 65; semi-magique, 57; et sexualité 199, 201-203; *voir aussi* hôpital
même et l'autre, 67, 71, 93, 103
mercantilisme, 83
Merleau-Ponty, Maurice, 24
métaphysique, 144
modalité énonciative, 124
*Moi, Pierre Rivière...*, 158-161, 257, 261

Montaigne, Michel de, 19, 44
morbide (et macabre), 64
mort, de l'animal, 96; et écriture, 257-258; et individualité, 60, 64, 66, 92; et médecine, 58, 62-65, 96, 107-108, 220, 241; pouvoir de la, 214; thème de la, 40-41; dans la vie, 63-64
*mots et les choses, Les*, 60, 67-115, 130, 132, 141, 226, 236, 240-246, 261
*My Secret Life*, 198

*Naissance de la clinique*, 58-60, 67-68, 131-132, 141, 246, 261
Napoléon, 197
Nazisme, 222
Nef des fous, 38-40, 44
Nerval, G. de, 34
Newton, physique newtonienne, 36, 79
Nietzsche, F.W., 24, 28, 34-35, 88, 103, 226, 236, 239, 253, 256, 258-259; sur la mort de Dieu, 94-95, 103, 110; «folie» de, 34; et généalogie, 117-121, 141-146, 236, 239, 256, 261; et langage, 98-101; et marxisme, 142-143, 244; sur la mort, 64; et la pensée, 103; et le pouvoir, 143, 251-252; sur la psychologie, 28-29; et vérité, 150; et volonté de savoir, 145-150; *voir aussi gai savoir, Le; généalogie de la morale, La; Humain trop humain*
nom, théorie du, 78, 81, 90
normalité, 182-183, 90, 221
nouveaux philosophes, 141

objectivité, 57, 236, 253
objets, constitution d', 122-132
Odysée, 150
œuvre, catégorie de l', 119-121, 125, 127-128, 130, 152
opposition du vrai et du faux, 148
ordre classique, 75-77, 87, *voir aussi* taxinomie
*ordre du discours, L'*, 146, 156, 249, 261
origine, concept de, 88, 94, 127, 129, 143-144

panopticon, 163-164, 181, 185
Pascal, Blaise, 35, 43
pauvreté, 45-46
pédagogisation du sexe de l'enfant, 215
pénalité, 122, 150, 158, 163-164, 182, 189; *voir aussi* internement; prison
pensée, 102-104, 120
perversions sexuelles, 200-201, 215; *voir aussi* sexualité
Petty, W., 75, 129
phénoménologie, 24-25, 44, 227, 229
philologie, 90, 97-102, 105; *voir aussi* grammaire générale; linguistique
philosophie, 22-27, 103-104, 118, 128, 236-237
phrase, 124; *voir aussi* énoncé
Physiocrates, 84-85
Pinel, P., 52, 55-56, 129, 134
plaisir, 202-203, 215
Platon, 250, 256
politique, 119; et les intellectuels, 228; et l'interdit, 148
population, problème de la, 54, 92, 132, 185, 198-199, 221
positivisme, 56-61, 98
positivité, 127
pouvoir, analyse du, 207, 210-212; et analyse du discours, 141-158, 161; conception Foucaldienne du, 250-257; et discours, 141-158, 214; et individu, 183-184; juridico-discursif, 207; micromécanismes du, 210; microphysique du, 168; et monarchie, 209; multiple, 168; et Nietzsche, 143, 251-252; et normalité, 221; et prisons «modèles», 195; productif, 192; et punition, 164-190; de la ressemblance, 92; rituels de, 183; et savoir, 29, 158, 166-167, 189-190, 192, 199, 213, 221, 249, 253-254; et sexualité, 192-194, 200-203, 207-214; ubiquité du, 168; sur la vie, 221
Prague, Cercle de, 230
présent, 23, 225-227, 236
prison, 157-159, 163-164, 175-176, 185-190; droits des détenus, 157;

*voir aussi* crime; internement; pénalité
production, 83, 94-95, 150
proposition, 124-125, 152; *voir aussi* énoncé «prose du monde», 92, 94
prostitution, 48
Proust, M., 258
pruderie, 193, 197-198, 219; *voir aussi* sexualité
psychanalyse, 57, 107-109, 229, 234, 241, 254; et famille, 217-218, 221-222; et l'homme, 117; et sexualité, 193, 206-207, 217-218, 221-222; *voir aussi* Freud, Lacan
psychiatrie, 34-37, 56-57, 166, 238-239; psychiatrisation, 215, 217
psychologie, 28, 64, 105, 236-238; du moi, 229
psychopathologie, 25-27, 122, 134
pulsion, 207
punition, 166-190 *passim; voir aussi* pouvoir

Quakers, 55
Quesnay, F., 88
Quincey, Thomas de, 170

Racine, J., 243
racisme, 219, 221-222
raison, 27, 34, 36-38, 48-49, 52-53, 95, 103, 144-145, 148, 257; *voir aussi* âge classique; rationalisme
rationalisme, 108; libertinage comme, 49; classique, 102; *voir aussi* âge classique
Ray, John, 75, 79
*Raymond Roussel*, 68, 261; *voir aussi* Roussel
réalisme en littérature, 100
réalisme socialiste, 231
regard, 57, 61, 63
religion, 118-119, et asile, 55-56; *voir aussi* christianisme; confession
Renaissance, 38-42, 72, 76, 81-83, 98, 102, 237, 242
répétition, 151; et Kierkegaard, 23
représentation, 70-73, 75-77, 83-84, 89-91, 94, 97, 99-101, 105-107, 140, 243, 255
répression sexuelle (et «tolérance»), 35, 193-194, 196-198
ressemblance, 92-94; *voir aussi* similitude
rêves, 42, 44, 231
Ricardo, David, 75, 83, 91-93, 95, 129, 244
richesses, *voir* analyse des
Rilke, R.M., 65
rituel, comme système de restriction, 153
rituels de pouvoir, 183
Rivière, Pierre, 158-161, 257
Robbe-Grillet, Alain, 68, 264
roman noir, 170
romantisme, 60, 65, 100, 106
Rotrou, Jean de, 43
Rousseau, J.-J., 76
Roussel, Raymond, 34, 67-68, 109, 261-262

Sade, Marquis de, 44, 48-49, 86, 97, 103, 198
sadisme, 29
sang, symbolique du, 221
Sartre, J.-P., 25, 114, 234-235
Saussure, F. de, 59, 115, 230, 254
savoir, 29, 69, 73, 90, 94, 102, 110, 147, 237, 247; et histoire, 87-88; inconscient positif du, 70; et individu, 65; moderne, 102; et pouvoir, 158, 166-168, 189-190, 192, 199, 249, 253-254; et pratiques discursives, 134; scientifique, 101; secret, 23; système du, 75; volonté de, 145, 149, 192, 196, 237; *voir aussi archéologie du savoir, l'*
savoir, archéologie du, 22, 36, 70, 78, 88-90, 93-94, 97, 100, 127-134, 247
Saxe, Maréchal de, 197
Schlegel, F. von, 97
Schopenauer, A., 102
science, 118, 128, 134-135, 253; histoire des, 69-70, 232; et langage, 98; médecine comme, 59-61; et raison,

101-104; de la sexualité, 203-205; socialiste, 33; *voir aussi* sciences humaines
sciences humaines, 60, 65-66, 69-70, 101, 105-107, 114, 185, 190, 204, 242
*scientia sexualis*, 203
Scudéry, G., 43
sémiologie, 234
sens, 21, 126
Serres, Michel, 116, 264
Servan, J., 174
sexe, 256; et préoccupations moralisatrices, 219; et sexualité, 222-223
sexualité, 191-222, 256; et christianisme, 191-192; 199-200; et confession, 197, 203-204; définie, 256; dans le discours, 148, 196-200, 204-205; dispositif de, 215-218, 222-223, 256; à l'école, 199, 202-203; et la famille, 48, 213-218, 222; et folie, 48, 122; et interdit, 147-148; libération de la, 191; et littérature, 204; et la loi, 199-200, 208; et médecine, 199, 201-203; et micropénalité, 182; et morale, 219; multiple, 202-203; et perversions, 200-203, 215; et problème de la population, 198-199; et pouvoir, 192-194, 200-203, 207-214; et procréation, 193; et psychanalyse, 193-194, 206-207, 217-218, 222; et répression, 192-198, 206-208, 218; science de la, 203-205; et sexe, 222-223; stratégie de, 214-216; comme surface d'émergence, 122-123; et vérité, 205-206
Shakespeare, W., 27, 43, 243; *Le roi Lear*, 243
signe, (signifié, signifiant), 59, 73-78, 83, 106, 115, 123-125, 131, 143, 154-156, 222, 230-231
similitude, 73-74; *voir aussi* ressemblance
Smith, Adam, 88-91, 244
sociologie, 105-106
sodomie, 201
Staline, stalinisme, 140, 228, 254; *voir aussi* communisme; léninisme; marxisme
statut de celui qui parle, 124
structuralisme, 59, 113-115, 230-236, 241; *voir aussi* linguistique
structure, 81-82, 89-90, 116, 130, 155-156, 240
style littéraire, 21, 227
sujet, 117-118, 124-125, 146, 154, 229, 233-234
supplice, 169; *voir aussi* exécution
Surveiller et punir, 145, 163-190, 192, 220, 249-253, 256, 258, 262
sympathie, 92, 170

table, tableau, tabula, 70, 94, 101; *voir aussi* classification
tactiques et disciplines, 180
taxinomie, 70, 77, 95-97; *voir aussi* classification; ordre, table
téléologie, 122, 143
temps, 87, 182
texte, 124-126, 129
Tolstoï, L., 100
torture, 164-165, 168-169, 172
totalisation, notion de dans l'histoire des idées, 122, 128; des luttes politiques, 168
Tournefort, 79
tradition, notion de, 118
traitement de la folie, 35-66
transformation, 129-130, 134
transformisme, 96
travail, 45-46, 88-92
Tristan L'Hermite, L., 43
*triomphe de la mort, Le*, 40
Tuke, Samuel, 55-56
Turgot, A.R., 76

*Ursprung*, 144
utopie, 94

valeur, 84-85, 88, 95
Van Gogh, Vincent, 34
Vélasquez, Diego, *Les Menines*, 71-72
Vermeil, F.M., 174

vérité, vrai, 40, 62, 134, 145, 149-150, 152, 236-237, 250, 253, 255-257; volonté de, 145-146, 149-150, 154, 206, 237, 257; *voir aussi* confession; torture

victoriens, les, 193-194, 198

vie, 63-64, 95-97, 219-221, 258; *voir aussi* biologie

Vincennes, université de, 140-141

Viq d'Azyr, 89

*volonté de savoir, La*, 145-150, 191-222, 249, 256, 262; *voir aussi* savoir vrai, *voir* vérité

Wittgenstein, Ludwig, 120

# Table des matières

Liminaire ................................. 7
Présentation ............................... 9
Introduction ............................... 21

*Première partie: L'archéologie du savoir* ........... 31

1. La folie, la mort et la naissance de la raison ...... 33
2. Le monde, la représentation, l'homme .......... 67
3. La théorie archéologique du savoir ............ 113

*Deuxième partie: La généalogie du pouvoir* ......... 137

1. Discours, pouvoir, savoir ................... 139
2. Société, pouvoir, savoir .................... 163
3. Sexualité, pouvoir, savoir .................. 191

Conclusion ................................ 225
Bibliographie .............................. 261
Index ..................................... 267

*Ouvrages déjà parus dans la même collection:*

ANSCOMBRE / DUCROT: L'argumentation dans la langue.

CASEBEER: Hermann Hesse.

MAINGUENEAU: Genèse du discours.

DOMINICY: La naissance de la grammaire moderne.

BORILLO: Informatique pour les sciences de l'homme.

ISER: L'acte de lecture ou théorie de l'effet esthétique.

HEYNDELS: La pensée fragmentée.

SHERIDAN: Discours, sexualité et pouvoir.

*A paraître:*

PARRET: Les passions, essai sur la mise en discours de la subjectivité.

MEYER: De la problématologie.

ROSEN: La philosophie et la crise des valeurs contemporaines.

VERNANT: Introduction à la philosophie de la logique.

LAUDAN: Comment la science progresse-t-elle?